Lars Freudenthal

Wanderungen für Senioren Allgäu

33 entspannte Touren zwischen Oberstaufen und Füssen

J. BERG

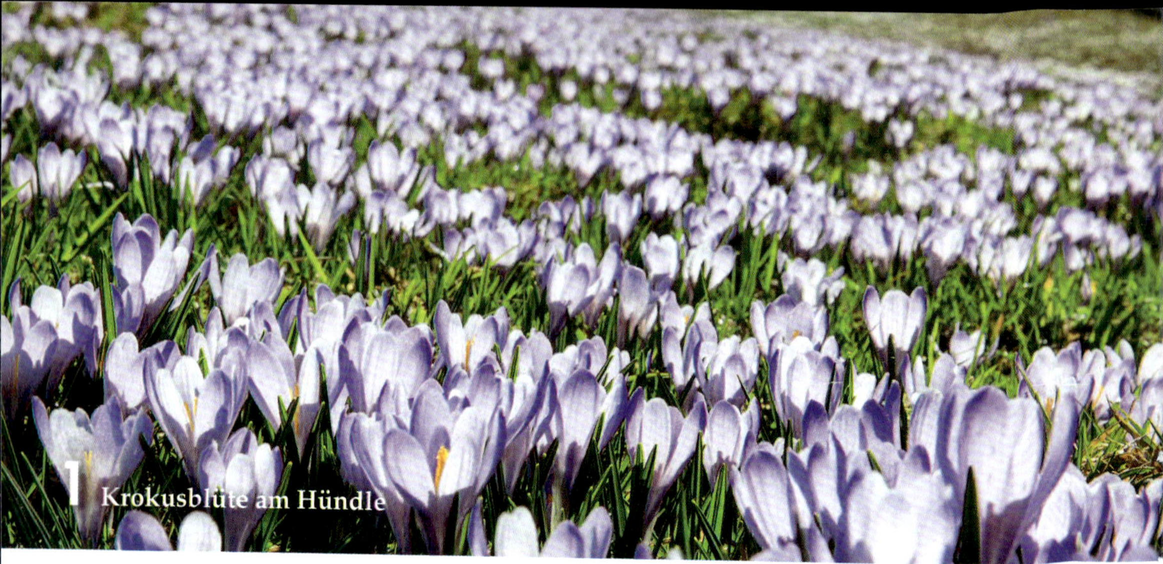
1 Krokusblüte am Hündle

Inhalt

Bad Hindelang und das Ostallgäu 45

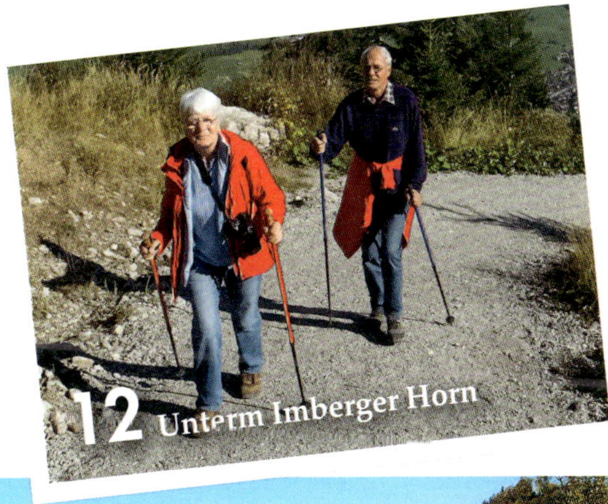

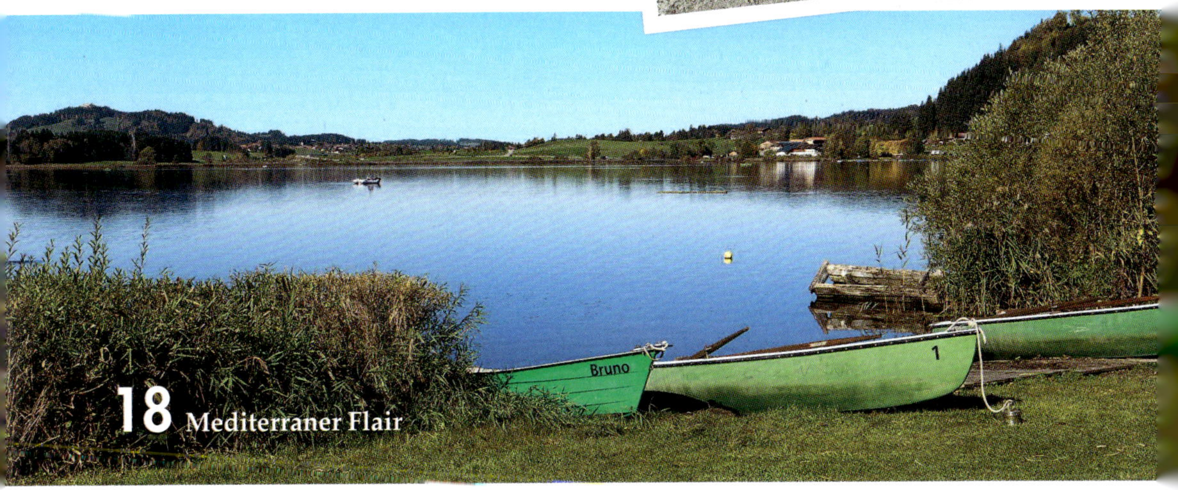

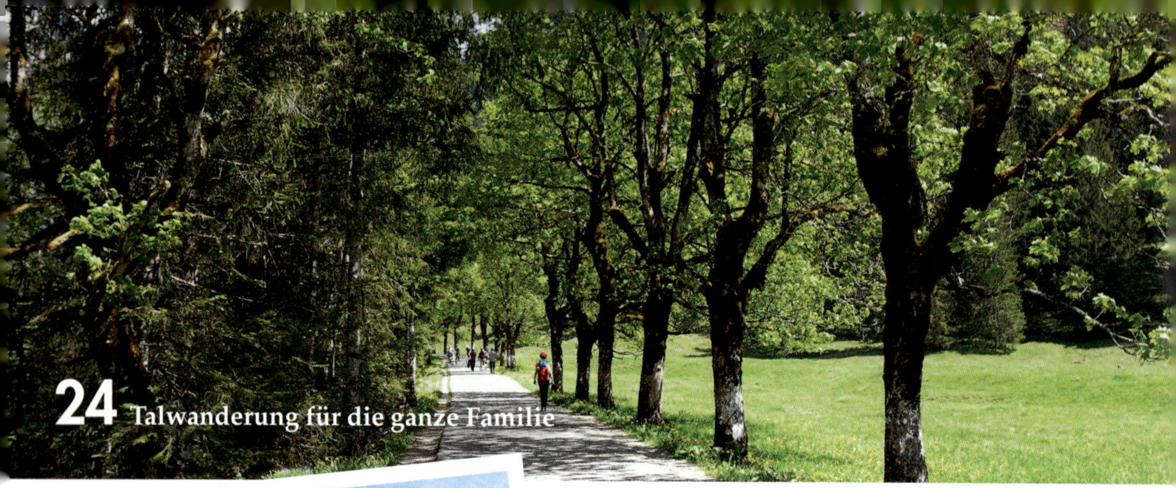

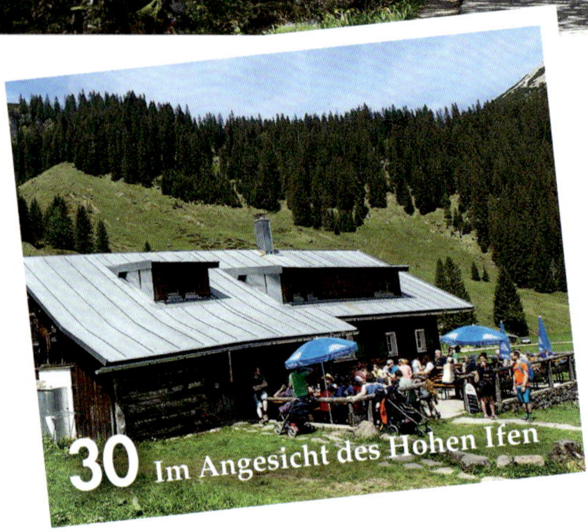

Rund um Oberstdorf 81

Kleinwalsertal 107

Tourenüberblick

		Tour	km											
1	●	Krokusblüte am Hündle	8,2 km	120/420 Hm	2.45–3 h	•	•	–	•	–	–	•	–	•
2	●	Werdensteiner Moos	3,8 km	25 Hm	1.30 h	(•)	–	•	•	–	–	–	•	•
3	●●	Auf den Rottachberg	5,7 km	200 Hm	2 h	•	•	–	•	–	–	–	–	•
4	●	Rund um Untermaiselstein	8,2 km	75 Hm	2.30 h	–	•	•	•	–	–	–	•	•
5	●	Moore bei Rauhenzell	6 km	100 Hm	2 h	–	–	(•)	•	•	–	–	(•)	•
6	●	Variante am Mittag	3 km	180 Hm	1.30 h	•	•	–	•	–	–	•	(•)	•
6	●	Variante am Mittag	5,2 km	120/450 Hm	2 h	•	•	–	•	–	–	•	(•)	•
7	●	Von Burgberg an die Starzlach	5,2 km	60 Hm	1.45 h	(•)	•	•	•	–	(•)	–	•	•
8	●	Ostertaler Tobelweg	2,9 km	80 Hm	1.15–1.30 h	•	•	–	–	•	–	–	–	(•)
9	●	Hörner-Panoramatour	6,4 km	300/530 Hm	2.30 h	•	–	–	•	–	–	•	(•)	•
10	●	Illerauenweg bei Sonthofen	5,8 km	10 Hm	2 h	–	–	•	•	–	•	–	•	•
11	●	Entlang der Ostrach	4,1 km	40 Hm	1.30 h	•	•	•	•	–	•	–	•	(•)
12	●●	Burgschrofenrundweg	1,7 km	110 Hm	0.45 h	•	•	(•)	•	(•)	–	•	•	(•)
13	●	Varianten auf der Wiedhag-Alpe	3,9 km	110/510 Hm	2.15–2.45 h	•	–	–	•	–	–	•	–	•
14	●●	Höhenweg Jungholz	4/8 km	150/350 Hm	1.45/3.30 h	•	–	•	•	–	–	–	(•)	•
15	●	5-Seen-Runde Seeg	11,6 km	150 Hm	3 h	•	–	•	•	–	•	–	–	•
16	●	Attlesee und Kögelweiher	6 km	50 Hm	2 h	–	•	•	•	–	•	–	•	(•)
17	●	Von Pfronten zur Vilstalsäge	8,3 km	80 Hm	3 h	•	–	•	•	–	–	–	(•)	•
18	●	Hopfensee-Rundweg	7 km	30 Hm	2.15 h	•	•	•	•	–	•	–	•	•
19	●	Von Faulenbach an den Alatsee	7,1 km	110 Hm	2.30 h	•	•	•	–	•	•	–	(•)	–
20	●	Entspannt um den Schwansee	3,2 km	60 Hm	1.15 h	(•)	•	•	•	–	•	–	•	•
21	●	Um den Schwangauer Alpsee	6,4 km	150 Hm	2.30 h	•	•	(•)	•	•	•	–	(•)	•
22	●	Vom Giebelhaus zur Plättelealpe	8,3 km	300 Hm	3 h	•	–	–	•	–	–	–	–	•
23	●	Von Oberstdorf zum Illerursprung	5,3 km	30 Hm	2 h	•	•	•	•	–	–	–	•	•
24	●	Von Oberstdorf ins Oytal	10,3 km	250 Hm	3–4 h	•	•	•	•	–	–	–	•	•
25	●	Christlessee und Spielmannsau	10,1 km	150 Hm	3–3.30 h	•	•	•	•	–	–	–	•	•
26	●	Nebelhorn und Zeigersattel	2,3 km	140 Hm	1.30 h	•	•	•	•	–	–	•	(•)	•
27	●●	Kombi-Pack am Fellhorn	6,6 km	260 Hm	3 h	•	–	(•)	•	–	–	•	(•)	•
28	●	Breitachklamm	10,3 km	300 Hm	4 h	•	•	•	–	•	–	–	–	•
29	●	Naturbrücke und Kessellöcher	5,9 km	250/200 Hm	2 h	•	•	–	–	•	–	(•)	–	•
30	●	Von der Auenhütte zur Melköde	6,5 km	140 Hm	2.30 h	•	•	•	•	–	–	–	•	•
31	●●	Höhenweg von Hirschegg nach Mittelberg	5,1 km	140/300 Hm	1.45 h	•	–	•	•	–	–	•	–	•
32	●	Kurz mal an die Breitach	2,9 km	100 Hm	1.15 h	–	•	•	–	•	–	–	(•)	•
33	●	Alpen im Gemsteltal	6,7 km	200 Hm	2.45 h	•	–	–	•	–	–	–	–	•

Vorwort

Die Freude an der Bewegung in der freien Natur und in einmalig schönen Landschaften teilen Menschen jeder Altersgruppe. Hier bietet insbesondere das Allgäu einige Wanderwege, die auch im hohen Alter noch bestens möglich sind. Auf bequemen Wegen geht es zu herrlichen Panoramaaussichten mit Blicken über reizvolle Täler und zu den Gipfeln der Allgäuer Alpen.

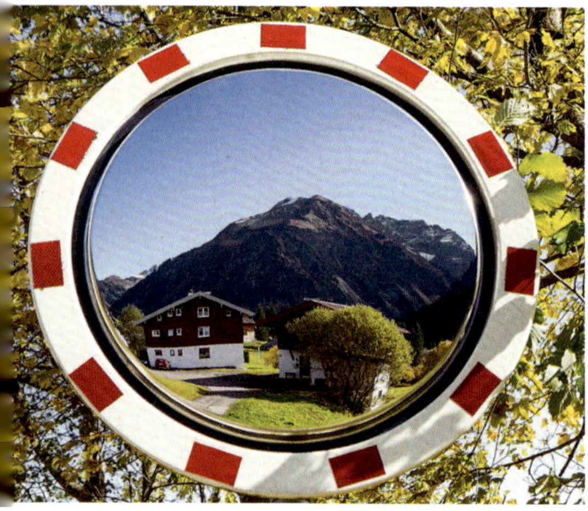

Der schönste Verkehrsspiegel im Kleinwalsertal

Die »Wanderungen für Senioren« richten sich in erster Linie an eine erfahrene Generation, die kurze Strecken bevorzugt und Stolperfallen wie Wurzelpfade oder Steine lieber meidet. Einige der Touren sind sogar komplett barrierefrei. Diese Strecken eignen sich dann sowohl für Wanderer, die auf einen Rollstuhl angewiesen sind, als auch für die ganze Familie inklusive Enkel und Kinderwagen. Alle Wanderungen wurden nach bestem Wissen und Gewissen ausgewählt, wobei auch die Erfahrungen der Bergbahnen und Touristinformationen einbezogen wurden. So erleben Sie die einmalige Pflanzen- und Tierwelt im Werdensteiner Moos, die Illeraue bei Sonthofen wie auch den Schwansee von ihren schönsten Seiten. Diese Touren nutzen Wege, bei denen die Gemeinden ein besonderes Augenmerk auf die Barrierefreiheit gesetzt haben.

Die Länge der Wanderungen in diesem Buch reicht vom ausgedehnten Spaziergang bis hin zur Halbtageswanderung. Damit bekommen Sie reichlich Zeit für Pausen, um den Blick über die Landschaft schweifen zu lassen und die frische Bergluft zu genießen. Zugleich haben Sie die Wahl: Wer sich gern selbst versorgt, findet einige schöne Rastplätze am Wegrand; wer lieber mit leichtem Rucksack wandert, kommt an hübsch gelegenen Gasthäusern und Berghütten vorbei. Zuletzt bieten die kurzen Runden sportlichen Wanderern die Möglichkeit, auch mal zwei oder drei Ziele an nur einem Tag zu erleben.

Ich wünsche Ihnen viel Freude beim Wandern,
Ihr Lars Freudenthal

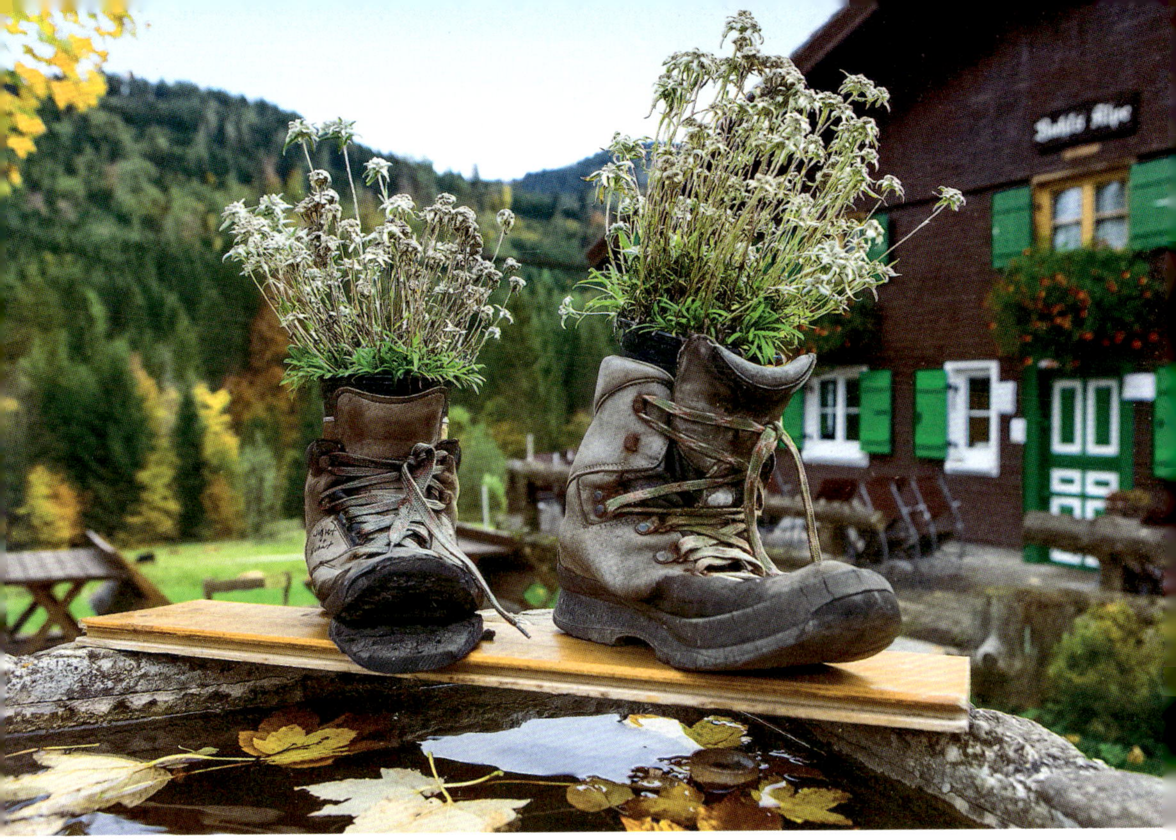

Das Allgäu ist schön

Selbst alte Wanderschuhe finden bei der Ostertaler Buhls Alpe noch einen Nutzen.

So einfach diese Erkenntnis ist, so oft geht uns bei Wanderungen im Allgäu und im benachbarten Kleinwalsertal dieses kleine Wort durch den Kopf. Die majestätischen Bergketten im Süden, die idyllischen Seen im Alpenvorland, aber auch die herzliche Gastlichkeit zeichnen das Allgäu als eine der beliebtesten Ferienregionen im deutschsprachigen Raum aus. Zu verdanken haben wir die vielfältig gegliederte Landschaft auch den Eiszeiten. Als sich die Gletscher schrittweise zurückzogen, musste sich das Wasser neue Wege suchen. Dadurch entstanden atemberaubend schöne Schluchten wie die Breitachklamm bei Oberstdorf oder der Ostertobel im Gunzesrieder Tal.

Durch die Vielzahl an Bergbahnen ist es selbst betagten Naturfreunden oder Familien mit kleinen Kindern möglich, bis in die alpine Region vorzudringen. Und schließlich sind es zwischen den einzelnen Bergkämmen auch die beschaulichen Täler, die uns faszinieren. Besonders schön sind das Oytal und das Stillachtal bei Oberstdorf, das Obertal zwischen dem Giebelhaus und der Alpe Plättele und das Gemsteltal im Kleinwalsertal.

Schwierigkeitsgrade

- **Leicht:** Eher kurze Spaziergänge und Wanderungen, die keine oder kaum Trittsicherheit erfordern und nur wenige Steigungen beinhalten
- **Mittel:** Touren mit längeren Auf- und Abstiegen, die eine gewisse Kondition und zumindest etwas Trittsicherheit erfordern
- **Schwer:** Solche Touren können auch einen längeren Anstieg beinhalten oder führen z. B. mal über einen Wurzelpfad, der Trittsicherheit erfordert. Diese Passagen lassen sich jedoch durch die angegebenen Varianten entschärfen.

Daneben geben an vielen Orten Infotafeln Einblicke in die Geschichte und Entwicklung der jeweiligen Umgebung oder vermitteln Interessantes über allgemeine Merkmale des Allgäus. Zusammen mit den Panoramatafeln wird die Landschaft greifbar, finden wir uns zusehends besser zurecht und bemerken auch die vielen kleinen Dinge am Wegrand. Bei der Bewegung in der Natur und auf den Hochlagen gewinnen wir Abstand zum Alltag, bekommen den Kopf frei und schöpfen so neue Kraft für die kommenden Herausforderungen. Und zu guter Letzt wird eines immer wieder deutlich: Beim Wandern begegnet man netten Menschen!

Gut gerüstet besser ans Ziel

Allen Warnungen zum Trotz werden auch im Allgäu insbesondere die weniger hohen Berge oft unterschätzt. Doch auch hier gilt: Feste Wander- oder Trekkingschuhe sind ein Muss für sicheres Wandern! Die geringen Anforderungen der Touren verleiten dazu, zu Halbschuhen oder Turnschuhen zu greifen – tatsächlich aber verknacksen sich auf den vermeintlich einfachen Wegen weit öfter Wanderer den Knöchel, als man glauben mag. Zudem wirken sich die einfachen Treter negativ auf die Fußgesundheit aus.

Wanderstöcke hingegen begünstigen eine aufrechte Körperhaltung und schonen die Gelenke. Vor allem aber helfen sie in unachtsamen Momenten, Stürze zu vermeiden. Wer einen Rollstuhlfahrer begleitet, der beim Schieben nicht großartig mithelfen kann, sollte aufgrund der höheren Kraftanstrengung möglichst leichte und atmungsaktive Funktionswäsche tragen. Dadurch bleiben Wanderhemden auch an warmen Sommertagen länger trocken, und man hat ein deutlich besseres Gefühl auf der Haut. Wer sitzt, benötigt hingegen wärmere Kleidung.

Verantwortung und Selbsteinschätzung

Alle in diesem Wanderführer beschriebenen Touren orientieren sich am Wegenetz des Deutschen Alpenvereins. Denn während wir als Wanderer von den Wegweisern und der Pflege der offiziellen Wanderwege profitieren, findet das Wild abseits der Wanderstrecken wichtige Rückzugsräume, in die sich nur selten Menschen verirren. Als verantwortungsbewusster Wanderer rennen wir also nicht blindlings durch die Landschaft (oder darüber hinweg), sondern nehmen auch auf andere, Schwächere Rücksicht!

Da die Landschaft insbesondere in den Allgäuer Hochalpen immer noch sehr aktiv ist (Hangrutsche, Steinschlaggefahr), kann die vorgefundene Beschilderung von der Beschreibung im Buch auch mal abweichen. In diesem Fall ist es meist besser, der neuen Wegmarkierung zu folgen, da sie einen sicher ans Ziel bringt. Wer sich allein in höhere Lagen begibt, sollte sich dessen auch

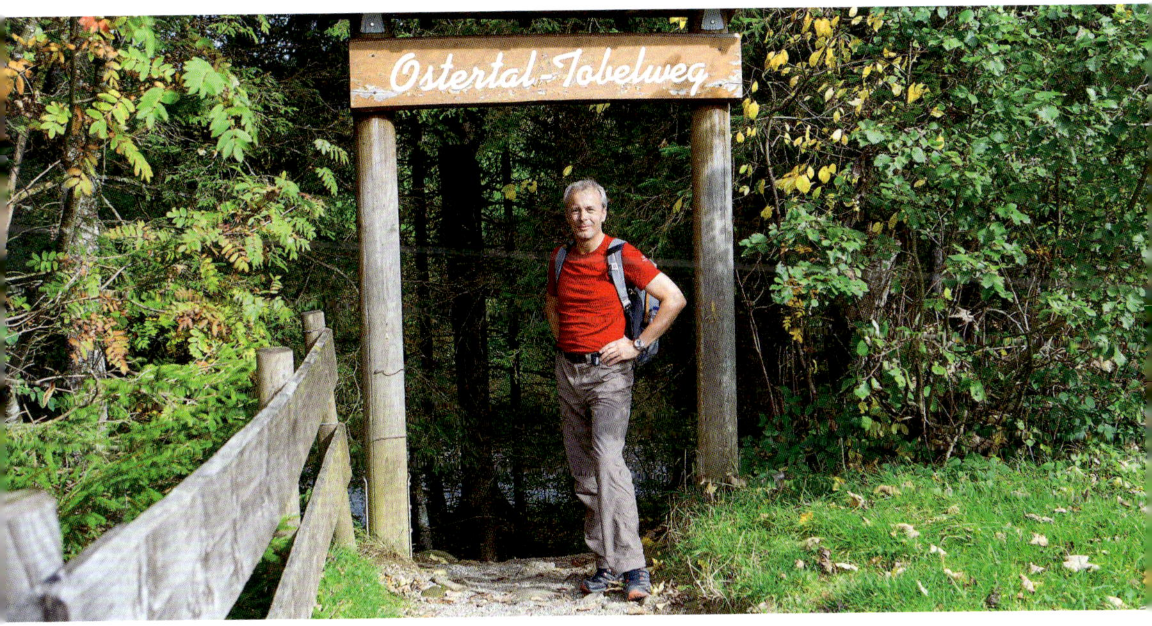

bewusst sein und im Zweifelsfall lieber umkehren. Das liegt zwar nicht in der Natur des Menschen. Aber da ich nicht alle der 33 Touren immer zusammen mit meiner Frau absolviert habe, kann ich Ihnen versichern: Das machen auch Wanderbuch-Autoren so.

Einstieg zum Ostertaler Tobelweg bei Gunzesried-Säge

Ein Ziel der »Wanderungen für Senioren« ist es, dass man am Ende der jeweiligen Tour zufrieden auf die vergangenen Stunden und auf das Geleistete zurückblicken kann. Dies gelingt am besten, wenn man sich – und seine Begleiter – richtig einschätzt. Wer im hohen Alter oder nach einer längeren Pause wieder mit dem Wandern anfängt, sollte die etwas längeren Touren, wie z. B. vom Giebelhaus zur Plättelealpe oder den Aufstieg auf den Rottachberg, erst in Angriff nehmen, wenn eine gewisse Grundkondition aufgebaut ist.

Dazu zählt auch, die Wetterverhältnisse richtig einzuschätzen. Denn gerade in den höheren Lagen gibt es gern Wetterumschwünge mit Nebel oder Gewitterwolken, die oft mit Platzregen und Hagel einhergehen. Ein zumindest leichter Regenschutz sollte deshalb immer mitgenommen werden. Ebenfalls hilfreich ist es, die Entwicklung von Wolken im Internet, etwa unter www.niederschlagsradar.de oder www.wetteronline.de, zu beobachten. Im Zweifelsfall sollten wir uns auch nicht davor scheuen, eine Tour abzubrechen bzw. erst nach dem Unwetter wieder fortzusetzen.

Alpines Notsignal

Wer an einem hochsommerlichen Wanderwochenende in den Alpen unterwegs ist, der weiß: Es ist nur eine Frage der Zeit, bis der erste Rettungshubschrauber aufsteigt. In der Regel trifft es andere. Die Erfahrung zeigt jedoch, dass es selbst auf leichtem Terrain durch ein einfaches Umknicken schnell zu einer Situation kommen kann, in der man allein kaum mehr vorankommt. Für diese Ausnahme und für schlechten Handyempfang merken wir uns das Alpine Notsignal:

Innerhalb einer Minute wird sechsmal (alle 10 Sekunden) ein hörbares – etwa durch Rufen oder eine Signalpfeife – oder sichtbares Signal, z. B. durch Winken oder Schwenken von auffallenden Kleidungsstücken oder eines farbigen Rucksacks, abgegeben. Nach einer Minute wiederholt man den Notruf. Die Antwort erfolgt ebenfalls durch hörbare

Meine Favoriten

- Krokusblüte am Hündle, Tour 1
- Eine Handvoll Seen, Tour 19
- Kombi-Pack am Fellhorn, Tour 27
- Naturwunder am Schwarzwasser, Tour 29
- Im Schatten des Widders, Tour 33

oder sichtbare Signale, die dreimal in der Minute abgegeben werden. Das Signal sollte auch bei einer Antwort weiterhin wiederholt werden, damit die Retter sicher zum Ort des Geschehens finden.
Daneben lohnt sich ein Blick in den Rucksack. In verschiedenen Modellen sind die wichtigsten Zeichen für einen Notfall symbolisch dargestellt.

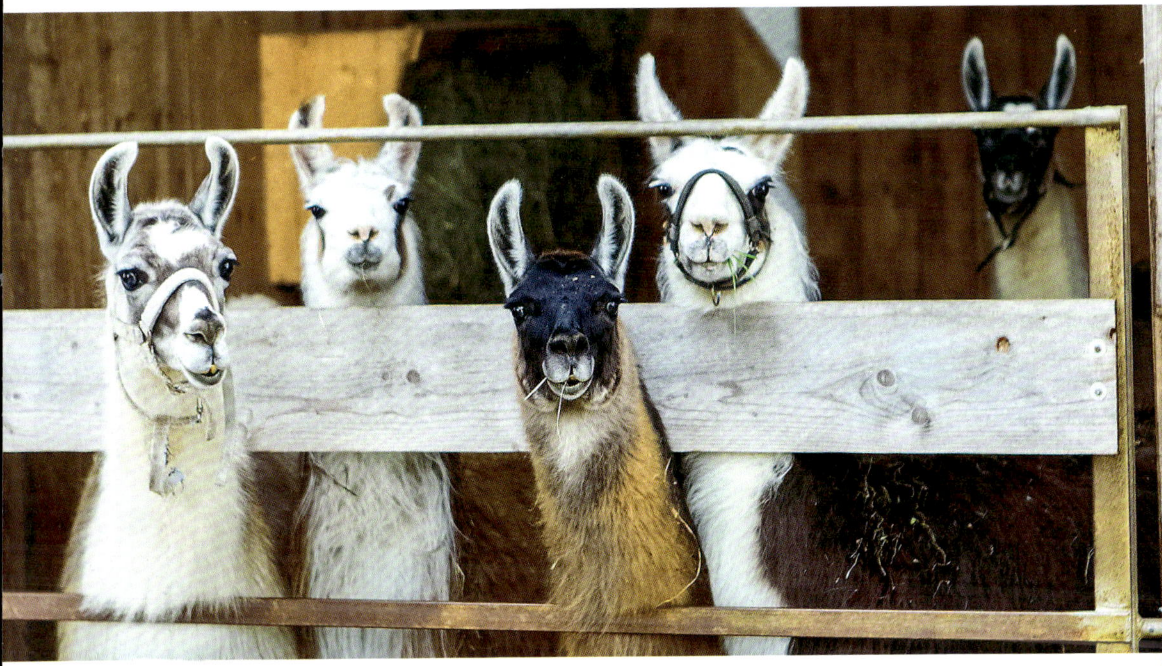

Lamas stammen zwar aus den südamerikanischen Anden, fühlen sich aber auch im Allgäu pudelwohl.

Wandern im Winter

Die Hochlagen im Allgäu zählen zu den wenigen schneesicheren Gebieten in Deutschland. Auf zwei schmalen Brettern ins Tal zu wedeln, ist jedoch nicht jedermanns Sache. Wer sich in der kalten Jahreszeit dennoch fit halten will, findet in diesem Buch deshalb auch Touren, die das ganze Jahr über möglich sind – allen voran die Wanderung durch das im Winter besonders reizvolle Trettachtal zum Christlessee, der selbst bei längeren Frostperioden nicht zufriert. Auch der Illerauenweg bei Sonthofen, das Werdensteiner Moos und die Breitachklamm nahe Oberstdorf sind Ziele, die Wanderer auch im Winter faszinieren. Daneben bieten viele in diesem Buch beschriebenen Orte in der kalten Jahreszeit präparierte Winterwanderwege.

Pause mit Genuss

Zu einer schönen Wanderung gehört natürlich auch eine Einkehr oder längere Rast. Unserer Wanderungen führen deshalb zu zahlreichen traumhaft gelegenen Plätzen, von denen man Jahre später noch schwärmen wird. Zudem kommen die meisten der Touren an einer oder an mehreren Wirtschaften und Berghütten vorbei, sodass man sich mit Gleichgesinnten austauschen und beiläufig die »Wanderungen für Senioren Allgäu« weiterempfehlen kann. Bevor Sie bei einer längeren Wanderung darauf verzichten, eigenen Proviant mitzunehmen, vergewissern Sie sich aber, dass die gewählte Wirtschaft oder Hütte geöffnet ist. Oft ist dies schon bei den Wegweisern im Tal angeschrieben.

Anfahrt

Viele Wanderziele sind im Allgäu mit öffentlichen Verkehrsmitteln zu erreichen. Hierfür haben wir den Namen der jeweiligen Haltestelle angegeben. In Kombination mit Gästekarten werden die Tickets z. T. erstattet. Wer mit dem Auto anreist und ein Navi nutzt, kann die im Infokasten der einzelnen Touren angegebenen GPS-Koordinaten eingeben – diese führen ihn punktgenau zum Ausgangspunkt der Wanderung bzw. zur Talstation oder zur nächstgelegenen Parkmöglichkeit.

Internetadressen

- www.naturpark-nagelfluhkette.de: Informationsportal des Naturparks Nagelfluhkette
- www.alpenverein.de: Gemeinsamer Auftritt der Sektionen des Deutschen Alpenvereins (DAV)
- www.allgaeu.de: Infoportal der Allgäu GmbH
- www.oberallgaeu.de: Das offizielle Urlaubs- und Erlebnisportal des Oberallgäus
- www.allgaeu-walser-card.com: Seite der Oberallgäu Tourismus Service GmbH, Infos zur Allgäu-Walser-Card
- www.kleinwalsertal.com: Gemeinsamer Auftritt der Ferienorte im Kleinwalsertal, Infos zum Walserbus
- www.bayern-fahrplan.de/de/auskunft: Hier finden Sie Fahrpläne zu den einzelnen Haltestellen im Allgäu, im Tannheimer Tal und im Kleinwalsertal.
- www.freudenthal.biz: Unser gemeinsamer Blog mit Wander- und Reiseberichten aus weltweit über 60 Ländern

Gehzeiten und Höhenangaben

Die genannten Zeiten beziehen sich auf die reine Gehzeit. Weil es bei vielen der Touren einiges zu entdecken gibt, beinhaltet diese auch die Zeit, in denen man sich umsieht und die Landschaft auf sich wirken lässt. Entsprechend

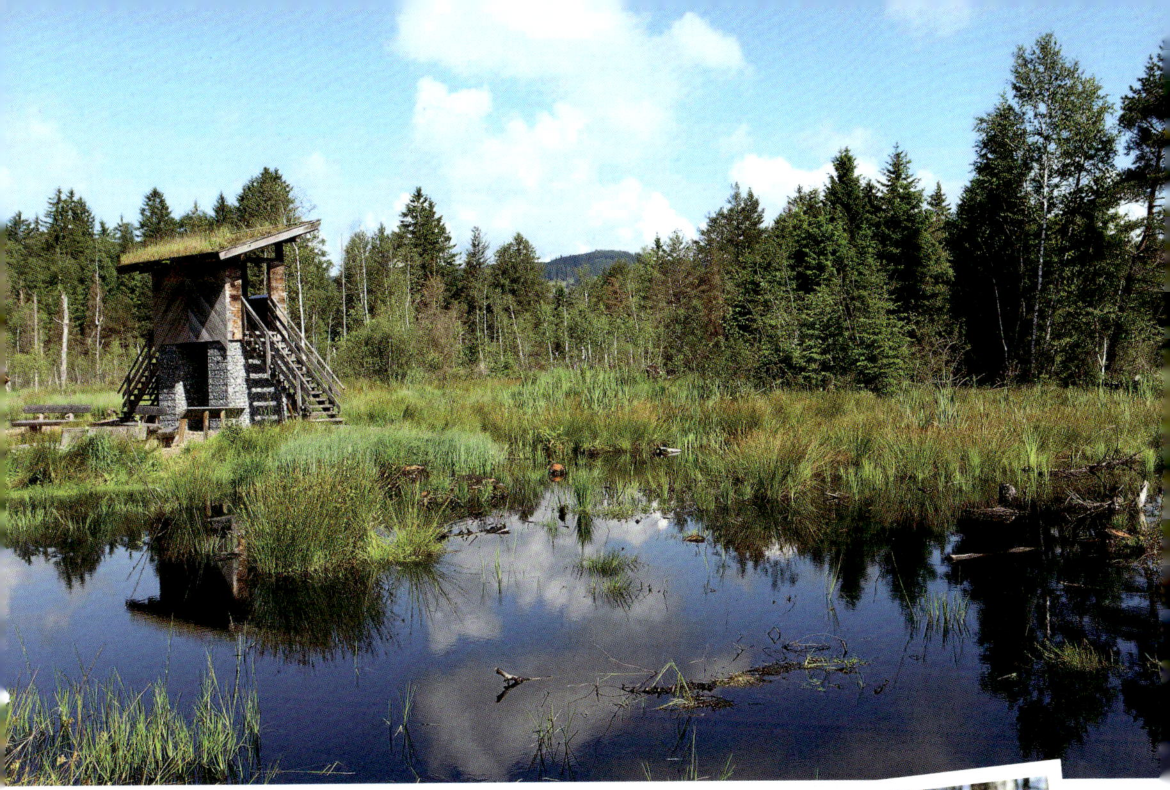

der Zielgruppe haben wir das Durchschnittstempo mit ca. 2,8 km/h vergleichsweise niedrig gewählt. Pausen oder gar eine längere Einkehr sind in der angegebenen Zeit jedoch nicht enthalten. Rechnen Sie bitte auch etwas Zeit für unvorhergesehene Änderungen ein, sodass Sie auch bei zusätzlichen Abstechern, bei kürzerem Verlaufen oder einem gesperrten Weg (z.B. wegen Forstarbeiten) noch rechtzeitig zurück am Ausgangspunkt sind.

Die Höhenangaben beinhalten die tatsächlich zu leistenden Höhenmeter. Lediglich kleine Kuppen und Senken mit nur geringem Höhenunterschied blieben unberücksichtigt. So stehen Sie nicht plötzlich vor einem großen Zwischenanstieg, der nirgends erwähnt wird. Wer mit dem Rollstuhl auf einem der barrierefreien Wege unterwegs ist, sollte möglichst schon vorher austesten, wo seine Grenzen sind. So macht eine Tour mit 100 Höhenmetern natürlich nur dann Sinn, wenn man diese 100 Höhenmeter auch schafft. Hilfreich können hier elektrische Zughilfen sein.

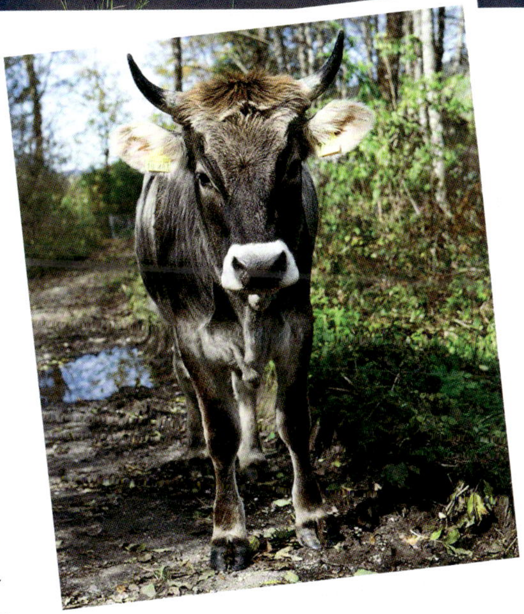

Das im Allgäu verbreitete Braunvieh stammt ursprünglich aus der Zentralschweiz.

Ganz oben: Blick über das renaturierte Werdensteiner Moos

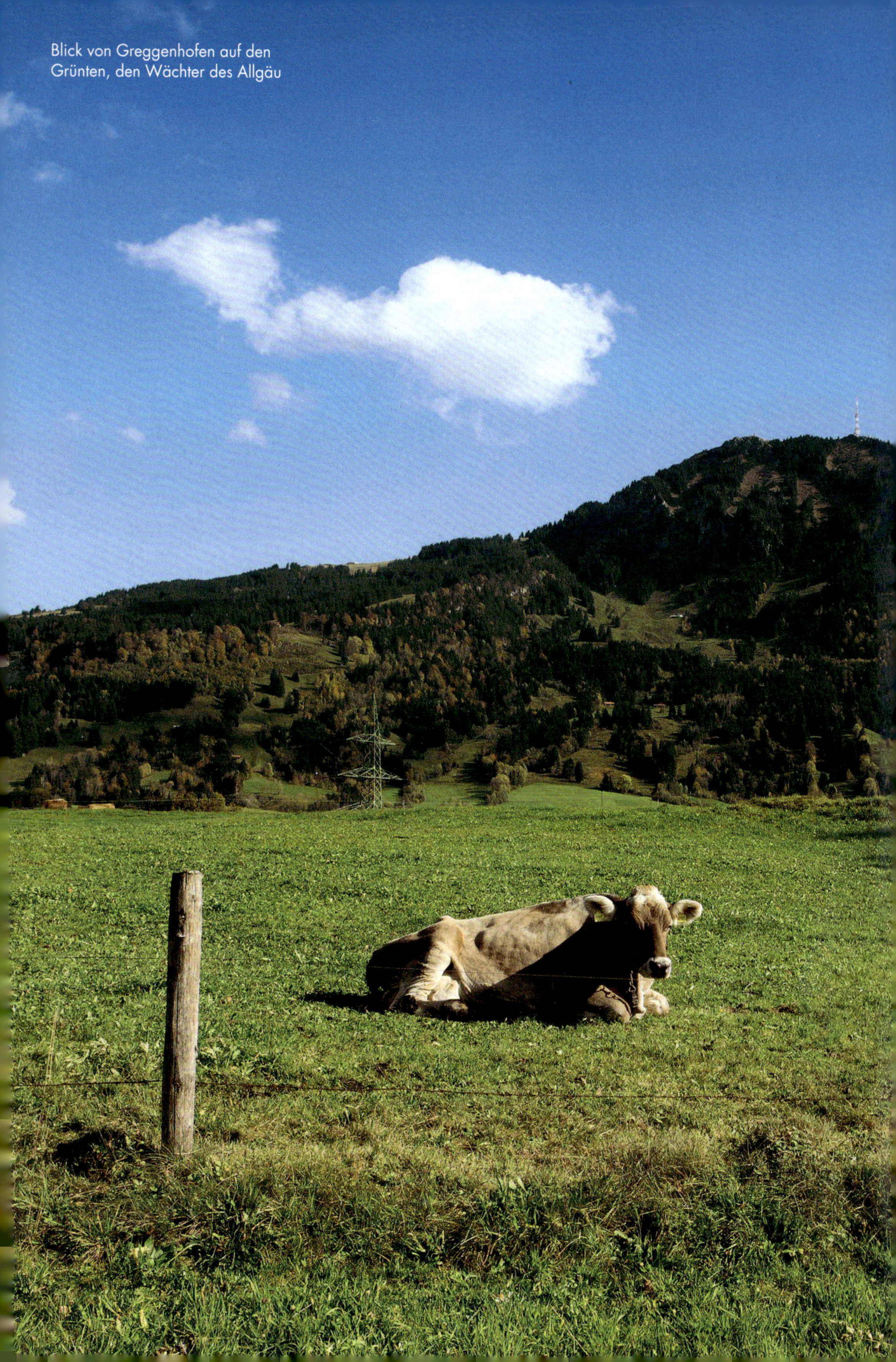

Blick von Greggenhofen auf den Grünten, den Wächter des Allgäu

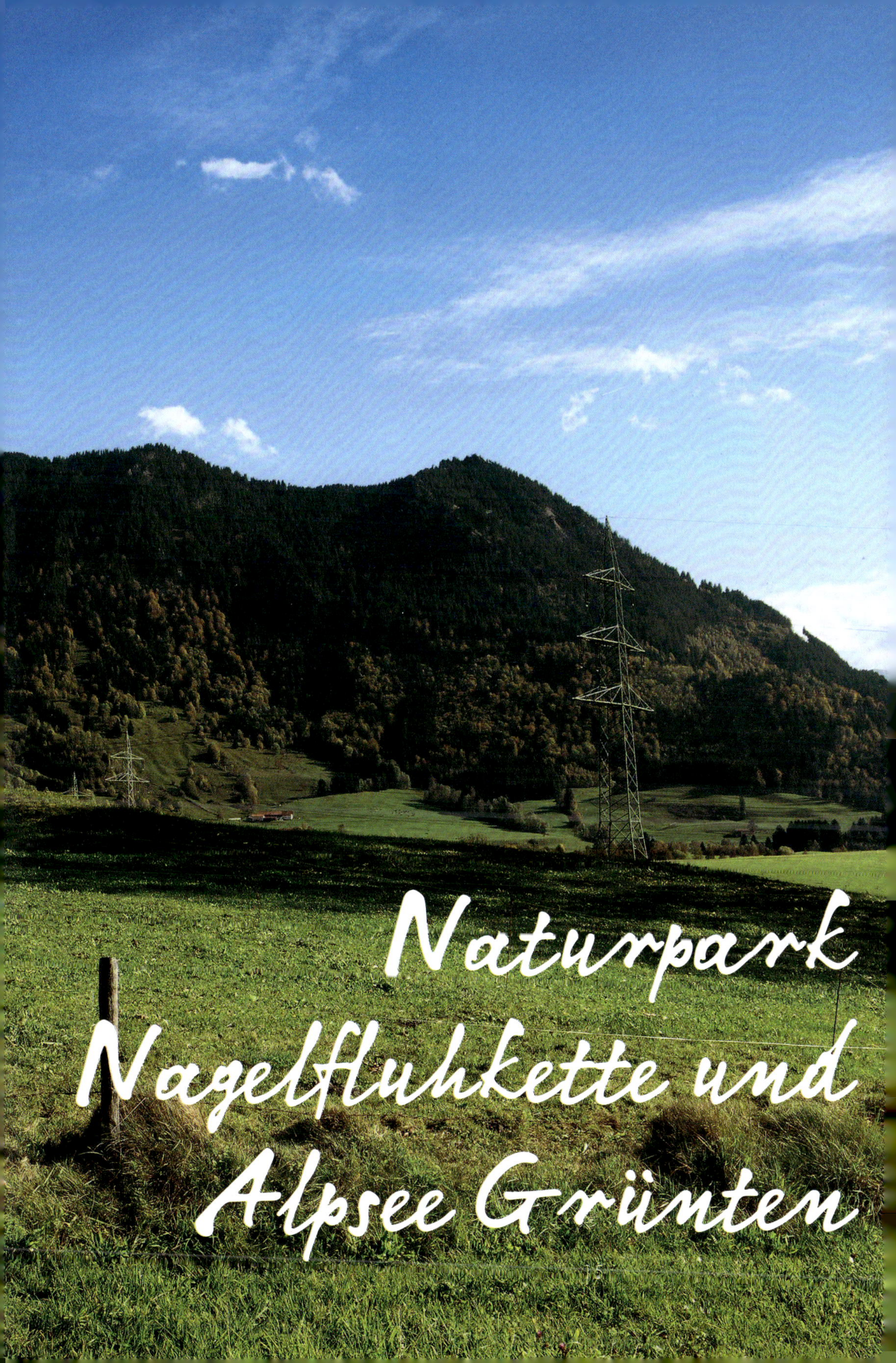
Naturpark
Nagelfluhkette und
Alpsee Grünten

1 Krokusblüte am Hündle

Auf der Hochsiedelrunde

Mittel | 8,2 km | ↑120 ↓420 Hm | 2.45–3 Std.

Tourencharakter
Bestens beschilderte und gepflegte Runde ab der Bergstation der Hündlebahn; bis auf den Abstecher auf den Hündlekopf breite, gut zu wandernde Wege

Ausgangs-/Endpunkt
Bergstation (1050 m) der Hündlebahn

Höchster Punkt
Hündlekopf (1114 m)

Anfahrt
GPS 47.5518, 10.0508
Auto: Von der B 308 Immenstadt–Oberstaufen bis zur Einfahrt der Hündle-Erlebnisbahnen fahren. Die Parkplätze bzw. die Bahn befinden sich direkt neben der Bundesstraße.
Bus & Bahn: Von Immenstadt und Oberstaufen fährt die Buslinie Nr. 39 zur Haltestelle »Hündlebahn«.

Einkehr
Moos-Alpe; Schwand-Alpe; Café am Wald; bei der Hündlebahn

Informationen
Touristinformation Oberstaufen, Tel. 08386/93000, www.oberstaufen.de

Wenn die Schneedecke gegen Ende des Winters bis auf wenige Flecken zusammengeschmolzen ist, verwandeln weiße und blaue Krokusse die Wiesen am Hündle in ein Blütenmeer. Das jährlich wiederkehrende Schauspiel begeistert Wanderer und Naturliebhaber gleichermaßen.

Gemütlicher Auftakt Die Hochsiedelrunde ist vor Ort als Wanderweg Nr. 16 ausgewiesen und beginnt offiziell bei der Talstation der Hündlebahn. Von dort führt der Rundweg um die Sommerrodelbahn herum und in mehreren Kehren zur Bergstation. Das kann man so machen. Allzu spannend ist der mit Höhenmetern gespickte Aufstieg auf breiten Schotterwegen allerdings nicht. Da es sich dafür umso mehr lohnt, oben länger zu verweilen, schweben wir also entspannt in einer der Gondeln der Hündlebahn hinauf zur Ⓐ **Bergstation**.

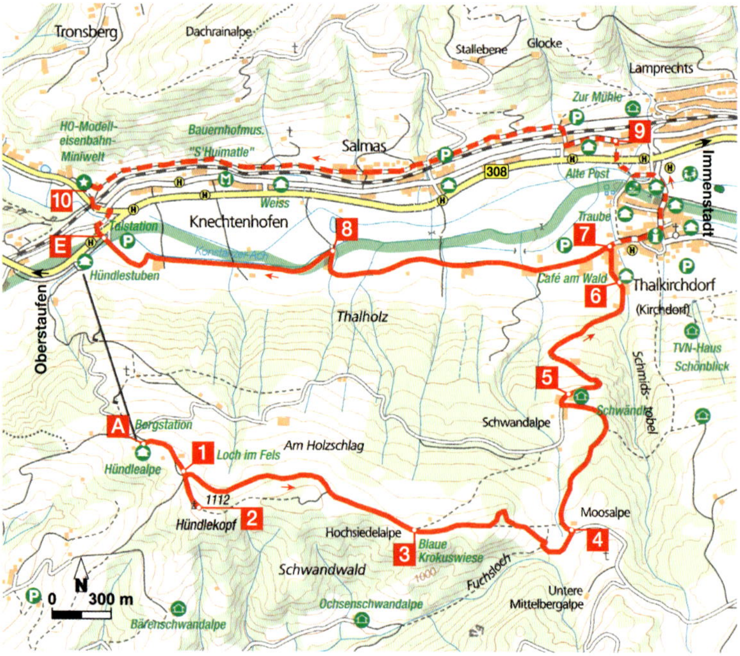

Nach der ersten Orientierung folgen wir dem rot-weiß markierten Bergweg an der Sennalpe vorbei zur ersten Besonderheit dieser Tour. An sich ist es nur ein medizinballgroßes ❶ **Loch im Fels**. Daneben fragt ein Schild, um was für einen Felsen es sich

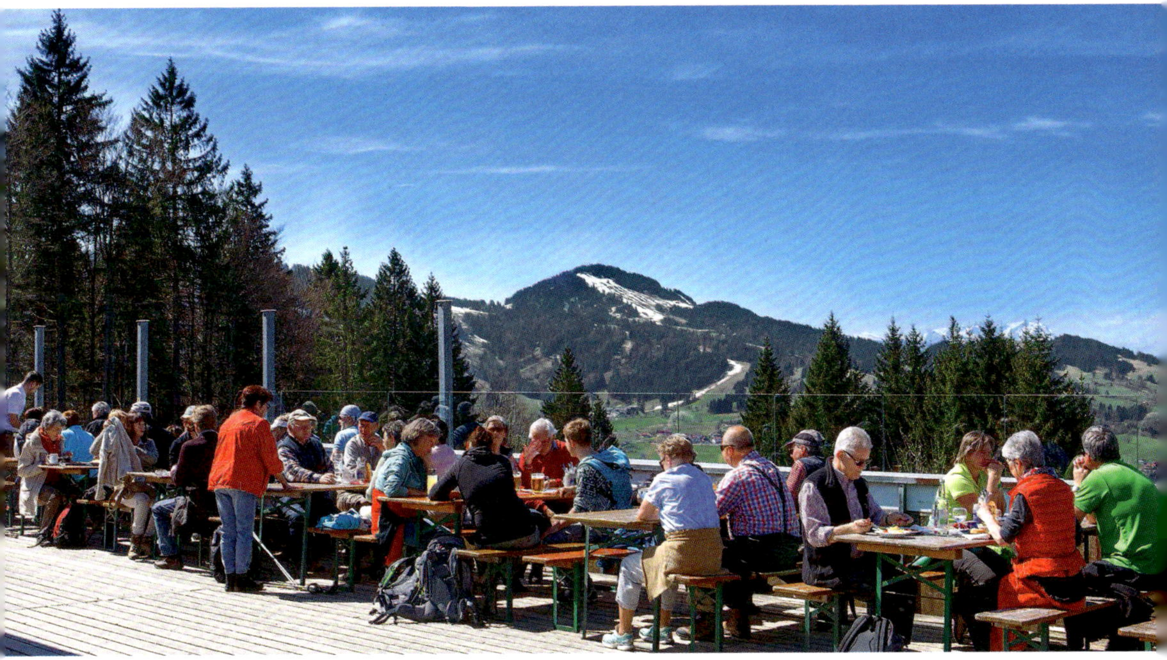

Nahe der Bergstation lädt die Sonnenterrasse der Berggaststätte Hündle zum Verweilen ein.

handelt? Die Antwort ist einfach: Da der Hündle Teil der Nagelfluhkette ist, wird es sich um einen Nagelfluhfels handeln. Weit interessanter ist es, der Aufforderung zu folgen, seinen Kopf in das Loch zu stecken und laut zu summen. Wer sich traut, wird mit einem Klangerlebnis belohnt, das unsere eigenen Erwartungen übertroffen hat.

Frühlingsboten auf dem Hündle Gleich neben dem Brummfelsen zeigt uns ein Wegweiser eine reiche Auswahl von Wandermöglichkeiten an. Um zu den Krokuswiesen zu gelangen, müssen wir uns bei der Verzweigung links halten. Da wir schon einmal hier sind, bietet sich zuvor ein Abstecher hoch auf den ❷ **Hündlekopf** an. Dieser erfolgt auf einem teils ausgetretenen Pfad und ist nach 180 Metern geschafft.

Rodelspaß für die Enkel

Ab dem zeitigen Frühjahr bis in den Herbst hinein ist die Sommerrodelbahn am Hündle geöffnet. Auf einer Strecke von 850 m geht es durch 16 Kurven hinunter ins Tal.

Zurück auf dem Höhenweg folgen wir anschließend dem Weg R16 Richtung Moos-Alpe. Auf diesem ersten Abschnitt der Runde ist ein gutes Vorstellungsvermögen von Vorteil. Wer es schafft, sich gedanklich 20000 Jahre zurückzuversetzen, steht nach ca. 10 Minuten (ab dem Abzweig) am Rand einer 400 Meter dicken Eiszunge. Gegenwärtig bestimmen alljährlich nach der Schneeschmelze etliche, meist weiße Krokusse das Landschaftsbild. Als Besonderheit gilt hier die ❸ **Blaue Krokuswiese**, wo Tausende zarte Blüten den Frühling und die Wandersaison am Hündle einläuten. Weitgehend unbeachtet bleiben zur selben Zeit die Blüten zweier weiterer Frühlingsboten: der Weißen Pestwurz und der leuchtend gelb-orangen Sumpfdotterblume.

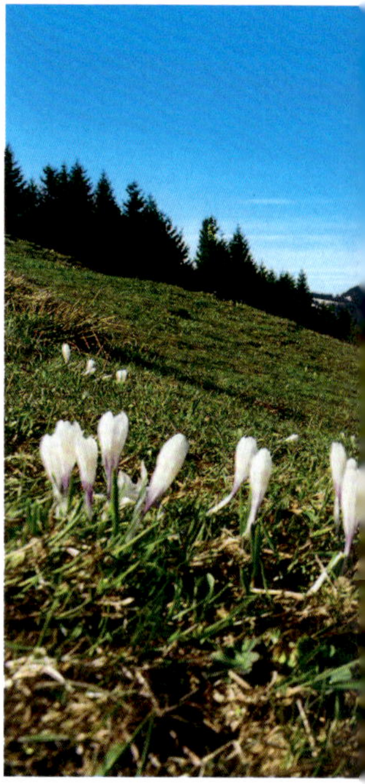

Einkehren, wie's gefällt Beim Wegweiser »Hochsiedel-Alpe« halten wir uns rechts, sodass wir links vom Hohen Teufellift ein kurzes Stück durch einen Wald laufen. Wo unser Weg in einen anderen einmündet, geht es links zur nur wenige Minuten entfernten ❹ **Moosalpe**. Direkt vor dem einfachen Gasthaus biegen wir erneut links auf den Fahrweg ab. Dieser führt uns zunächst noch sanft abfallend durch weitere aussichtsreiche Wiesen, dann etwas steiler durch den Wald hinunter zum herrlich gelegenen ❺ **Einkehrstüble Schwändle**. Auf der windgeschützten Terrasse lässt es sich an sonnigen Frühlingstagen bereits gut bei Kaffee und Kuchen aushalten.

Der weitere Abstieg erfolgt auf der Zufahrtsstraße. Sowie wir das ❻ **Café am Wald** passiert haben, geht es ans untere Ende der Straße Am Schwandweg in ❼ **Thalkirchdorf**. Für den direkten Rückweg müssen wir dort links in die Kirchdorfer Straße abbiegen. An der Talstation der Skilifte Thalkirchdorf vorbei führt uns der Rückweg durch im Sommer saftig grüne Wiesen an die ❽ **Konstanzer Ach**. Erneut links ab, gleicht der letzte Kilometer bis zur Ⓔ **Talstation der Hündlebahn** einem lockeren Spaziergang.

Variante mit Rundweg Thalkirchdorf Wer die Runde verlängern möchte, biegt in 7 **Thalkirchdorf** rechts auf die Kirchdorfer Straße ab. Nach 250 Metern folgen wir der Straße links am Thalkircher Dorfhaus vorbei zum Parkplatzstreifen nahe der Bundesstraße. Dort biegen wir erneut links ab, sodass wir als

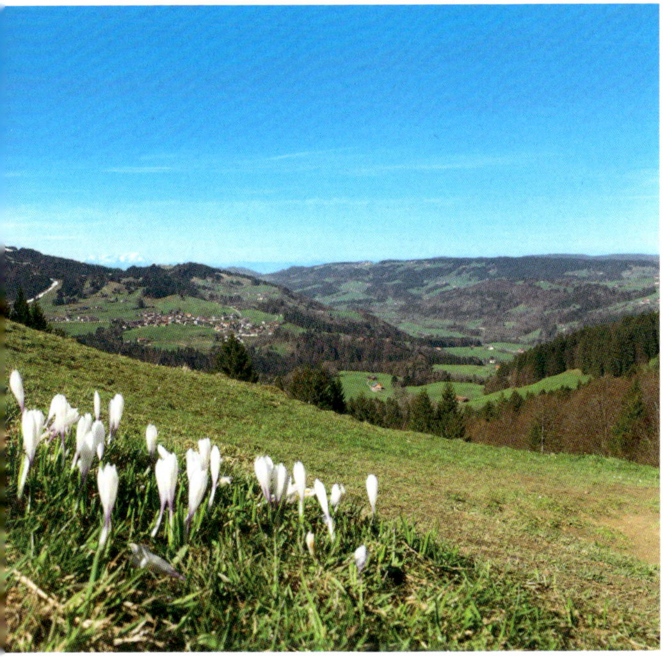

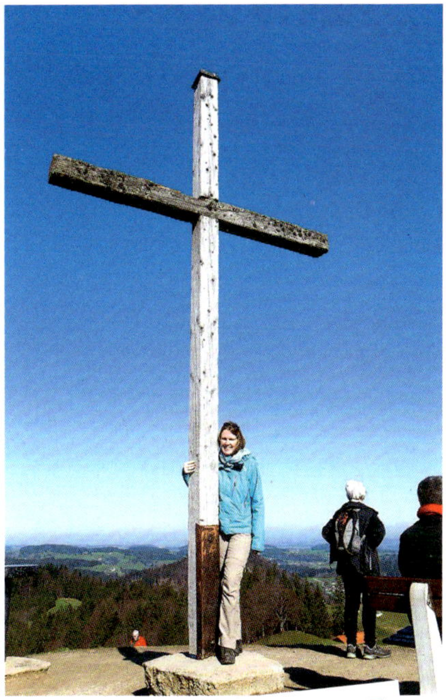

Nächstes den Festsaal und das seit 2020 geschlossene Freibad passieren. Sowie wir den Ort verlassen haben, nehmen wir die Unterführung und biegen jenseits der B 308 in 9 **Lamprechts** links auf die Straße Am Mühlacker ab. 200 Meter weiter kreuzen wir die Bahntrasse und folgen der Beschilderung über Salmas in Richtung Oberstaufen. Der Weg verläuft in etwa parallel zur Bahntrasse und trifft bei der 10 **Miniwelt Oberstaufen** auf die St 2005. Zu den Schätzen der Eisenbahn-Modellbauer gehören der »Loreleyfelsen bei Sankt Goar« und der Nachbau des Streckenabschnitts zwischen Koblenz und Bingen, der zum UNESCO-Weltkulturerbe zählt. Bis zur Talstation der Hündlebahn sind es ab der Miniwelt noch 300 Meter.

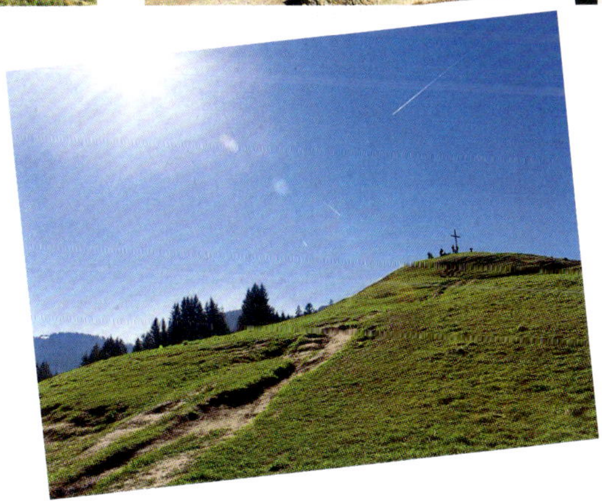

Blick über die Wiesen unterhalb des Hündlekopfs

Ganz oben: links: Immer wieder ein Blickfang: Krokusse am Hündle; rechts: Obligatorisches Gipfelfoto auf dem Hündlekopf

2 Einzigartiges Hochmoor

Durchs Werdensteiner Moos

Leicht | 3,8 km | 25 Hm | 1.30 Std.

Tourencharakter
Sehr einfache Runde auf ebenen Wegen, teils mit Holzhäcksel; bis auf die Zugänge auf die Aussichtstürme barrierefrei

Ausgangs-/Endpunkt
Wanderparkplatz »Thanners« (710 m)

Höchster Punkt
Nördlich vom Moor (ca. 720 m)

Anfahrt
GPS 47.6086, 10.2680
Auto: Von der B 19 Immenstadt–Kempten südlich von Oberdorf nach Thanners abfahren und der OA5 bis zum Wanderparkplatz nahe dem Haxenwirt folgen
Bus & Bahn: Von Kempten, Oberdorf und Immenstadt fahren die Buslinien Nr. 64 und Nr. 9783 die Haltestelle »Thanners« an.

Einkehr
Unterwegs keine, dafür aber schöne Rastmöglichkeiten

Informationen
Touristinfo Immenstadt, Tel. 08323/99 88 77, www.alpsee-gruenten.de

Bis ins 20. Jahrhundert hinein wurde das Werdensteiner Moos entwässert, Torf gestochen und die Fläche aufgeforstet. In den 1980er-Jahren wurde diese Entwicklung umgekehrt und die Fläche wieder vernässt. Mit Erfolg: Heute zählt das Moos wieder zu den größten Hochmooren im Allgäu.

Auf leisen Sohlen Ab dem Ⓐ **Wanderparkplatz »Thanners«** an der OA5 führt ein mit Hackschnitzeln bedeckter Dammweg direkt in das Moorgebiet. Beim ❶ **Abzweig** biegen wir links Richtung Eckart ab. Der Rundweg führt uns am Campingplatz vorbei und ermöglicht bald erste Einblicke in die empfindliche Moorwelt. Rechts des Wegs spiegeln sich Gräser und Birken im dunklen Moorwasser, daneben erklären Tafeln die verschiedenen Maßnahmen der Renaturierung. So wurden ab 1995 groß-

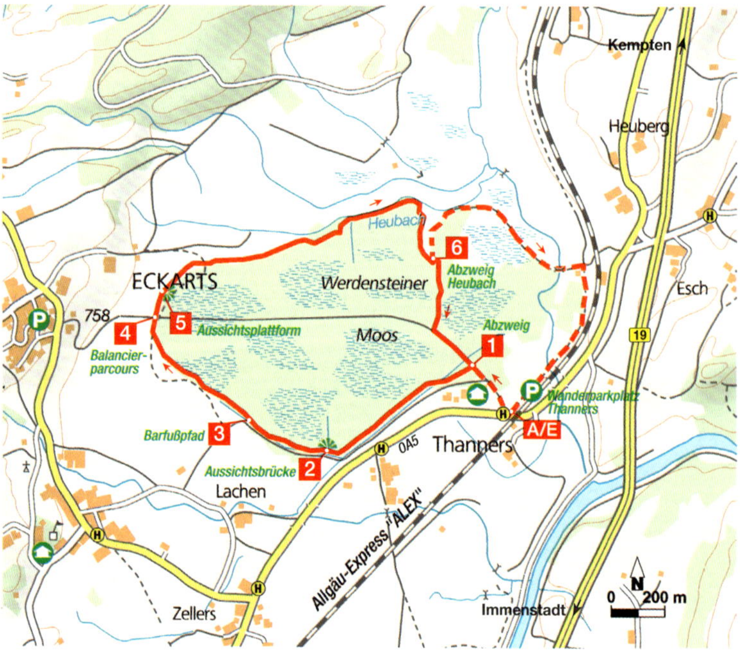

flächige Rodungen vorgenommen, um die Verdunstung zu senken und mehr lichten Raum für sonnenhungrige Torfmoose zu schaffen. Der Damm, auf dem wir laufen, hilft zusätzlich, den Wasserablauf zu verringern. Eine weitere wichtige Maßnahme war es, die Gräben so zu modifizieren, dass mehr Wasser in die angrenzenden Flächen sickern kann.

Mit etwas Geschick ist der Balancierparcours gut zu meistern.

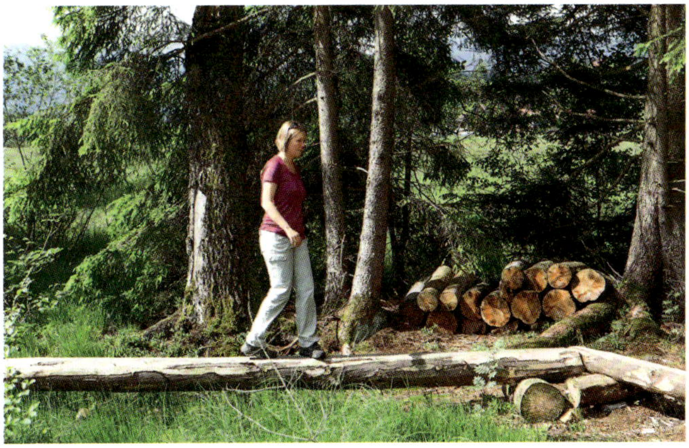

Ausblicke und Einblicke Wo der Weg eine Rechtskurve beschreibt, ermöglicht ein schön angelegter Rastplatz mit 2 **Aussichtsbrücke** eine erhöhte Sicht über die umliegenden Moorflächen. Von dort führt der Rundweg am 3 **Eckartser Barfußpfad** und am 4 **Balancierparcours** vorbei zu einer 5 **Aussichtsplattform** auf der Nordseite des Moors. Damit eröffnen sich uns auf diesem Abschnitt einige ganz unterschiedliche Einblicke in die Moorlandschaft und ihre Bewohner. Wer in den frühen Morgenstunden oder am späten Abend unterwegs ist und Glück hat, kann hier Biber beobachten. Fühlen sie sich erwischt, schlagen die Baumeister mit dem Schwanz auf das Wasser und tauchen ab.

Werdensteiner Moos

Das Werdensteiner Moos bedeckt heute eine Fläche von rund 85 ha. Das Moor ist zusammen mit den benachbarten Streuwiesen des Oberdorfer Mooses als FFH-Gebiet ausgewiesen. Der Bund Naturschutz in Bayern bietet regelmäßig Führungen durch das Moor an (www.kempten.bund-naturschutz.de).

Variante für den Rückweg Im weiteren Verlauf führt uns der Rundweg in das flach ausgeprägte Heubachtal, schwenkt dann aber nach Süden. Beim 6 **Abzweig Heubach** haben wir die Wahl: Wer auf dem Rundweg bleibt, läuft weiter in südlicher Richtung durch das Moor zurück zum Ausgangspunkt beim E **Wanderparkplatz »Thanners«**. Wer die Wanderung etwas verlängern möchte, kann beim Abzweig Heubach scharf links abbiegen – in diesem Fall führt einen der Weg zurück an den Heubach und, rechts, hinunter zur Bahntrasse. Die letzten Meter erfolgen dann auf dem Geh- und Radweg entlang der OA5.

3 Auf den Rottachberg

Aufstieg zur Ruine Vorderburg

Mittel/Schwer | 5,7 km | 200 Hm | 2 Std.

Tourencharakter
Der Abstieg zur Müllers Alpe erfolgt über Pfade und eine längere Treppe. Der Abschnitt auf dem Grat erfordert Trittsicherheit, lässt sich aber durch den Rückweg auf der Zufahrt umgehen.

Ausgangs-/Endpunkt
St.-Blasius-Kirche in Vorderburg (860 m)

Höchster Punkt
Nahe Berghof Lingg (1100 m)

Anfahrt
GPS 47.6096, 10.3338
Auto: Von der A980 bei Ausfahrt 2 nach Sulzberg abfahren, weiter über die OA6 bis Vorderburg. Alternativ von der B19 auf Höhe Immenstadt auf die ST2006 abfahren, dann bei Kranzegg nach Vorderburg abbiegen
Bus & Bahn: Ab Immenstadt und Wertach fährt die Buslinie Nr. 81 die Haltestelle »Vorderburg-Kirche« an.

Einkehr
Alpe Müllers Berg; Gasthof Hirsch in Vorderburg

Informationen
Touristinfo Rettenberg, Tel. 08327/92040, www.alpsee-gruenten.de

Auf stillen Wegen führt uns die Wanderung ab dem Ort Vorderburg über Brackenberg und durch liebliche Bergwiesen hoch zur Ruine Vorderburg. Von dort geht es zur Alpe Müllers Berg. Das beliebte Ausflugslokal ist ab Großdorf auch über einen einfachen Spazierweg zu erreichen.

Als die Pest kam … Ab der Ⓐ **Kirche St. Blasius** in Vorderburg folgen wir der Kirchdorfer Straße an den südlichen Ortsrand. Nach Brackenberg sind zwei Wege ausgewiesen: Während die technisch leichtere, aber auch längere Variante die Fahrstraße nutzt, biegen wir erst rechts, dann links auf den Weg zum Wald ab. Damit folgen wir der Beschilderung über einen Stationenweg

Der Schwarze Ritter

Zur Zeit der Kreuzzüge brach der Burgherr auf, um das Gelobte Land zu befreien. Fern der Heimat geriet er in Gefangenschaft. Währenddessen machte sein bester Freund der Ehefrau den Hof. Als keine Hoffnung mehr bestand, gab sie ihrem neuen Verehrer nach. Just zu jener Zeit war dem Ritter die Flucht gelungen. In Lumpen gekleidet und völlig abgemagert erreichte er die Burg an dem Tag, an dem Hochzeit gehalten wurde. Weil man ihn für einen Bettler hielt und bei dem Fest niemand darben sollte, wurde ihm ein Becher Wein gereicht. Außer sich vor Zorn zog der Ritter sein Schwert und erschlug das aus seiner Sicht gottlose Paar. Fortan hauste er allein auf seiner Burg. Mit der Zeit verflog die Wut und machte der Reue Platz. Noch heute soll der Geist des Schwarzen Ritters ruhelos um die Burgruine reiten und sein Leid klagen.

zum ❶ **Pestfriedhof**. Genau genommen handelt es sich um den zweiten Pestfriedhof von Vorderburg. Als im Dreißigjährigen Krieg die Seuche diesen idyllischen Flecken Erde erreichte, wurden die Toten ab 1628 bis 1635 abseits des Dorfs inmitten des Walds begraben. Auf dem heute ebenfalls im Wald gelegenen Pestfriedhof ruhen die Pestopfer aus der Zeit bis 1644. Bei der

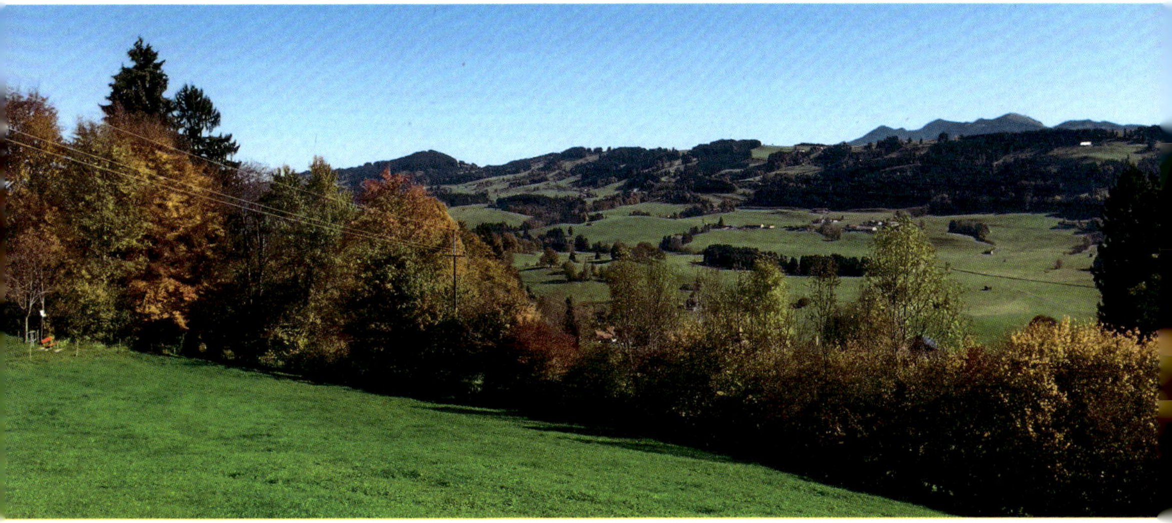

kleinen Kapelle befindet sich heute der Endpunkt des Kreuzwegs, der vom Dorf hier heraufführt.

Aussicht vom Rottachberg zu den Bergen rund um Jungholz

Freie Sicht Nach diesem besinnlichen Auftakt folgen wir dem Waldweg zur nahen Fahrstraße. Sowie wir aus dem Wald treten, öffnet sich die Sicht nach Süden hin zum Grünten und über das Illertal zum Naturpark Nagelfluhkette und bis zu den Allgäuer Hochalpen in der Ferne. Wenden wir uns nach Westen, zeichnen sich über dem benachbarten Höhenzug die Berge rund um Jungholz mit der Reuterwanne und dem Pfeifferberg sowie, weiter südlich, dem markanten Gipfel des Sorgschrofens ab. Wir selbst folgen der Straße durch reizvolle Wiesen leicht bergan nach ❷ **Brackenberg**. Im Ort biegen wir zweimal kurz nacheinander rechts ab und stehen bei der nächsten Weggabelung vor der Wahl: Links ginge es zunächst noch auf einem breiten Landwirtschaftsweg, dann über einen kurzen felsigen Abschnitt zur Ruine. Etwas schöner und einfacher finden wir den beim Wegweiser als »Variante« angegebenen Weg.

Aufstieg zur Ruine Vorderburg Damit laufen wir bei der Gabelung auf einem schmaleren Wiesenweg in etwa geradeaus. Leicht bergab haben wir auch hier eine herrliche Sicht über das Tal zum Gegenhang, ehe wir nach ca. 300 Metern links abbiegen. Wieder bergan, queren wir eine Weide. Da auf diesem Wanderweg nur wenig Betrieb herrscht, ist der Verlauf nicht immer deutlich zu erkennen. Im Prinzip aber laufen wir immer in nördlicher Richtung, wobei der Wiesenweg weiter oben leicht nach rechts schwenkt. Rechts ab ist die Ruine ❸ **Vorderburg** bald erreicht.

Allerdings wird sie nur allzu leicht übersehen. So waren die direkten Zugänge bei unserem Besuch zugewachsen, während Schilder vor Steinschlag warnten. Wer genau hinsieht, erspäht zwischen den Bäumen aber Teile des äußeren Bergfrieds. Die Burg wurde um das Jahr 1100 erbaut und war Stammsitz der vollfreien Edlen und Freiherren von Rettenberg. Nachdem das Adelsgeschlecht erloschen war, gingen die Burg und die umliegenden Lehen im Jahr 1351 an den Hochstift Augsburg über. 1562 wurde die Burg durch einen Brand zerstört und nicht wieder aufgebaut. Heute zeugen nur wenige Mauerreste von der einst mächtigen Festung auf dem Gratende des Rottachbergs, um die sich die bitterböse Sage vom Schwarzen Ritter (s. Tippkasten) rankt.

Zeit zum Rasten und Einkehren Etwas westlich von der Burgruine abgerückt, steht ein Pavillon auf dem Grat. Sobald die Bäume und Sträucher wieder zurückgeschnitten werden, hat man von dort eine weit reichende Sicht über das Illertal zu den Bergen im Westallgäu. Auch mehrere Baggerseen und ein Zipfel vom Niedersonthofener See sind zu erkennen.

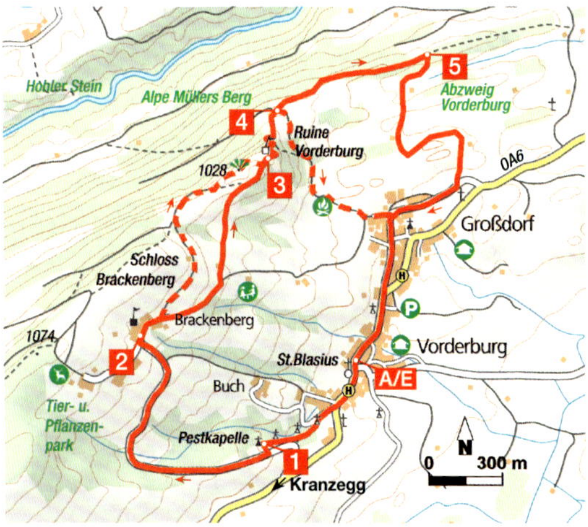

Wenige Schritte unterhalb bietet eine nach Osten ausgerichtete Rastbank eine schöne Möglichkeit zum Verweilen, bevor wir die Ruine auf ihrer Südseite passieren und der Wegmarkierung durch den Wald sowie über eine längere Treppe hinunter zur ❹ **Alpe Müllers Berg** folgen.

Mit herrlicher Sicht über das Alpenvorland verwöhnt sie hungrige Wanderer mit Allgäuer Brotzeiten, Frischkäse und hausgemachten Kuchen. Familien finden neben der Sonnenterrasse einen Spielplatz und einen Streichelzoo.

Rückweg über Großdorf Für den Rückweg haben wir zwei Möglichkeiten: Wer gut zu Fuß und auch eine Passage mit Wurzeln und Steinen zu meistern gewohnt ist, folgt der Beschilderung Richtung Greifenmühle. Der Wanderweg führt über die Wiese in einen schmalen Waldstreifen. Nachdem sich links kurz die Sicht über das Rottachtal öffnet, zweigen wir beim nächsten Wegweiser rechts nach Vorderburg ab (5 **Abzweig Vorderburg**).

Ganz unten: Erst auf den zweiten Blick ist der Bergfried zu sehen.

Fast unsichtbar und doch da: die Ruine Vorderburg

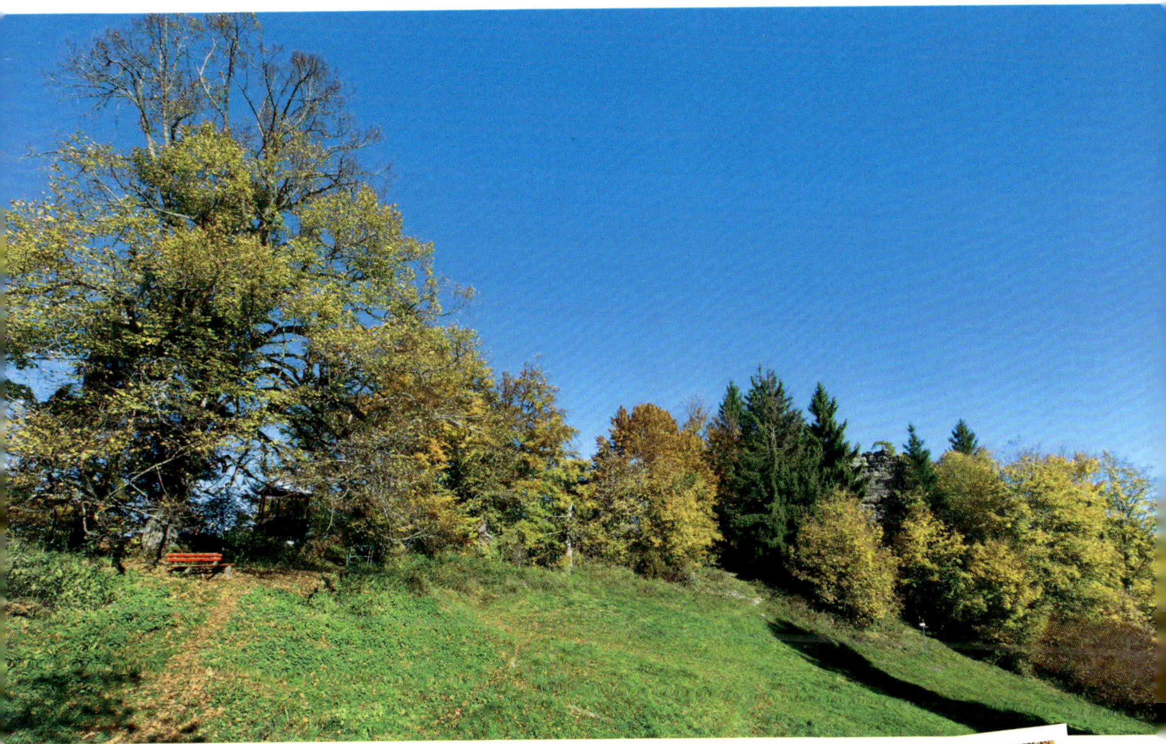

Auf bald wieder leichter zu begehendem Untergrund folgen wir den gelb-weißen Markierungen durch Weiden und entlang kleiner Waldinseln hinunter nach Großdorf.

Alternativ nutzen wir ab der Alpe die Zufahrtsstraße, welche uns an einem Spiel- und Grillplatz vorbei ebenfalls hinunter nach Großdorf führt. In beiden Fällen geht es dann rechts über die Amthausstraße und die Kirchdorfer Straße zurück zum Ausgangspunkt bei der E **Kirche St. Blasius** in Vorderburg.

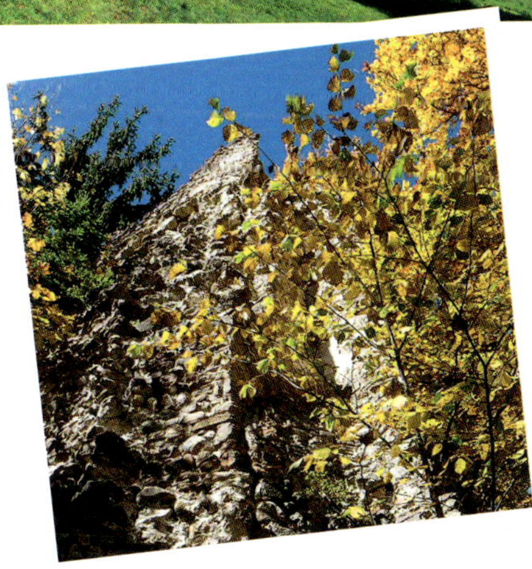

4 Im Reich der Senner

Rund um Untermaiselstein

Leicht | 8,2 km | 75 Hm | 2.30 Std.

Tourencharakter
Die Runde verläuft auf breiten, meist ebenen Wegen, die teils etwas mit Gras bewachsen sind und als barrierefrei gelten. Bei Nutzung der Abkürzung ist die Tour sehr leicht.

Ausgangs-/Endpunkt
Parkplatz (725 m) zwischen Freidorf und Bellen

Höchster Punkt
Nahe dem Pferdehof (740 m)

Anfahrt
GPS 47.5863, 10.2731
Auto: Von der B 19 Kempten–Sonthofen bei Immenstadt auf die St2006 Richtung Rettenberg abfahren und der Beschilderung über die OA3 nach Freidorf folgen. Der Parkplatz befindet sich nördlich vom Ort.
Bus & Bahn: Ab Immenstadt fährt die Buslinie Nr. 84 zur Haltestelle »Freidorf-Ort«, z. T. mit Aufenthalt in Humbach. Der Zugang erfolgt dann durch den Gartenäckerweg.

Einkehr
Unterwegs keine

Informationen
Touristinfo Rettenberg, Tel. 08327/92040, www.alpsee-gruenten.de

Untermaiselstein ist als beschauliches Sennereidorf bekannt. Eingebettet zwischen idyllischen Allgäuer Weiden und den Flussauen entlang der Iller, entstehen hier seit mehr als 100 Jahren die bekannten Käsespezialitäten. Als Zugabe gibt es zwei traumhafte Ausblicke über den Fledermaussee.

Wandern oder Spazieren? Von den wenigen Stellplätzen beim Ⓐ **Parkplatz zwischen Freidorf und Bellen** geht es auf den ersten Metern nach ❶ **Freidorf**, wo wir rechts in den Oberen Weg abbiegen. Wir folgen der Straße um die Linkskurve, um beim Übergang in den Wacholderweg erneut rechts abzubiegen. Nachdem wir einen ❷ **Bildstock** passiert haben, treffen wir beim nächsten Abzweig auf einen gelb-weiß markierten Wanderweg. Wer sich nur kurz die Füße vertreten möchte, kann dort rechts abbiegen – man trifft dann auf den Weg zur Fledermauswarte. Die Wanderung schrumpft in diesem Fall auf einen gut drei Kilometer langen Spaziergang zusammen. Für die Wanderung bleiben wir auf der Straße, um dann links auf der Straße Am Anger zum Ortskern von ❸ **Untermaiselstein** zu laufen. Im Ort bietet sich ein Abstecher zur Dorfkirche Sankt Ursula aus dem 14. Jahrhundert an.

Auf dem Damm Ansonsten geht es gleich links zum Mühlenweg, auf dem wir den Ort Richtung Rettenberg verlassen und am ❹ **Untermaiselsteiner Weiher** vorbei zum Waldrand gelangen. Dort biegen wir rechts Richtung Immenstadt ab und folgen dem Waldrand in südwestlicher Richtung bis zum ❺ **Rietzlerhof**. Der offizielle Wanderweg verläuft zwischen dem Reitplatz und einem Stallgebäude, ehe er rechts zur Hauptstraße abknickt. Nachdem wir diese bitte umsichtig überquert haben, ist es links nur noch ein Steinwurf bis zum ❻ **Dammweg** der Iller. Scharf rechts folgen wir dem bequem zu laufenden Dammweg zunächst Richtung Seifen an Feuchtgebieten vorbei bis zur ❼ **Illerbrücke**.

Fledermauswarte und See Rechts ab laufen wir ein kurzes Stück auf Untermaiselstein zu, folgen dann aber der Beschilderung zur ❽ **Fledermauswarte**. Auf mehreren Tafeln wird uns hier der Lebensraum der Illerauen veranschaulicht. Von der über eine Leiter zu erreichenden Aussichtsplattform ist der Ausblick durch Aussparungen in den Wänden über den Fledermaussee zum

Ganz unten: Nahe der Fledermauswarte öffnet sich die Sicht auf den Grünten.

Links: Idylle beim Fledermaussee

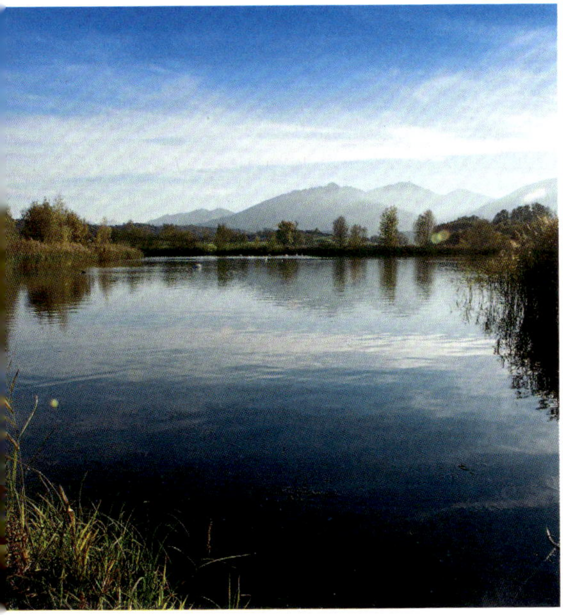

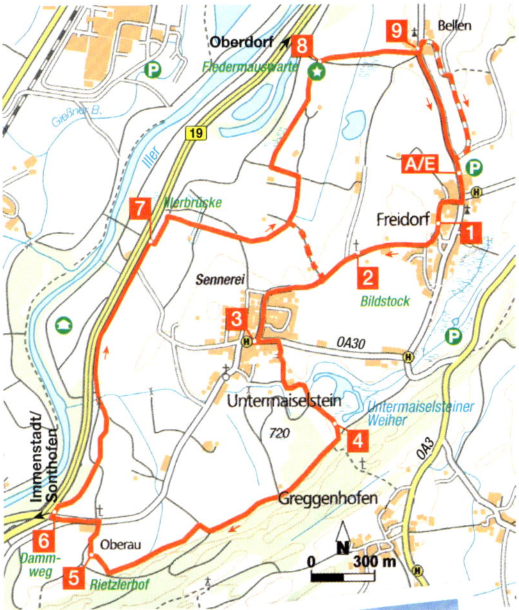

Grünten sowie zu den Alpen möglich. Anschließend folgen wir dem Fußweg an den See, wo der Blick nun Richtung Naturpark Nagelfluhkette mit den Gipfeln vom Mittag und, rechts davon, Immenstädter Horn reicht. Mit diesen schönen Eindrücken geht es weiter bis ❾ **Bellen**, wo wir rechts über den Fahrweg zurück zum winzigen Ⓔ **Parkplatz** wandern.

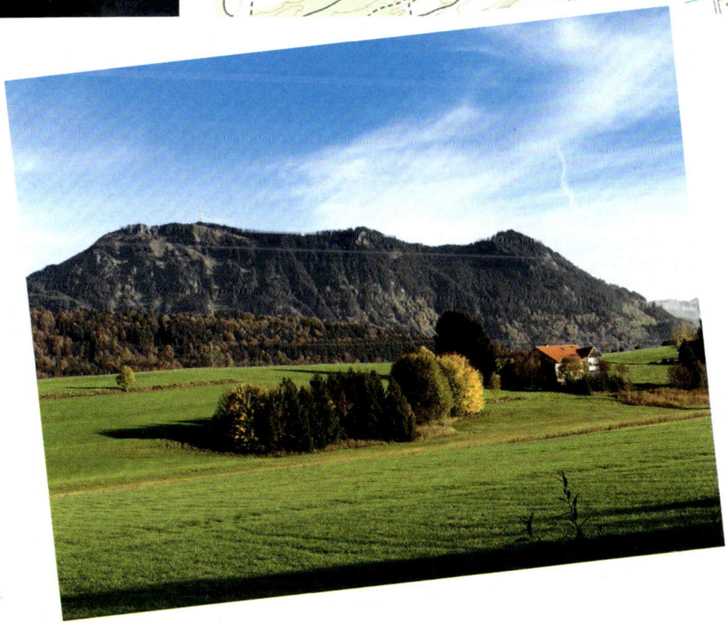

5 Moore bei Rauhenzell

Familienrunde nach Greggenhofen

Leicht | 6 km | 100 Hm | 2 Std.

Tourencharakter
Die familienfreundliche Wanderung nutzt überwiegend breite Wege, auf kleineren Abschnitten auch Pfade sowie rund um Rauhenzell wenig befahrene Straßen.

Ausgangs-/Endpunkt
Rauhenzell (725 m)

Höchster Punkt
Zwischen Gut Oberegg und Greggenhofen (bis 790 m)

Anfahrt
GPS 47.5612, 10.2418 (Sportplatz)
Auto: Von der B 19 Kempten–Sonthofen bei Immenstadt auf die OA 5 oder St 2006 abfahren und der Beschilderung nach Rauhenzell folgen
Bus & Bahn: Ab Immenstadt, Wertach und Wolfis bestehen Busverbindungen zu den Haltestellen »Rauhenzell« und »Rauhenzell/Abzweig Untermaiselstein«.

Einkehr
Unterwegs keine

Informationen
Touristinfo Alpseehaus, Tel. 08323/99 88 77, www.alpsee-gruenten.de

Die mit wenigen Höhenmetern versehene Runde führt uns ab Rauhenzell um den Schlossbühl ins beschauliche Greggenhofen. Während die erste Hälfte der Tour zumeist im Wald verläuft, kommen wir auf dem Rückweg durch das Landschaftsschutzgebiet Rauhenzeller Moos.

In die Ruhe Von der Ortsmitte von Ⓐ **Rauhenzell** geht es auf den ersten Metern Richtung Untermaiselstein durch die Buchwaldstraße. Wir passieren eine Bushaltestelle, dann das Neubaugebiet und einen ❶ **Fußballplatz** mit wenigen Parkmöglichkeiten. Nach der ❷ **Unterführung** der Bundesstraße halten wir uns erst rechts, dann links, sodass wir dem Schotterweg am Rand des Landschaftsschutzgebiets Rauhenzeller Moos in den Wald folgen. Sowie wir den ersten Waldstreifen durchquert haben, öffnet sich die Sicht durch eine Freileitung nach Osten zum Grünten.

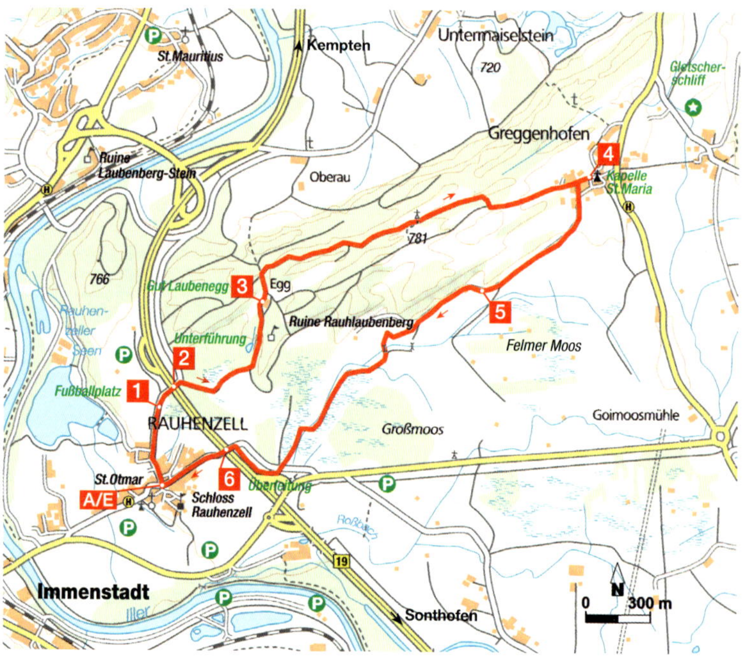

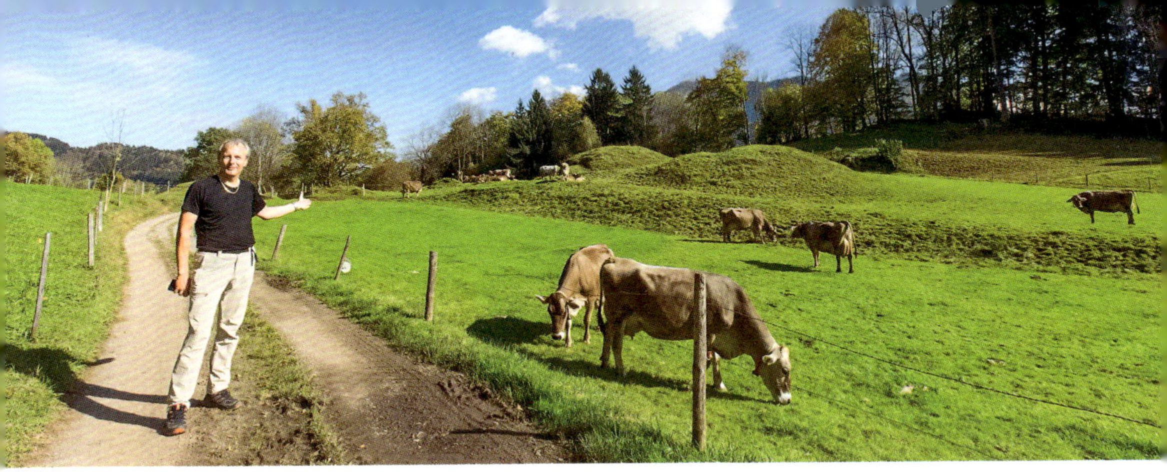

Der Wanderweg beschreibt eine Linkskurve und führt uns zurück in den Wald.

So sieht eine Bilderbuchlandschaft aus.

Über Greggenhofen ... Wir folgen dem Weg an der nur schwer zugänglichen und umwaldeten Burgruine Laubenegg herum bis zum 3 **Gut Laubenegg**. Direkt vor (!) der Hofeinfahrt zweigt der Wanderweg links auf einen deutlich schmaleren, gelb-weiß markierten Pfad ab. Dieser führt uns westlich um den Hof herum und links ab in den Wald zu einer Wegspinne mit Holzlagerplatz. Wer auf breiteren Wegen bleiben möchte, kann hier bereits rechts abbiegen. Ansonsten überqueren wir die Lichtung in etwa geradeaus, um einen Katzensprung weiter mit der Beschilderung Richtung Greggenhofen rechts abzubiegen. Vom örtlichen Tourismusverband wird die Wanderung als »kinderwagengerecht« eingestuft – das halten wir angesichts des hier nur engen Pfades für gewagt. Aber sei es drum. Nach nur 50 Metern mündet der Pfad auch schon wieder in den breiten, ebenfalls von der Wegspinne abzweigenden Weg. Diesem folgen wir weiter leicht bergan durch den Wald und über eine Lichtung bis zu einer traumhaft gelegenen Weide südwestlich von Greggenhofen. Im Ort selbst lohnt sich ein Abstecher zur 4 **Kapelle St. Maria**. Ansonsten können wir auch gleich scharf rechts abbiegen.

Lamas sind von Natur aus wunderfitzig. Sie sind größer als die artverwandten Alpakas und haben sichel- bzw. bananenförmige Ohren.

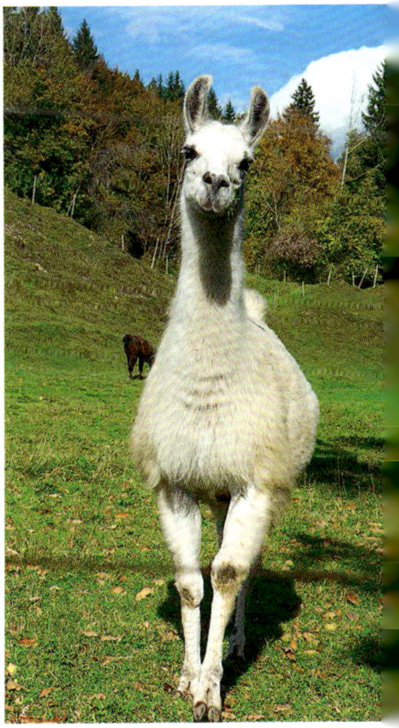

... ins Moos Mit Sicht zum Grünten führt uns der Wanderweg zunächst an weitere Weiden vorbei an einen Waldstreifen, dann wieder durch das Landschaftsschutzgebiet am 5 **Felmer Moos** und am Großmoos vorbei. Wir folgen den gelb-weißen Wegmarkierungen durch die Feuchtgebiete, bis wir weiter südlich auf eine Straße treffen. Von dort geht es rechts zur 6 **Überleitung** über die Bundesstraße und über die Rettenberger Straße zurück nach E **Rauhenzell**.

6 Auf der Fährte des letzten Bären

Varianten am Mittag

Schwer / Leicht	3 km/ 5,2 km	180 Hm/ ↑120 Hm ↓450 Hm	1.30 Std./ 2 Std.

Tourencharakter
Das Bärenköpfle und die Alpe Oberberg sind als Streckenwanderung ab der Bergstation auf leicht zu begehenden Wegen zu erreichen. Für den Abstieg vom Bärenköpfle zur Alpe sind festes Schuhwerk und Trittsicherheit unabdingbar!

Ausgangs-/Endpunkt
Bergstation (1410 m) der Mittagbahn in Immenstadt

Höchster Punkt
Bärenköpfle (1452 m)

Anfahrt
GPS 47.5545, 10.2186 (Talstation)
Auto: Von der B 19 Kempten–Sonthofen bei Immenstadt auf die B 308 nach Immenstadt abfahren und dann der Beschilderung zur Mittagbahn folgen
Bus & Bahn: Ab dem Bahnhof Immenstadt erfolgt der Zugang zur Mittagbahn über die Staufner Straße und die Mittagstraße.

Einkehr
Bergstation Mittagbahn; Alpe Oberberg; bei der Variante Mittelstation

Informationen
Touristinfo Alpseehaus, Tel. 08323/998877, www.alpsee-gruenten.de

Die Mittagbahn ist der längste Sessellift, den wir auf einer Tour in diesem Wanderführer nutzen – mit Umstieg bei der Mittelstation überwinden wir so spielend rund 650 Höhenmeter. Bei der Bergstation beginnt eine Reihe von Wanderungen, die von »technisch anspruchslos« bis »herausfordernd« reichen.

Erst mal Höhenluft schnuppern Bevor wir uns auf den Weg machen, lohnt es sich bereits bei der Ⓐ **Bergstation**, kurz innezuhalten und den Blick über die Umgebung schweifen zu lassen. Am Rand der weitläufigen Terrasse bzw. nahe dem Kreuz helfen mehrere Panoramatafeln, die umliegenden Orte und Berge treffsicher zu bestimmen. Schauen wir nach Osten, ragt links der Grünten unverwechselbar in die Höhe; schauen wir über Bad Hindelang hinweg, reicht die Sicht bis zu Kühgundkopf und Iseler – zwei Berge, denen wir bei der Wiedhag-Alpe (s. Tour 13) nahekommen können. Weiter südlich schließt sich die Daumengruppe mit Nebelhorn und Rubihorn an. Im Süden schließlich sehen wir über die Hörner hinweg bis zum Großen Widderstein, der uns bei der Wanderung ins Gemsteltal (s. Tour 33) begleitet. Alles gefunden? Dann können wir zufrieden zu unserer eigenen Wanderung aufbrechen.

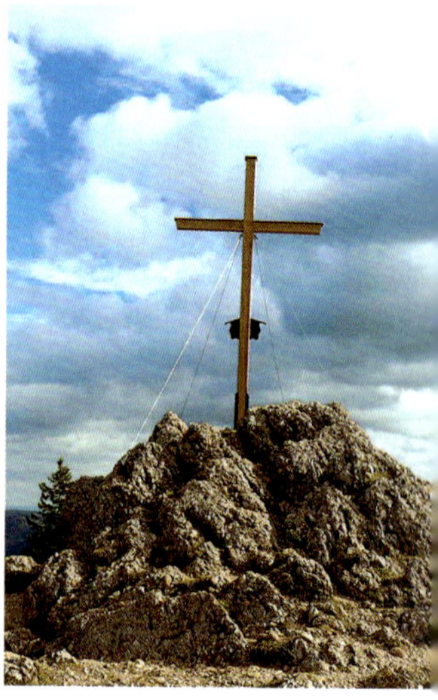

Ungewohnte Farbgebung Um zum ersten Ziel des Tages zu gelangen, halten wir uns bei der Verzweigung nahe dem Restaurant rechts. Wer sich mit den Wegmarkierungen auskennt, mag sich vielleicht wundern: Die blau-weißen Schilder werden eigentlich für Wege mit sehr steilen, teilweise ausgesetzten Stellen verwendet, bei denen

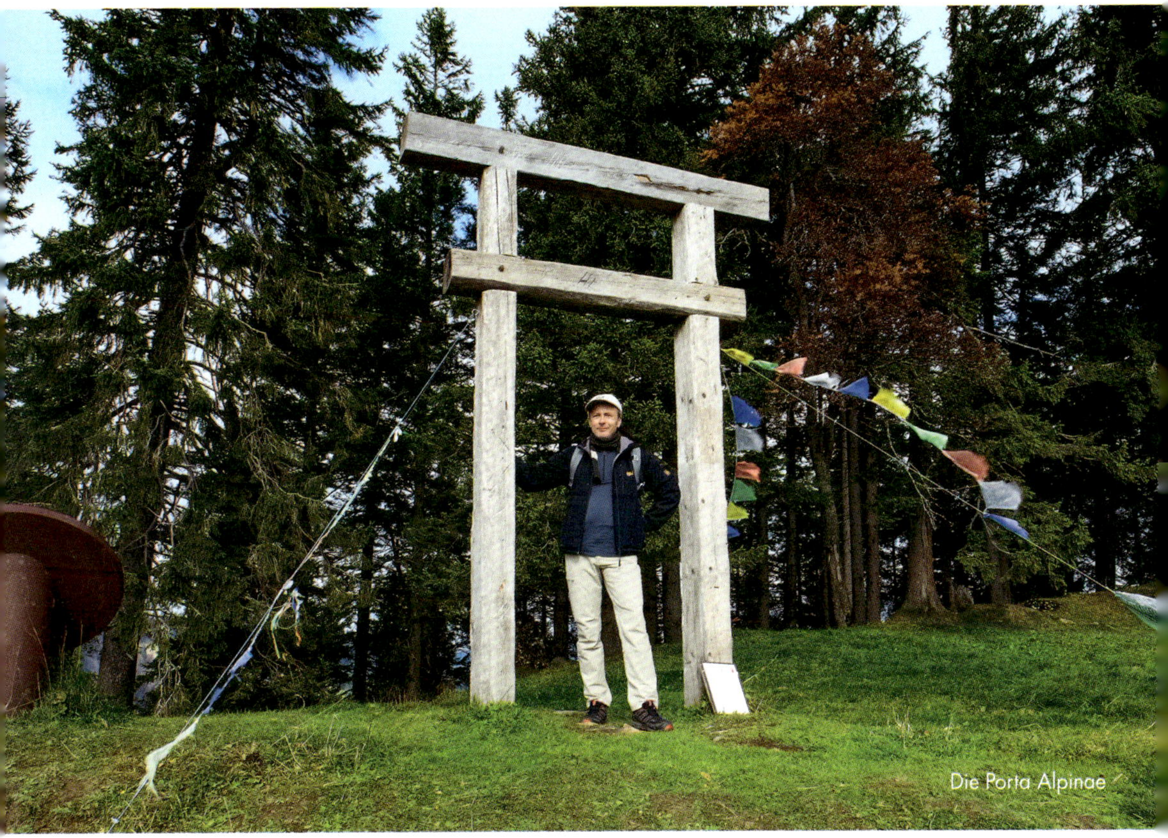

Die Porta Alpinae

auch kurze Kletterpassagen anstehen können; dem zum Trotz ist der Weg bis zum Bärenköpfle breit, weitgehend eben und damit bestens zu begehen. Alpine Erfahrung, Trittsicherheit und Schwindelfreiheit sind erst für die weiter südlich liegenden Berge erforderlich.

Linke Seite: Kreuz auf dem Nebengipfel des Bärenköpfles

Mit toller Aussicht über das Illertal folgen wir dem bestens angelegten Weg in etwa parallel zum Waldrand. Nach rund 300 Metern passieren wir eine Installation der 1 **Porta Alpinae**. Das über Deutschland, Österreich, Italien und die Schweiz verteilte Kunstobjekt soll den Übergang in eine

Expedition Nagelfluh

Unter dem Begriff »Expedition Nagelfluh« sind interaktive Themenwege für große und kleine Besucher zusammengefasst. Die beweglichen Scheiben verbinden die Geologie der Region mit der Entstehungsgeschichte der Nagelfluhkette und der heutigen Artenvielfalt. Neben den Stationen am Mittag finden wir weitere bei der Hörnerbahn, der Hochgratbahn, der Alpsee Bergwelt, der Hündlebahn und der Imbergbahn.

mystische und erhabene Welt symbolisieren, die jeder Mensch auf seine Weise erschaffen kann. Wem der Sinn hierfür fehlt, der findet in dem aus vier Balken errichteten Portal zumindest ein dankbares Fotomotiv. Direkt daneben informiert eine Rundtafel über Schmetterlinge, die im Naturpark Nagelfluh vorkommen. Sie ist eine von fünf Tafeln, die innerhalb des Projekts »Expedition Nagelfluh« (s. Tippkasten) zwischen dem Bärenkopf und der Mittelstation der Mittagbahn aufgestellt wurden.

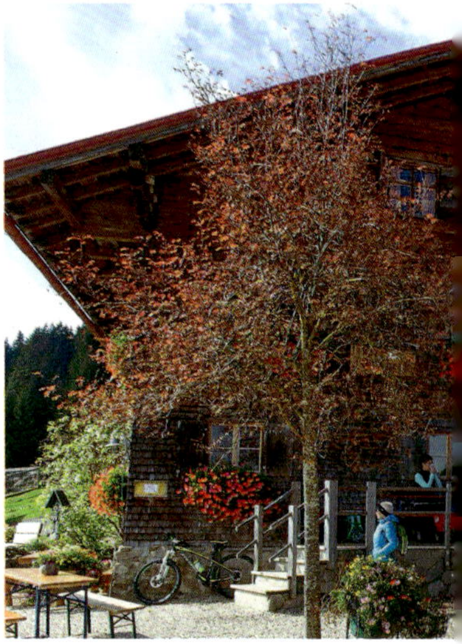

Mahnmal für die Braunbären

Nachdem wir eine größere Waldinsel passiert haben, öffnet sich die Sicht zum Steineberg, und wir kommen zu einem Wegekreuz. Ein kurzer Abstecher führt uns hier auf das ❷ **Bärenköpfle**, wobei wir nur bis zum vorderen Gipfel laufen. Nahe der Kuppe wurde 1746 einer der letzten Braunbären bei Immenstadt geschossen. Der Name Bärenköpfle erinnert daran, dass Braunbären einst im Oberallgäu heimisch waren. Vor Ort weist eine Tafel auf den Braunbären Bruno hin, der im Frühsommer 2006 nach Bayern einwanderte. Dass er schon kurz nach seiner Ankunft gejagt und erschossen wurde, zeigt, dass in Deutschland nicht einmal streng geschützte Tiere vor schießwütigen Trophäenjägern sicher sind ...

Idyllische Sennalpe Wer auf ebene Wege angewiesen ist, hat beim Gipfelkreuz sein Ziel erreicht und sollte besser auf demselben Weg zurück zur Bergstation spazieren. Als trittsichere Wanderer wechseln wir bei dem Wegekreuz auf den rot-weiß markierten Bergweg zur Oberberg-Alpe. Dieser führt recht steil zunächst über eine Hangwiese, dann über einen mit etlichen Wurzeln überzogenen Pfad durch den Wald. Wo wir diesen 120 Meter tiefer wieder verlassen, trennen uns noch ein paar Gehminuten von der idyllisch gelegenen ❸ **Sennalpe Oberberg**. Die 1875 errichtete Alpe befindet sich seit bereits fünf Generationen im Familienbesitz und verwöhnt hungrige Wanderer mit zünftigen Brotzeiten und hauseigenen Produkten. Die traumhafte Aussicht über den Alpenhauptkamm gibt es bei schönem Wetter gratis dazu.

Runde Sache Für den Rückweg haben wir ab der Alpe zwei Möglichkeiten – beide führen über die 1997 erstellte Zufahrt leicht bergan bis zum ④ **Abzweig Mittelstation**. Wer aus der Tour eine runde Sache machen will, gelangt links über den asphaltierten Fahrweg zurück zur Ⓔ **Bergstation**.

Wer beim Bärenköpfle umgekehrt ist, kann diese Variante natürlich in umgekehrter Richtung zur Sennalpe nutzen. Da auf dem Weg nach oben nicht wirklich neue Eindrücke auf uns warten, können wir beim Abzweig ebenso gut rechts abbiegen – in diesem Fall folgen wir der im Winter als Rodelbahn genutzten Straße bergab bis zur Mittelstation, sparen uns so 100 Höhenmeter und finden bei der Berghütte eine weitere schöne Möglichkeit, die Wanderung mit einer Einkehr zu verbinden.

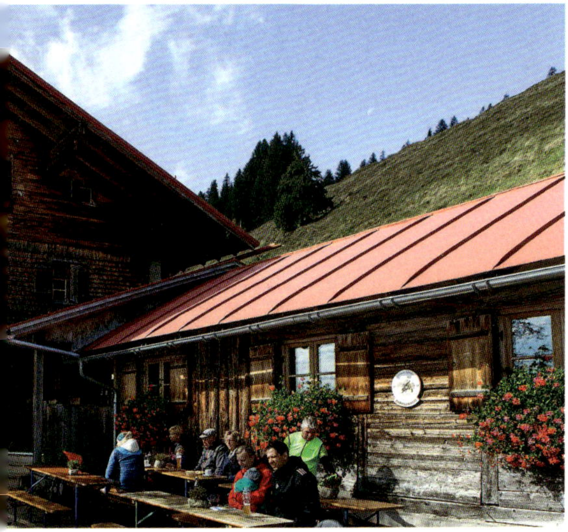

Hier lässt es sich gut aushalten: die Sennalpe Oberberg

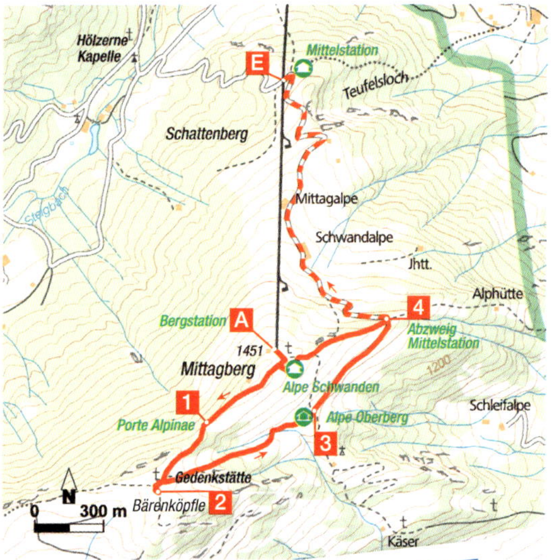

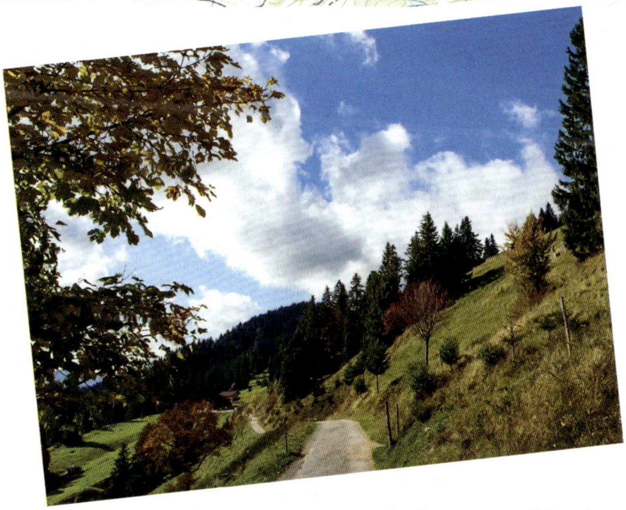

Die leichte Variante führt über die Zufahrtsstraße zur Sennalpe.

7 Im Angesicht des Grünten

Von Burgberg an die Starzlach

Leicht | 5,2 km | 60 Hm | 1.45 Std.

Tourencharakter
Bis auf den Abstecher zur Burgruine barrierefreie Wanderung auf nahezu ebenen Wegen

Ausgangs-/Endpunkt
Dorfplatz von Burgberg (740 m)

Höchster Punkt
Burgruine Burgberg (760 m)

Anfahrt
GPS 47.5383, 10.2857
Auto: Von der B 19 Kempten–Sonthofen bei Immenstadt auf die St 2006 Richtung Rettenberg abfahren und der Beschilderung nach Burgberg folgen. Alternativ in Sonthofen von der B 308 auf die Grüntenstraße nach Burgberg abbiegen
Bus & Bahn: Es bestehen Busverbindungen u. a. ab Sonthofen, Rettenberg und Füssen zur Haltestelle »Löwen/Burgberg« beim Dorfplatz.

Einkehr
Unterwegs keine; Gastronomie in Burgberg

Informationen
Touristinfo Burgberg,
Tel. 08321/672220,
www.alpsee-gruenten.de

Wer im Allgäu war und den Grünten nicht kennt, der war nicht wirklich im Allgäu. Durch seine vorspringende Lage ist der Berg auch als »Wächter des Allgäus« bekannt. Bei dieser kurzen Runde genießen wir einige schöne Ausblicke auf den markanten Berg, bleiben aber in der Ebene.

Auf dem ehemaligen Kirchbichl Vom **A Dorfplatz von Burgberg** geht es vor der Kirche St. Ulrich in die Kirchstraße. An deren Ende biegen wir erst links in die Bergstraße, dann rechts in die Heimenhofenstraße ab und erreichen wenige Schritte weiter den **1 Historischen Friedhof**. Auf dem »Kirchbichl« genannten Areal stand bis Anfang des 19. Jahrhunderts die mittelalterliche Kirche St. Georg und Ulrich. Nachdem auch der alte Friedhof für die im Lauf der Zeit gewachsene Gemeinde nicht mehr ausreichte, gestalteten die Burgberger diesen zu einer Ruheoase und zu einem Ort zum Verweilen und Beten um. Von der so geschaf-

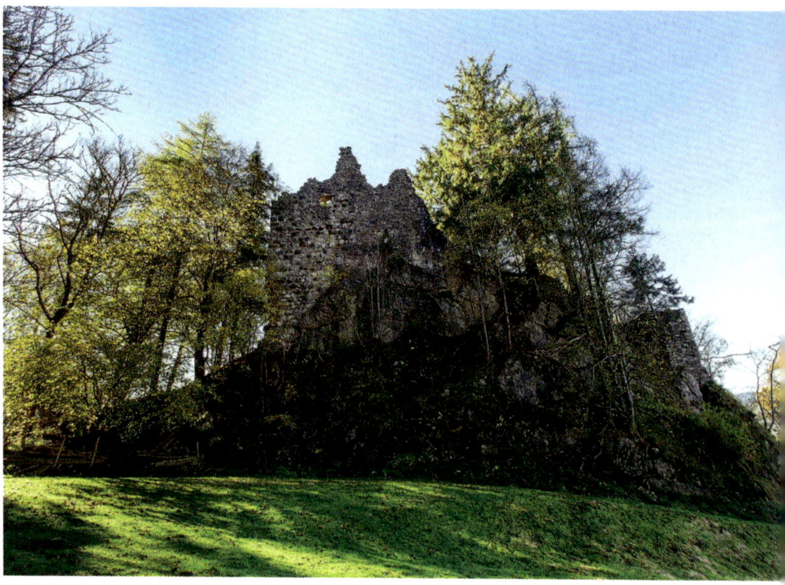

Nur wenige Reste zeugen von der einst stolzen Burg Heimenhofen.

fenen Grünanlage eröffnet sich uns ein schöner Blick über Burgberg zum Burgberger Hörnle sowie nach Westen über das Illertal zum Mittag und, rechts davon, zum Immenstädter Horn.

An der Starzlach Weiter geht es auf der Heimenhofenstraße am Abzweig zur Burgruine Burgberg vorbei ans südliche Ortsende. Dort kreuzen wir die ❷ **Edelweißstraße** und halten uns beim nächsten Abzweig rechts. Auf diesem Abschnitt laufen wir direkt auf die Hörnerkette zu, die wir bei Tour 9 kennenlernen können. Zugleich lohnt es sich, ab und zu zurückzublicken – der Grünten bildet eine majestätische Kulisse. Nachdem wir einen anderen Weg gekreuzt haben, treffen wir beim Stadtteil ❸ **Erzflöße** auf die Sonthofener Straße. Links ab folgen wir dieser 100 Meter, ehe wir nahe der Mündung der Starzlach in die Ostrach erneut links in Richtung Starzlachklamm (s. Tippkasten) abbiegen. Auf dem Starzlachweg verlassen wir den Ort wieder und laufen der Starzlach bis zum neuen ❹ **Burgberger Friedhof** entgegen. Dort verlassen wir die Starzlach, passieren damit den Friedhof und kommen auf der Straße zurück zur ❷ **Edelweißstraße**.

Starzlachklamm

Zwischen dem Grünten und dem Wertacher Hörnle entspringt die Burgberger Starzlach. Der 11 km lange Bach hat in seinem Unterlauf die atemberaubend schöne Starzlachklamm aus dem Fels gewaschen. Die Klamm ist mit Holz- und Natursteintreppen, Brücken und Geländern erschlossen (www.starzlachklamm.de).

Zur Burgruine Heimenhofen Ab dort können wir dem bereits bekannten Weg zurück nach Burgberg folgen. Schöner jedoch finden wir es, den Abstecher zur ❺ **Burgruine Heimenhofen** mitzunehmen. Durch ihre erste urkundliche Erwähnung im Jahr 1140 zählt sie zu den ältesten Burgen im Allgäu. Nach mehreren Besitzerwechseln wurde die Festung 1525 im Bauernkrieg erstmals eingenommen und 110 Jahre später im Dreißigjährigen Krieg niedergebrannt. Bis heute sind Teile der Nordwand sowie Fragmente einer Ringmauer und der Zwingmauer erhalten. Nach dem Abstecher kehren wir zurück auf die Heimenhofenstraße und nehmen die letzten Meter bis zum Ⓔ **Dorfplatz von Burgberg**, wo diese mit schönen Ausblicken garnierte Tour endet.

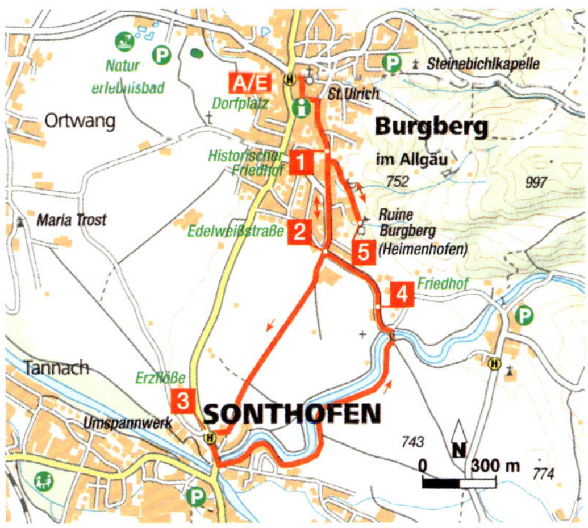

8 Wildes Wasser bei Gunzesried

Am Ostertaler Tobelweg

Mittel | 2,9 km | 80 Hm | 1.15–1.30 Std.

Tourencharakter
Der Aufstieg durch den Ostertaltobel erfolgt über teils felsige Pfade sowie über Treppen und Brücken – Trittsicherheit ist erforderlich!

Ausgangs-/Endpunkt
Parkplatz »Ostertal« (1000 m)

Höchster Punkt
Nahe der Buhl's Alpe (bis 1020 m)

Anfahrt
GPS 47.5225, 10.2317
Auto: Von der B 19 Kempten–Oberstdorf bei Bleichach Richtung Gunzesried abbiegen und weiter über die OA 27 und den Ostertalweg zum Abzweig Parkplatz »Ostertal«. Alternativ weiter geradeaus bis zum Wanderparkplatz in Gunzesried-Säge
Bus & Bahn: Ab dem Bahnhof Sonthofen fährt die Buslinie Nr. 20 bis Gunzesried-Säge. Der Einstieg in die Wanderung erfolgt dann über den Birkachweg nahe der Gaststätte »Kamin-Eck«.

Einkehr
Buhl's Alpe; Gaststätte Kamin-Eck

Informationen
Touristinfo Blaichach, Tel. 08321/6076950, www.alpsee-gruenten.de

Die Runde führt uns entlang des Ostertalbachs durch einen wildromantischen Tobel. Auch wenn der Aufstieg über Treppen und kurze felsige Passagen Trittsicherheit verlangt, gilt die Wanderung selbst für Kinder als gut machbar. Für Naturliebhaber ist sie ohnehin ein Leckerbissen.

Gegen den Strom Auf der Wandertafel beim **A Parkplatz »Ostertal«** wird die Wanderung durch den Ostertaltobel als Halbtageswanderung mit Laufrichtung gegen den Uhrzeigersinn empfohlen. Gemessen an der Kürze der Runde dürfte man sich nur im Kriechgang vorwärtsbewegen. Auch scheint es uns sicherer, den Abschnitt im Tobel bergauf statt bergab zu laufen. Das bedeutet: Vom hinteren, nördlichen Ende der Parkfläche folgen wir dem Fahrweg an der Otto-Schwegler-Hütte vorbei und über eine Anhöhe zur **1 Buhl's Alpe**. Die Bergwirtschaft ist für ihre reichhaltige Brotzeitkarte bekannt, bietet mittags und abends aber auch eine Auswahl warmer Gerichte.

Am Ostertaler Tobelweg Nachdem wir kurz durch den Wald laufen, wird das Gefälle steiler. Bald öffnet sich die Sicht über das Gunzesrieder Tal hin zum Bergzug mit den beiden Gipfeln des Stuiben. Hier geht unser Weg in den Birkachweg über, dem wir bis zum **2 Einstieg in den Ostertaltobel** folgen. In Sichtweite bietet die Gaststätte Kamin-Eck die bereits zweite Möglichkeit zur Einkehr. Auch zur Bushaltestelle und dem Großparkplatz von Gunzesried-Säge ist es nicht weit, womit wir hier einen alternativen Einstiegspunkt finden.

Sowie wir den Eingang zum Tobelweg durchschritten haben, ändert sich der Charakter der Wanderung, und über einen Waldpfad geht es an den Bach. Flussaufwärts führt uns der Pfad an einem geweiteten Bereich mit Kiesbänken vorbei. Dann verengt sich das Bachbett. Wir passieren die ersten Gumpen und Strudel. Es folgt ein Abschnitt, der bei Nässe gern versumpft und da-

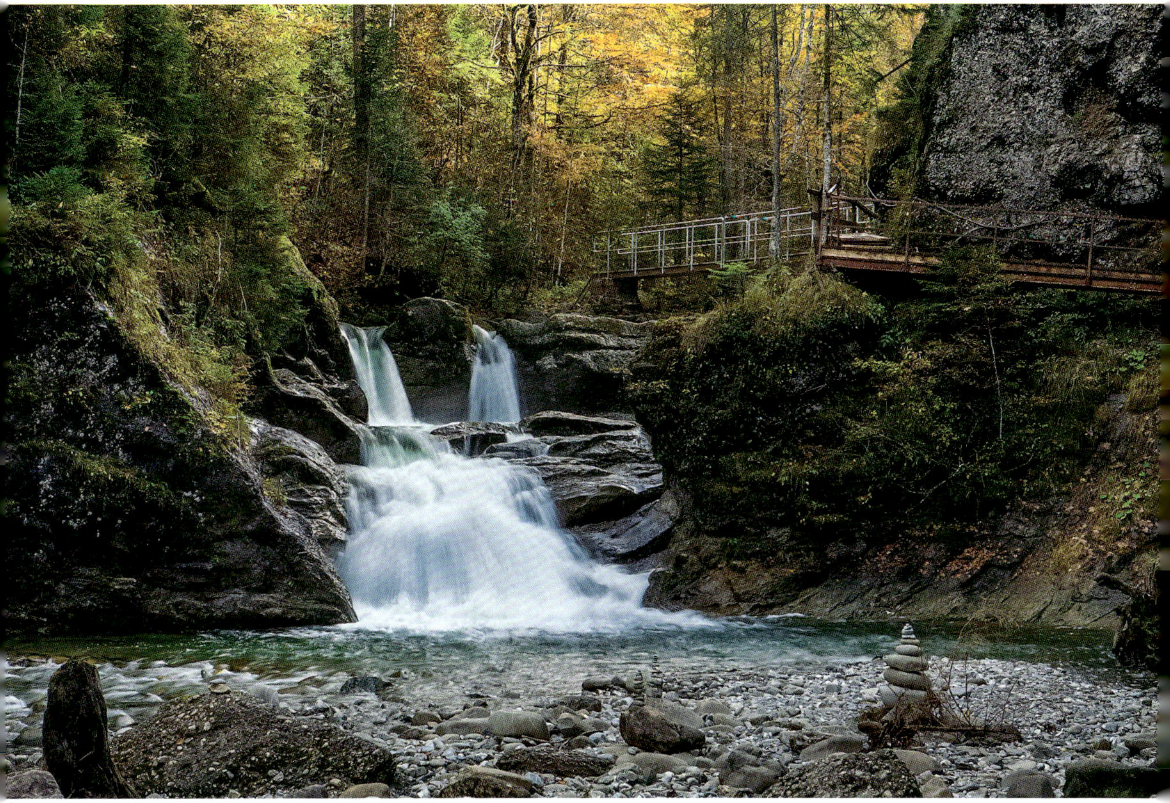

mit besondere Vorsicht erfordert, ehe wir vor uns eine ❸ **erste Kaskade** sehen. Es folgt die wildeste Passage der Schlucht. Hier rauscht und schäumt das Wasser talwärts, während uns der mit Geländern gesicherte Weg an eine unterwölbte Nagelfluhwand führt. Schließlich öffnet sich die Sicht auf ein vom Wasser geschaffenes und von hohen Felsen umrahmtes Becken. Es lohnt sich, die Szene eine Weile auf sich wirken zu lassen.

Der Aufstieg auf dem Tobelweg verwöhnt Wanderer mit herrlichen Eindrücken der hier wildromantischen Natur.

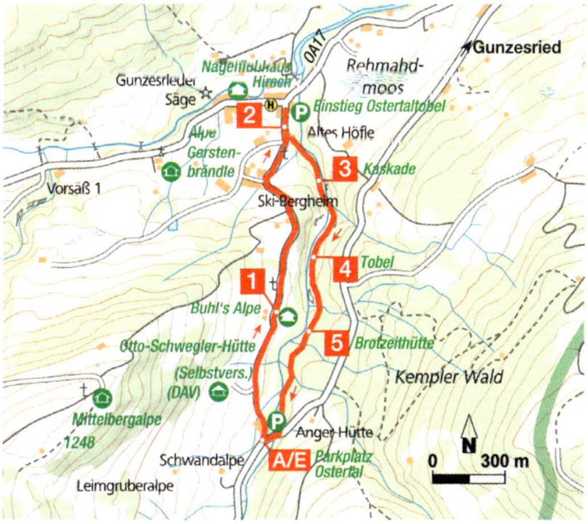

Feines Brotzeitplatzerl Oberhalb des ❹ **Tobels** wird die Steigung wieder geringer und das Terrain einfacher. Auf diesem letzten Abschnitt passieren wir die ❺ **Brotzeithütte**, wo nun auch Selbstversorger ein nettes Plätzchen finden. Hier trennen uns noch wenige Schritte vom Ⓔ **Parkplatz »Ostertal«**, wo diese kurze, aber spektakuläre Wanderung endet.

9 Hörner-Panoramatour

Vom Bolsterlanger Horn zur Weltcuphütte

Mittel | 6,4 km | ↑300 Hm ↓530 Hm | 2.30 Std.

Tourencharakter
Technisch einfache Bergwanderung mit tollen Aussichten über die Iller zu den Allgäuer Hochalpen; einige Rastmöglichkeiten

Ausgangspunkt
Bergstation (1510 m) der Hörnerbahn in Ofterschwang

Endpunkt
Bergstation (1295 m) des Weltcup-Express

Höchster Punkt
Rangiswanger Horn (1616 m)

Anfahrt
GPS 47.4632, 10.2278 (Hörnerbahn); 47.4975, 10.2336 (Weltcup-Express)
Auto: Von der B 19 bei Fischen auf die OA 9 abfahren und der Beschilderung wahlweise zur Hörnerbahn oder nach Ofterschwang zum Weltcup-Express folgen
Bus & Bahn: Ab Sonthofen und Oberstdorf bestehen Busverbindungen zu den Haltestellen »Ofterschwang-Ortsmitte« und »Hörnerbahn«.

Einkehr
Bergstation Hörnerbahn; Alpe Fahnengehren; Weltcuphütte

Informationen
Tourismus Hörnerdörfer, Tel. 08326/36460, www.hoernerdoerfer.de

Die Hörnergruppe bildet den Bergrücken zwischen dem Ostertal und dem Illertal. Obwohl wir uns ein gutes Stück unterhalb der alpinen Region bewegen, belohnt uns die Panoramatour mit herrlichen Aussichten. Worauf warten wir noch?

Mühelos auf die Höhe Da wir bei dieser Wanderung zwei Bergbahnen nutzen, ist eine gute Planung Gold wert. Wer am Zielpunkt in Ofterschwang parkt und zunächst mit dem Bus zur Talstation der Hörnerbahn fährt, braucht sich später keine Gedanken mehr um die Rückfahrt machen. Mit dem Kombiticket für beide Bergbahnen schweben wir entspannt über die Mittelstation hinauf zur Ⓐ **Bergstation der Hörnerbahn**. Von dort führt ein gut 250 Meter langer Abstecher auf das ❶ **Bolsterlanger Horn**, den wir für den ersten Gipfel des Tages gern mitnehmen können. Anschließend folgen wir dem Wanderweg zur Verzweigung oberhalb der Bergstation. Sportliche Wanderer, die auch unbequeme Anstiege nicht scheuen, kommen geradeaus über den Hörner-Höhenweg hoch auf den Weiherkopf.

Aufs Rangiswanger Horn Wir indes nutzen den als »leichte Variante« ausgewiesenen Wanderweg. Damit biegen wir zunächst rechts auf den Fahrweg ab und laufen ein Stück weit zur Mittelstation, um nach 200 Metern links auf den schmaleren Weg zum Rangiswanger Horn zu wechseln. Am oberen Ende der leichten Variante treffen wir wieder auf den Hörner-Höhenweg. Wir biegen rechts ab und folgen den rot-weißen Markierungen Richtung Rangiswanger Horn, bis es laut den Wegweisern vor Ort noch 10 Minuten bis zum 1616 Meter hohen Gipfel sind. Auch hier ist es möglich, den Aufstieg über einen leicht abfallenden Bergweg zu umgehen und ein paar Höhenmeter einzusparen. Der Pfad hoch auf das ❷ **Rangiswanger Horn** ist jedoch auch gut zu meistern. Besonders schön ist das oben grasbewachsene Horn übrigens im Frühsommer, wenn die Hänge zur

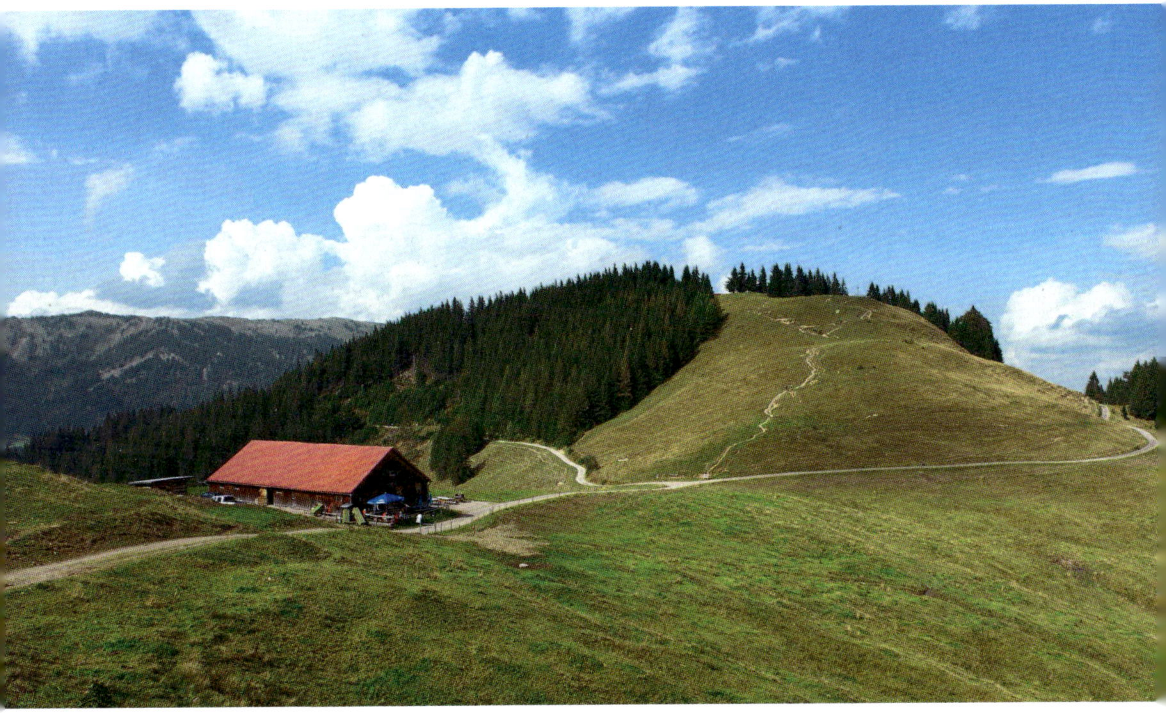

Aussicht auf die Alpe Fahnengehren und das Ofterschwanger Horn

Blütezeit der Alpenrosen von unzähligen rosa bis dunkelroten Farbtupfern übersät sind. Oben angekommen, eröffnet sich uns ein herrlicher Rundumblick über das Illertal im Osten und das Ostertal im Westen.

Hinüber zum Ofterschwanger Horn Über die Nordostseite verlassen wir den Gipfel und laufen beim nächsten Wegkreuz in etwa geradeaus weiter Richtung Weltcup-Express. Bald zweigt ein Pfad hoch zum Sigiswanger Horn ab. Wer Freude am Gipfelsammeln hat, kann den Abstecher ruhig mitnehmen, muss dann aber zum Abzweig zurückkehren. Da auf dem Gipfel einige Bäume eine Panoramasicht verhindern, verpassen wir nichts, wenn wir den Abstecher auslassen.

Obermühle-Säge Fischen

Die Geschichte der Mühle in Fischen reicht bis ins frühe 16. Jh. zurück – damit ist die Sägemühle eine der ältesten erhaltenen Sägemühlen im Allgäu. Nach einem zwischenzeitlichen Stillstand setzten Allgäuer Mächler das historische Gebäude Anfang 1985 wieder instand. Seitdem wird sie von Mai bis in den Oktober hinein einmal wöchentlich in Betrieb genommen. Besichtigungen sind mit Führung jeweils am Freitag um 17 Uhr möglich. Weitere Infos geben die Touristinformationen der Hörnerdörfer.

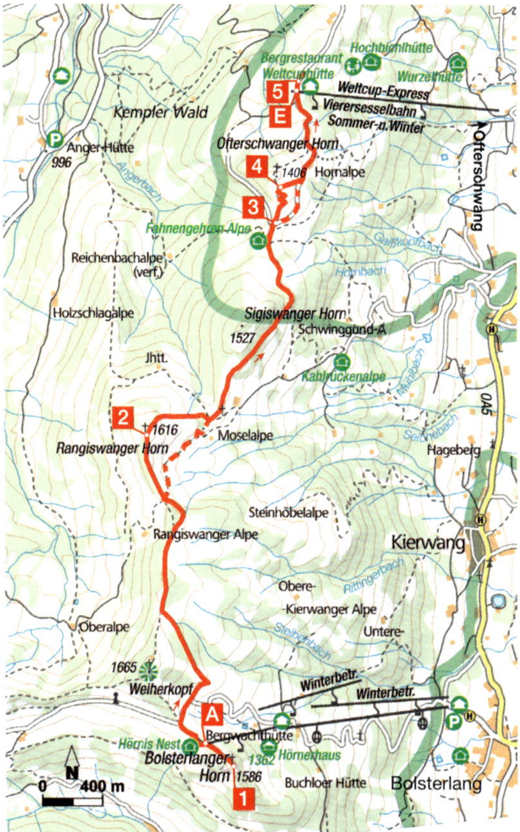

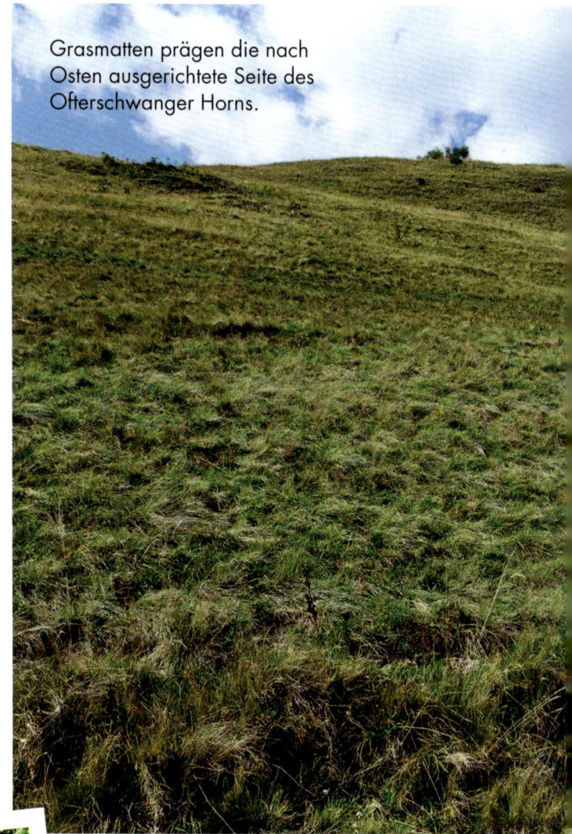
Grasmatten prägen die nach Osten ausgerichtete Seite des Ofterschwanger Horns.

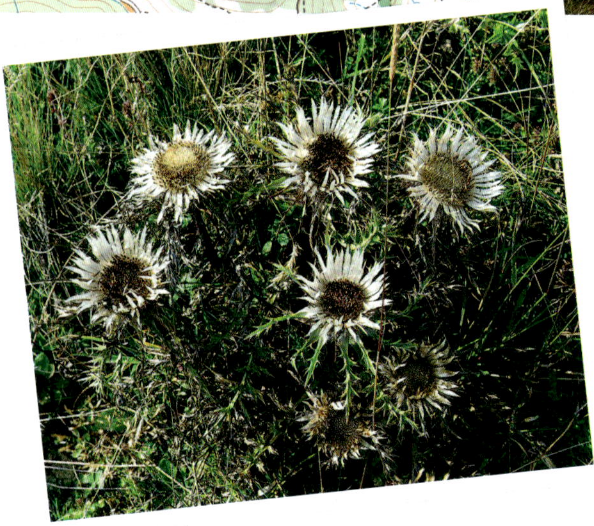
Bitte stehen lassen: Silberdisteln dienten früher zur Wundheilung, sind heute jedoch gesetzlich geschützt.

Weiter geht es auf dem Höhenweg über die Westseite des Bergs zur rustikalen ❸ **Alpe Fahnengehren**. Einen Steinwurf weiter haben wir abermals die Wahl: Der Hörner-Höhenweg führt auf leicht ausgetretenen Pfaden sowie über mehrere Kehren auf das ❹ **Ofterschwanger Horn** und schrammt knapp am Gipfel mit dem Skilift vorbei. Die leichtere Variante führt über die Ostseite um das Ofterschwanger Horn herum. Beide Varianten bieten uns ein traumhaftes Panorama über das Illertal vom Grünten über die Tannheimer Berge mit Aggenstein und Iseler sowie der Daumengruppe mit dem Nebelhorn bis hin zur Trettachspitze im Süden.

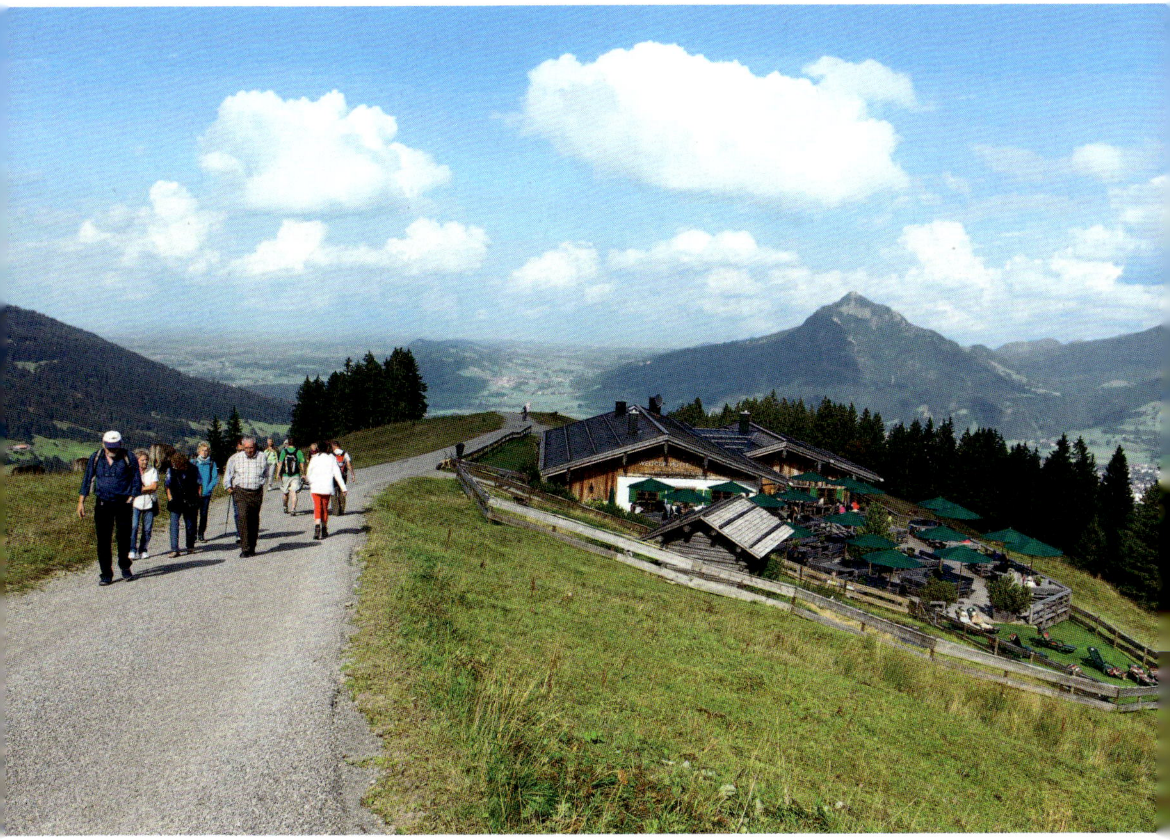

Blick über die Weltcuphütte zum Grünten

Heiß begehrter Platz Wo beide Wegvarianten wieder zusammentreffen, trennt uns nur noch ein gemütlicher Spaziergang von der Bergstation vom Weltcup-Express. Bevor wir wieder hinunter ins Tal schweben, lohnt sich ein letzter Abstecher zur nahen 5 **Weltcuphütte**. Während der Skisaison zählt das Bergrestaurant mit seiner Terrasse zu den begehrtesten Plätzen entlang der Abfahrt. Aber auch im Sommer lässt es sich inmitten blühender Bergwiesen gut aushalten, sodass wir hier den perfekten Platz finden, um auf eine gelungene Höhenwanderung anzustoßen, ehe wir mit dem E **Weltcup-Express** wieder hinunter ins Tal schweben.

Sturmannshöhle Obermaiselstein

Abtauchen in 120 Mio. Jahre Erdgeschichte – in Obermaiselstein eröffnet die Sturmannshöhle ihren Besuchern einzigartige Einblicke in die Gebirgsbildung der Allgäuer Alpen. Die Spalthöhle ist mit Treppen und Gittern erschlossen und auf 280 m begehbar. Der hintere Teil bleibt auch den Sommer über eisig kalt (weitere Infos unter www.hoernerdoerfer.de).

10 Die geht immer!

Illerauenweg bei Sonthofen

Leicht	5,8 km	10 Hm	2 Std.

Tourencharakter
Beliebter, barrierefreier Rundweg ohne nennenswerte Steigungen, der auch mit Kinderwagen oder Rollstuhl sehr gut machbar ist. Schöne Aussichten

Ausgangs-/Endpunkt
Freizeitbad »Wonnemar« in Sonthofen (740 m)

Höchster Punkt
Illerdamm (ca. 745 m)

Anfahrt
GPS 47.5034, 10.2786
Auto: Von der B 19 bzw. der Südlichen Alpenstraße bei Sonthofen abfahren und der Beschilderung zum »Wonnemar« folgen
Bus & Bahn: Ab den Bahnhöfen in Sonthofen und Oberstdorf bestehen Busverbindungen zur Haltestelle »Wonnemar«.

Einkehr
Unterwegs keine

Informationen
Touristinfo Sonthofen, Tel. 08321/61 5291, www.alpsee-gruenten.de

Der Illerauenweg zählt zu den Wanderungen, bei denen selbst Bewegungsmuffeln die Argumente ausgehen. Denn er ist angenehm kurz, das Terrain ist flach, und die Wege sind auch im Winter oder nach einem längeren Regenschauer gleich wieder gut zu begehen. Dazu gibt's schöne Aussichten.

Versuchung am Startpunkt Der ideale Ausgangspunkt für diese Runde befindet sich beim Ⓐ **»Wonnemar«** am südlichen Stadtrand von Sonthofen. Das Freizeitbad lockt mit einer großzügigen Bade- und Saunalandschaft und bringt uns insbesondere an kühlen Tagen nur allzu leicht in Versuchung. Gut, dass die Tour selbst bei langsamem Tempo in zwei Stunden locker abgelaufen ist – so lässt sich beides zu einem rundum gelungenen Tag kombinieren. Der Einstieg in die Wanderung erfolgt zwischen dem »Wonnemar« und der Bahntrasse auf dem Weg Auf der Gerbe. Über die Gleise hinweg haben wir hier eine gute Sicht auf die Burg Sonthofen. Sowie wir die Außenbereiche des Bads passiert haben, knickt der Weg rechts ab, schwenkt dann aber wieder nach Süden.

An der Illeraue Mit Sicht nach Westen zur Hörnergruppe wandern wir auf einfachstem Weg zwischen Fischbach und Gießbach und kreuzen im Bereich eines Aussiedlerhofs den Leybach. Schauen wir nach links, reicht der Blick über Altstädten zum Bergzug mit dem Sonnenkopf und dem Schnippenkopf und bis zum 2043 Meter hohen Entschenkopf. Im Norden schauen sogar noch das Imberger Horn und der Breitenberg über den lang gestreckten Bergzug.

Wo der Weg endet, biegen wir rechts ab, passieren die ❶ **Altstädter Mühle** und erreichen wenige Minuten weiter den ❷ **Illerdamm**. Mit oder ohne Abstecher auf die Brücke folgen wir dem Illerdammweg fortan Richtung Sonthofen. Der Weg verläuft entlang einer umfangreichen Renaturierungsmaßnahme: Wo

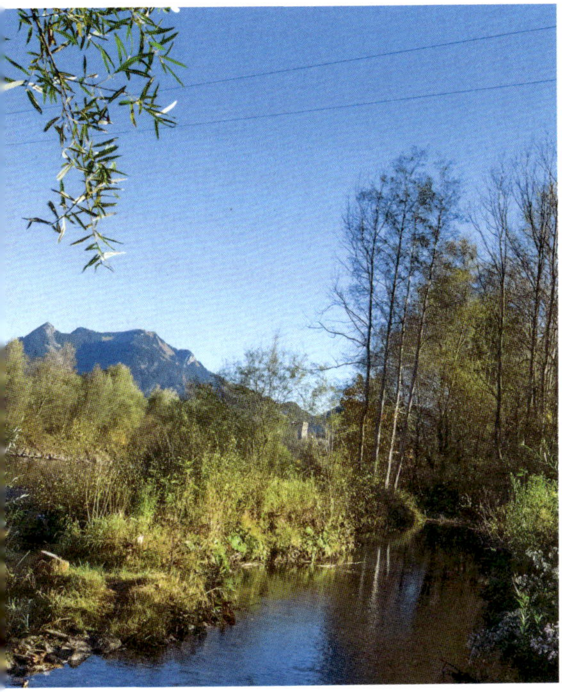

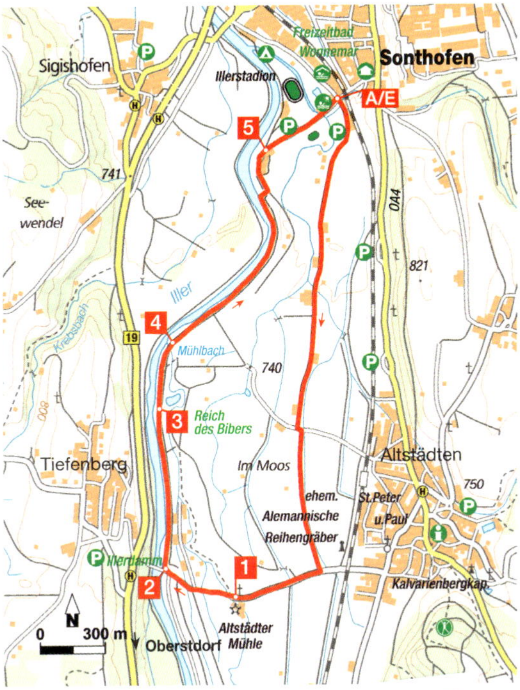

sich 2011 noch landwirtschaftlich intensiv genutzte Flächen befanden, trug man den nährstoffreichen Oberboden ab, schuf Vertiefungen und legte Totholz aus. An einer Infotafel vorbei gelangen wir so zum ❸ **Reich des Bibers**, der durch das Fällen von Bäumen und Anlegen von Dämmen ebenfalls neue Lebensräume für viele selten gewordene Arten schafft.

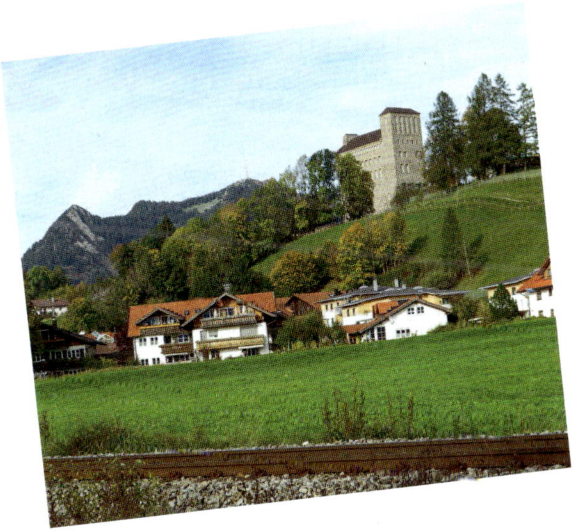

Schon beim Wonnemar haben wir eine eindrucksvolle Sicht auf die Burg Sonthofen.

Ganz oben links: Blick über den Mühlbach in den Iller-Auwald und zum Grünten

Rückweg über den Mühlbach Nachdem wir den Auwaldstreifen durchquert haben, lohnt sich bei einer weiteren Infotafel ein Abstecher an den ❹ **Mühlbach** nahe seiner Mündung in die Iller. Ein kleiner Steg ermöglicht uns hier einen eindrucksvollen Blick über das vom Auwald umrahmte Gewässer. Mit diesem schönen Eindruck folgen wir dem Illerdamm bis zum ❺ **Stadionweg**, wo uns rechts noch wenige Schritte von unserem Ausgangspunkt beim Ⓔ **»Wonnemar«** trennen.

Blick über den Schwansee
auf den Säuling

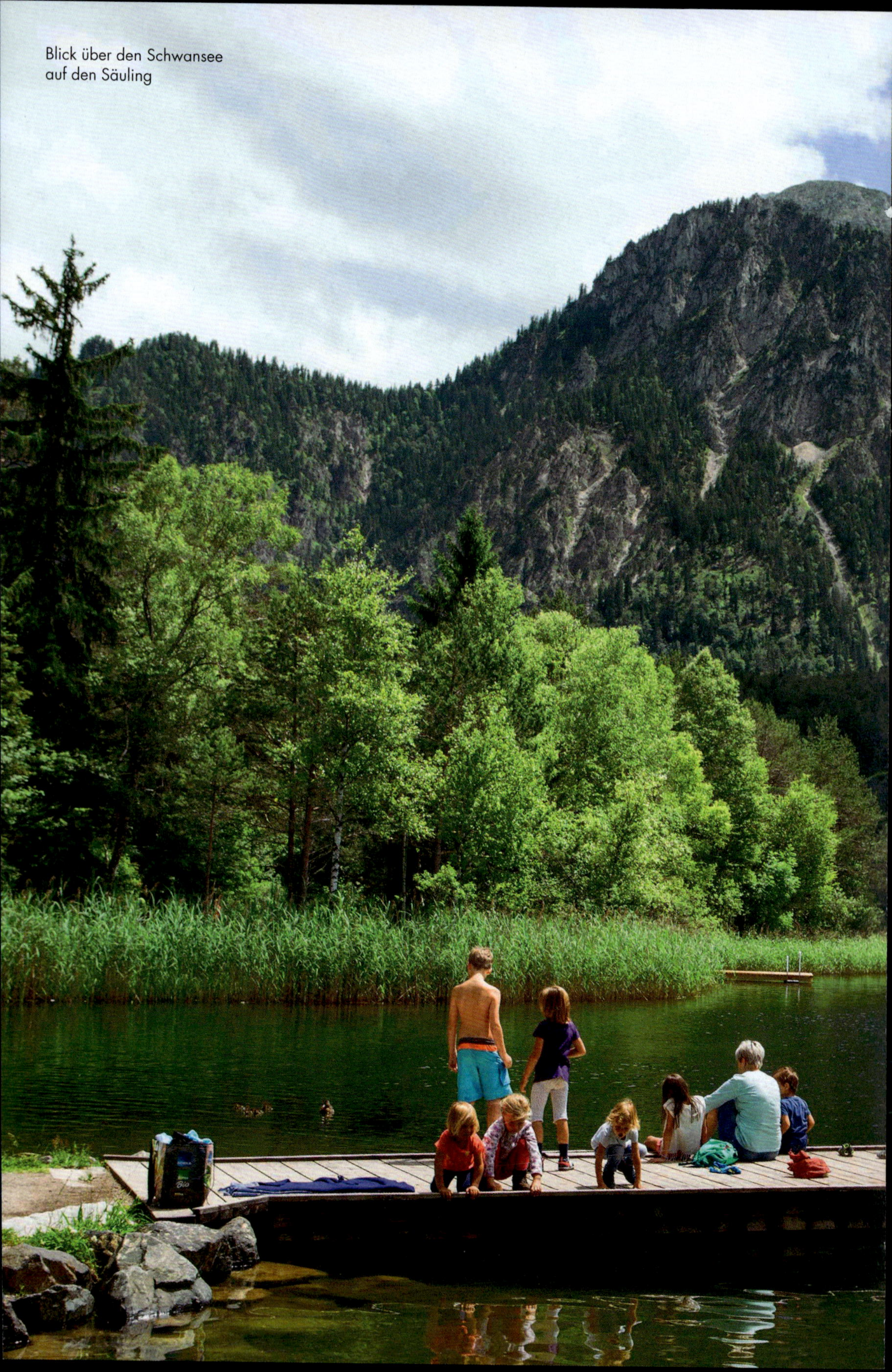

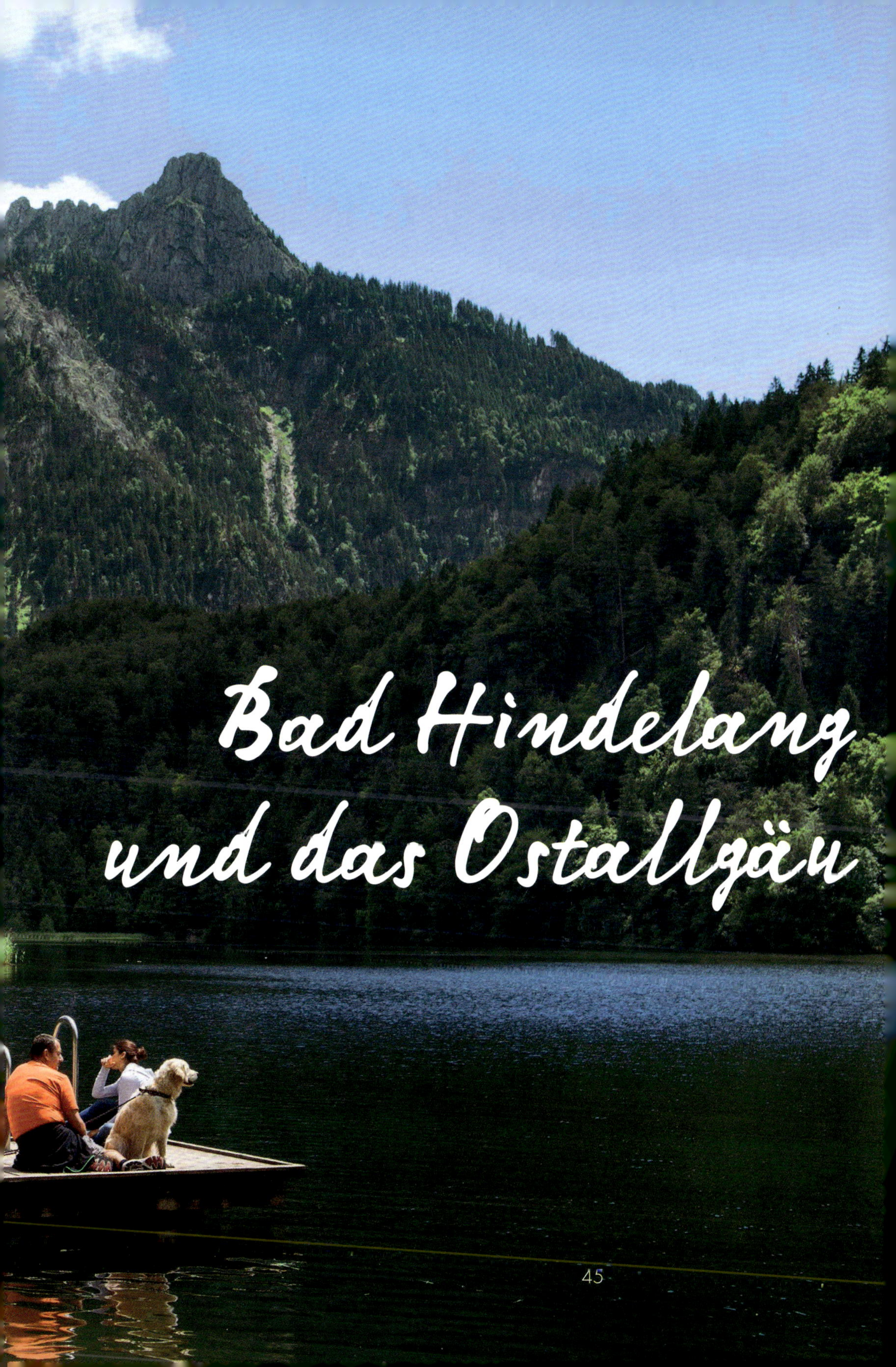

Bad Hindelang und das Ostallgäu

11 Drachenspielplatz und Hammerschmiede

Entlang der Ostrach

Leicht | 4,1 km | 40 Hm | 1.30 Std.

Tourencharakter
Die Runde verläuft auf weitestgehend breiten, ebenen Wegen, die sich auch für Kinderwägen und Rollstuhlfahrer eignen. Eine Aufteilung in zwei Spaziergänge ist gut möglich.

Ausgangs-/Endpunkt
Parkplatz »Gruebplätzle« (815 m) bei Bad Hindelang

Höchster Punkt
Nahe dem Drachenspielplatz (bis 825 m)

Anfahrt
GPS 47.4969, 10.3870
Auto: Von der B 19 bei Sonthofen auf die Östliche Alpenstraße/B 308 nach Bad Hindelang abfahren; dort erst der Beschilderung zur Hornbahn folgen, dann weiter bis zum Parkplatz Hornweg fahren
Bus & Bahn: Es bestehen mehrere Busverbindungen zum Busbahnhof in Bad Hindelang. Der Zugang erfolgt von dort über die Alpgasse, der Einstieg in die Runde ist dann bei der Talstation der Hornbahn.

Einkehr
Bei der Hornbahn; im Umfeld der Hammerschmiede

Informationen
Bad Hindelang Tourismus, Tel. 08324/8920, www.badhindelang.de

Bei nur unwesentlichen Steigungen lernen wir den Wildbach von seiner sanften Seite kennen. Vorbei an Kiesbänken und dem schmalen Auwaldstreifen führt uns der Weg bis zur Talstation der Hornbahn. Der Rückweg bietet uns jenseits der Ostrachtalstraße mehrere schöne Möglichkeiten zum Verweilen.

Von glücklichen Fischen … Ab dem Ⓐ **Parkplatz »Gruebplätzle«** laufen wir auf dem Hornweg über die Ostrachbrücke. Nach dem ersten Ausblick über den Bach biegen wir rechts zum Spielplatz Bad Oberdorf ab. Lücken zwischen den Bäumen geben hier die Sicht über die Ostrach bis zu einer Stauanlage und der Ausleitung des Mühlekanals frei. Eine mit Störsteinen bestückte Rampe soll – wie auch eine Umgehungsrinne auf der anderen Seite des Bachs – Fischen die Durchwanderung der Ostrach ermöglichen.

… zum Drachen der Ostrach Unterhalb des Wehrs fallen bei flachem Wasserstand größere Kiesbänke trocken. Hier kommen wir zum großzügig angelegten ❶ **Drachenspielplatz**. Laut einer Sage soll der Lindwurm im Auftrag fremder Erz- und Mineralsucher aus Venedig das Retterschwanger Tal bewacht haben, damit diese ungestört Gold schürfen konnten. Anstelle des versprochenen Anteils speisten sie ihn später jedoch mit minderwertigem Metall ab. Als der Drache den Schwindel bemerkte, verlangte er stattdessen von jedem, der in das Tal wollte, einen geringen Obolus. Damit vertrieb er die Venezianer aus dieser Gegend.
Mit dieser schönen Geschichte folgen wir dem Wanderweg weiter flussabwärts bis zur gedeckten ❷ **Holzbrücke**. In diesem Bereich spielen oft Familien oder Großeltern mit ihren Enkeln im Bachbett. Der Zutritt erfolgt jedoch auf eigene Gefahr.

Orte zum Verweilen Wir überqueren die Ostrach und folgen dem Flusslauf bis zur Talstation der ❸ **Hornbahn**. Mit Sicht auf Spieser und Großen Hirschberg überqueren wir die Ostrach-

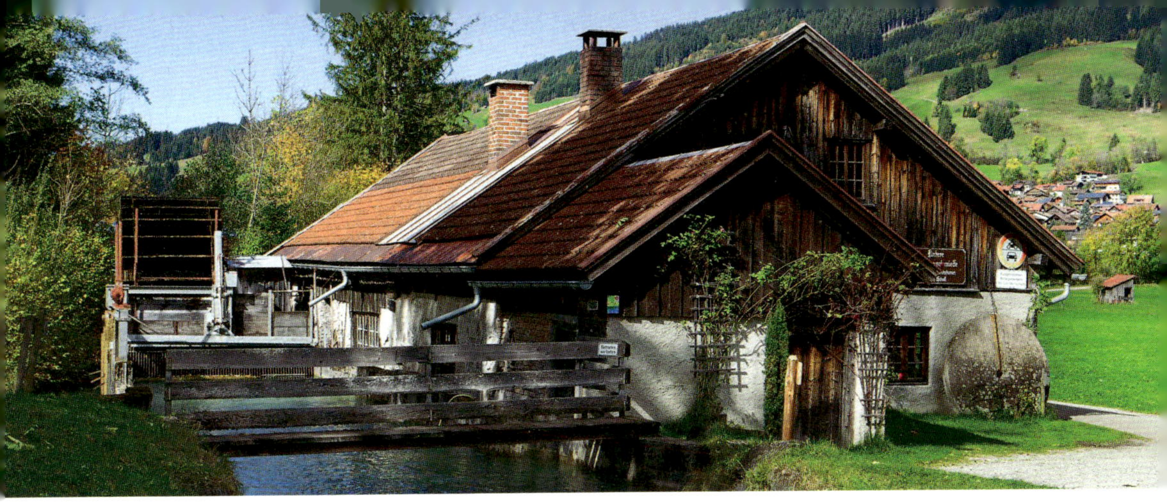

straße und den Hirschbach und biegen vor den Sportplätzen rechts ab. Der bequem zu laufende Weg führt am ❹ **Naturbad** und an einem Weiher vorbei. Im weiteren Verlauf passieren wir das Hotel und Restaurant »Wiesengrund-Stadl« und die Dreifaltigkeitskirche. Wo wir auf den Unteren Buigenweg treffen, lohnt sich ein Abstecher ins Hirschbachwäldchen mit Minigolfplatz und ❺ **Kneippanlage**.

Anschließend kehren wir zum Unteren Buigenweg zurück, dem wir nun links zur ❻ **Hammerschmiede** folgen. Sie datiert auf die Zeit um 1500 und wird heute im Museumsbetrieb unterhalten.

Für den Rückweg biegen wir bei den nächsten Häusern rechts ab, kreuzen erneut die Ostrachstraße und gelangen einen Steinwurf weiter wieder an die Ostrach, wo wir vor der ❷ **Holzbrücke** links abbiegen und dem Fluss bis zurück zum Ⓔ **Parkplatz »Gruebplätzle«** entgegenlaufen

In Hartmanns Hammerschmiede wird altes Handwerk neu belebt.

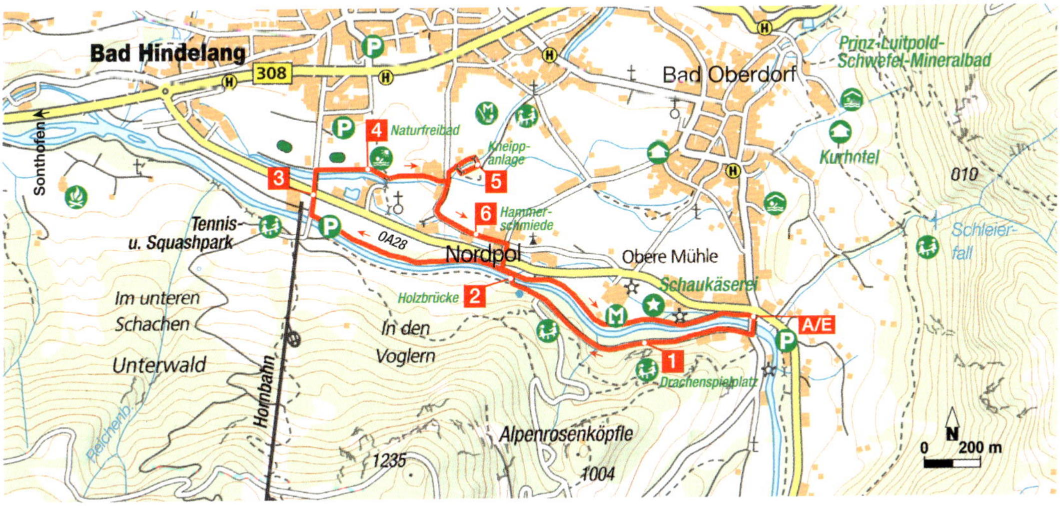

12 Unterm Imberger Horn

Auf dem Burgschrofenrundweg

Leicht/Mittel | 1,7 km | 110 Hm | 45 Min.

Tourencharakter
Einfacher Spazierweg mit herrlichen Aussichten über das Ostrachtal bis zur Passhöhe bei Oberjoch. Der Weg bis zum Burgschrofen ist bei Familien mit Kinderwagen beliebt.

Ausgangs-/Endpunkt
Bergstation (1315 m) der Hornbahn in Bad Hindelang

Höchster Punkt
Abzweig vom OAR (1360 m)

Anfahrt
GPS 47.5007, 10.3663
Auto: Von der B 19 bei Sonthofen auf die Östliche Alpenstraße/B 308 nach Bad Hindelang abfahren und der Beschilderung zur Hornbahn folgen
Bus & Bahn: Es bestehen mehrere Busverbindungen zum Busbahnhof in Bad Hindelang. Der Zugang zum Ausgangspunkt erfolgt dann über die Alpgasse.

Einkehr
Berggasthof Zum Oberen Horn; schöner Rastplatz am Burgschrofen

Informationen
Bad Hindelang Tourismus, Tel. 08324/8920, www.badhindelang.de

Ab der Bergstation der Hornbahn bieten sich mehrere leichte Wanderungen ins Tal und bis nach Sonthofen an. Am einfachsten ist der Spaziergang über den Burgschrofenrundweg. Die kurze Runde besticht durch einen herrlichen Blick über das Ostrachtal.

Wandern oder gleich Genießen? Den Aufstieg über einige Kehren können wir uns dank der Kleinkabinenbahn sparen. Mit ihr überwinden wir mühelos die 516 Höhenmeter bis zur A **Bergstation der Hornbahn**. Sie ist mit mit dem Berggasthaus Zum Oberen Horn verbunden. Allein wegen der schönen Aussicht von der Terrasse über das Ostrachtal und zu den Bergen rund um Oberjoch kommen zahlreiche Gäste hier heraufgefahren. Bei günstiger Thermik können wir über waghalsige Freizeitsportler staunen: Westlich der Seilbahn schwingen sich Gleitschirmflieger in die Lüfte, während sich direkt neben der Sonnenterrasse der Startplatz für Drachenflieger befindet.

Auf dem Burgschrofen Mit diesen schönen und spannenden Eindrücken folgen wir dem rot-weiß markierten Bergweg von der Hornbahn in Richtung Burgschrofenrundweg. Auf den ersten Schritten müssen wir uns den Weg mit den Mountainbikern teilen, die hier zu ihrer waghalsigen Abfahrt über den »Course Black« starten. Wo sich die Wege nach 150 Metern trennen, lohnt es sich, kurz zu verweilen und zu schauen, wie die Biker die Hindernisse meistern – oder wie sie durch ein Matschloch fahren, das sich etwas unterhalb unseres Wegs befindet …
Wo der Fahrweg eine enge Rechtskurve beschreibt und wir auf den Oberallgäuer Rundweg treffen, laufen wir in etwa geradeaus weiter. Damit können wir uns auf dem 1 **Burgschrofenrundweg** ganz dem Natur- und Landschaftsgenuss widmen. Beim 2 **Burgschrofen** angekommen liegt uns erneut das Ostrachtal zu Füßen. Die Sicht reicht von Sonthofen im Westen bis zur Passhöhe bei Oberjoch. Schauen wir über Bad Hindelang

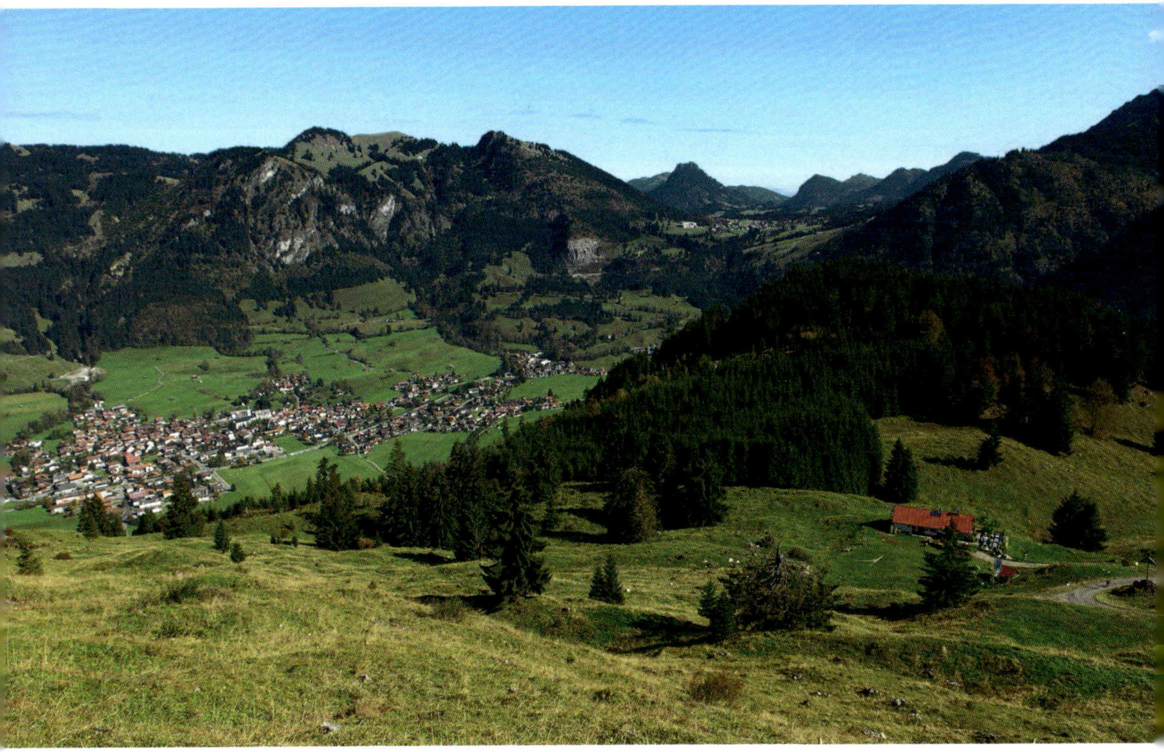

hinweg, reihen sich vor uns die Gipfel von Hirschberg und Spieser sowie (links davon) die Grasmatten am Wertacher Hörnle aneinander. Es ist der perfekte Fleck für eine ausgiebige Pause; mehrere Bänke laden dazu ein.

Aussicht von der Hornbahn über das obere Ostrachtal und zur Passhöhe Oberjoch

Auf dem Oberallgäuer Rundwanderweg Sowie wir uns am Panorama sattgesehen haben, verlassen wir den Burgschrofen und folgen dem Oberallgäuer Rundwanderweg weiter in Richtung Imberger Horn. Auf den nächsten 250 Metern müssen wir um die 70 Höhenmeter überwinden – es ist die einzig nennenswerte Steigung dieser Tour. Beim ❸ **Abzweig vom Oberallgäuer Rundwanderweg** ist diese aber auch schon geschafft. Bei nur noch geringen Höhenunterschieden können wir nun dem Burgschrofenrundweg über die schattige Nordseite des Imberger Horns zurück zur Ⓔ **Bergstation der Hornbahn** folgen.

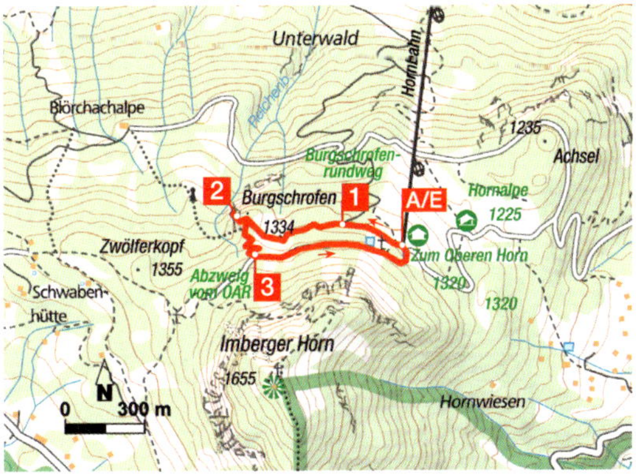

13 Schmuggler unterm Iseler

Varianten auf der Wiedhag-Alpe

Mittel | 3,9 km | ↑110 ↓510 Hm | 2.15–2.45 Std.

Tourencharakter
Die Wege und Pfade zwischen der Bergstation und dem Speichersee erfordern Trittsicherheit. Die Angaben entsprechen der Variante mit Nutzung der Iselerbahn.

Ausgangspunkt
Bergstation (1570 m) der Iselerbahn

Endpunkt
Talstation (1200 m) der Iselerbahn

Höchster Punkt
Oberhalb (1590 m) der Iselerbahn

Anfahrt
GPS 47.5155, 10.4120
Auto: Von der A7 bei Ausfahrt 137 auf die B309 nach Nesselwang abfahren, weiter über die B310 bis Oberjoch und dort der Beschilderung zur Iselerbahn folgen
Bus & Bahn: Es bestehen Busverbindungen u. a. ab Sonthofen, Füssen und Reutte zur Haltestelle »Oberjoch-Iselerbahn/ Bad Hindelang«.

Einkehr
Iseler-Platz-Hütte; Vordere Wiedhag-Alpe; Gundalpe

Informationen
Bad Hindelang Tourismus, Tel. 08324/8920, www.badhindelang.de

Wer als Schmuggler immer und immer wieder dieselben Pfade nimmt, tappt leicht in eine ihm gestellte Falle – so ist es nur fair, für diese Wanderung verschiedene Varianten anzubieten. Ein herrlicher Ausflug in die Bergwelt am Iseler ist uns so oder so gewiss.

Für Bewegungsmuffel Keine Lust auf einen längeren Anstieg? Dann empfehlen wir die Fahrt mit der Iselerbahn hoch zur Ⓐ **Bergstation**. Die luftige Bauweise des Sessellifts ist zwar nicht jedermanns Sache, dafür sind die einzelnen Sessel breit genug für sechs Personen nebeneinander, sodass man ungezwungen mit Gleichgesinnten ins Gespräch kommt. Zuletzt bietet uns die Fahrt einen atemberaubenden Blick in die Tiefe sowie über die steil abfallende Nordseite des Iselers mit dem Edelrid-Klettersteig. Oben angekommen führt ein rot-weiß markierter Berg-

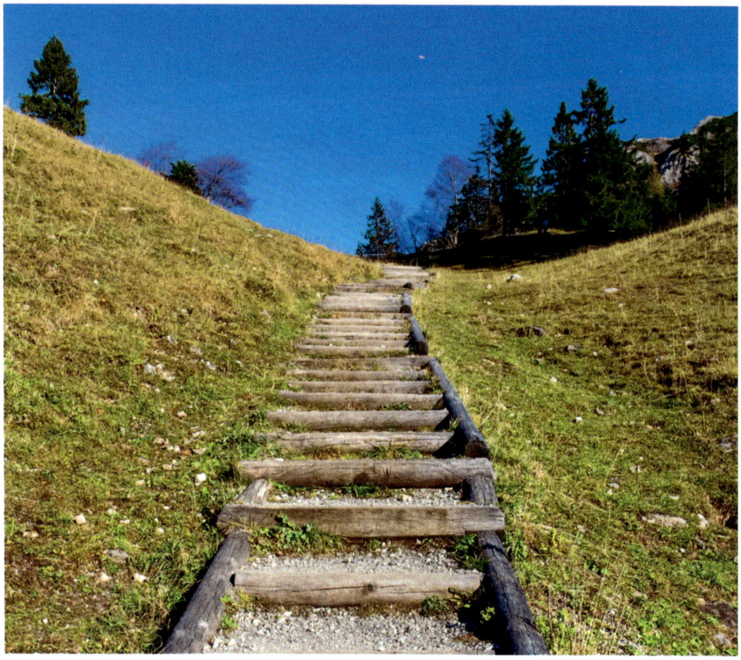

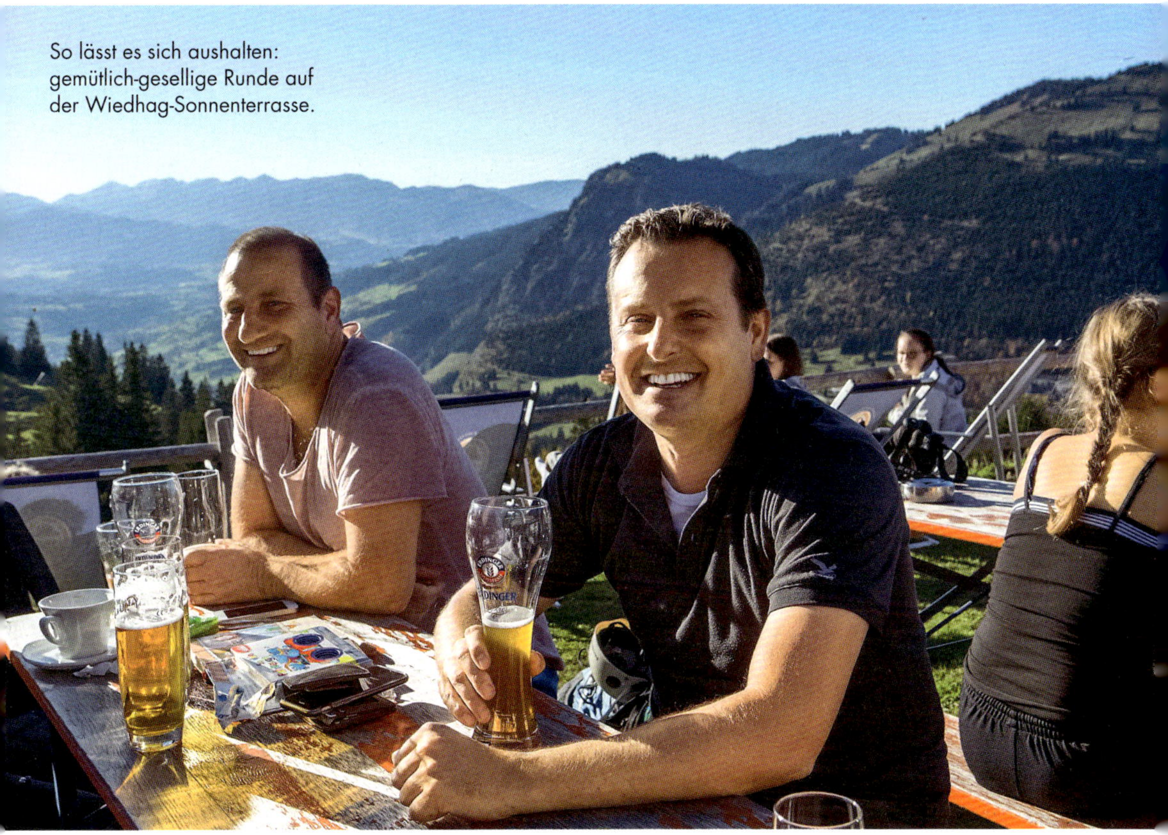

So lässt es sich aushalten: gemütlich-gesellige Runde auf der Wiedhag-Sonnenterrasse.

weg direkt zur Wiedhag-Alpe. Wer diesen nimmt, trifft nach ca. 300 Metern auf den Schmugglerweg und sollte sein Ziel nach einer halben Stunde erreicht haben. Da wir schon einmal hier sind, lohnt sich ein Abstecher zur 200 Meter entfernten ❶ **Iseler-Platz-Hütte**. Die auf 1520 Meter Höhe gelegene Hütte bietet neben Brotzeiten und einfachen Speisen eine schöne Aussicht über Oberjoch zur gegenüberliegenden Bergkette.

Linke Seite: Treppenweg zwischen der Gundalpe und der Vorderen Wiedhag-Alpe

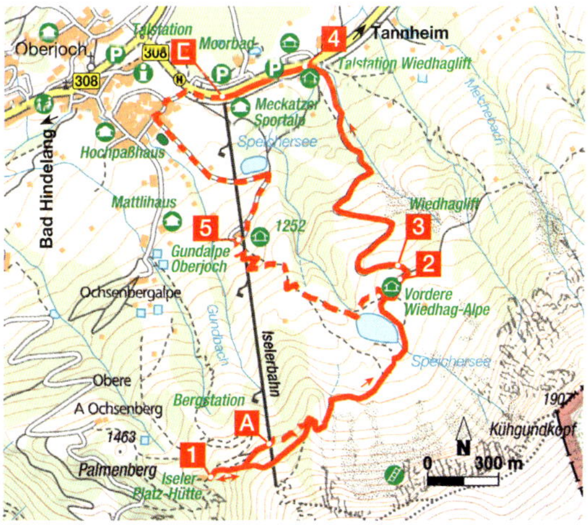

Auf dem Schmugglerweg ... Nach diesem gelungenen Auftakt kehren wir um und laufen zunächst wieder Richtung Bergstation, halten uns bei der Verzweigung oberhalb der Bahn dann aber rechts. Bis zur nächsten Kehre herrscht hier an sonnigen Ferientagen oft reger Betrieb, denn neben uns erfahrenen

Wanderern nutzen auch Kletterfreunde und Gipfelstürmer den Pfad. Nach 100 Metern trennen sich die Wege wieder – während die breite Masse rechts abbiegen und den Serpentinen steil bergauf Richtung Iseler und Tannheimer Tal folgen dürfte, scheren wir mit dem Schmugglerweg halb links aus.

Wir überqueren die Grasmatte und wandern auf dem nächsten Abschnitt leicht bergab durch einen lichten Nadelwald und um eine Geröllhalde herum an den Wiedhag-Speicherteich. Das Becken hat ein Fassungsvolumen von 53 000 Kubikmetern und versorgt über 100 Hydranten, die zur Beschneiung des Skigebiets Oberjoch dienen, aber auch bei Bränden von der Feuerwehr genutzt werden können. Für Menschen ist der Zutritt zum Teich gesperrt, wohl aber nutzen Amphibien und Vögel das Wasser als Lebensraum.

… zur Vorderen Wiedhag-Alpe Direkt nördlich, auf der Talseite vom See, lädt die ❷ **Vordere Wiedhag-Alpe** zum Verweilen ein. Auf der Sonnenterrasse der Alpe lässt es sich einige Zeit aushalten. So laden am Rand mehrere Liegen zu einem ausgiebigen Sonnenbad ein. Der Blick reicht hier über die Passhöhe und Oberjoch hinweg zur Bergkette mit dem 1625 Meter hohen Jochschrofen. Links und rechts davon zeichnen sich Spieser und Wertacher Hörnle gegen das Firmament ab. Dazu bietet die Vordere Wiedhag-Alpe eine große Auswahl an tendenziell deftigen Gerichten und Brotzeiten. Enkel und Kinder kommen mit »Räuber Hotzenplotz« (Käse- oder Spinatknödel), »Fred Feuerstein« (Spätzle mit Bratensoße) oder »Spongebob«, einem panierten Schweineschnitzel, ebenfalls auf ihre Kosten. Und das Beste: Gleich nebenan befindet sich die ❸ **Bergstation des Wiedhaglifts**. Passionierte Bewegungsmuffel – oder auch Wanderer mit Knieproblemen – kommen damit locker wieder hinunter ins Tal. Mit dem Rückweg zur Talstation

Schmugglerweg

In der Zeit, als Salz in Bayern viel billiger als im benachbarten Tirol war, nutzten Schmuggler den Weg in der Hoffnung auf schnell verdientes Geld. Im Schutz der Nacht brachten »gewitzte Männer und Frauen« auch Kaffee, Eier und Speck und gar Kälber über die grüne Grenze. Was jahrhundertelang bitterernst war, lässt sich heute auf dem Schmugglersteig spielerisch nacherleben. Die Rollen sind dabei mit Schmuggler und Zöllner klar verteilt und werden vor Ort auf großen Tafeln anschaulich erklärt.

der Iselerbahn ist es bei Nutzung beider Lifte möglich, die Tour auf einen knapp zwei Kilometer langen Spazierweg zusammenzustauchen.

Für Absteiger und Sportliche Wer den Rückweg aus eigener Kraft absolvieren will, biegt direkt vor dem Wiedhaglift links ab und folgt der rot-weiß ausgewiesenen Fahrstraße ins Tal. Nach einer halben Stunde erreichen wir so die 4 **Talstation des Wiedhaglifts**, von wo uns dann ebenfalls nur noch ein lockerer Spaziergang entlang der Bundesstraße von der E **Talstation der Iselerbahn** trennt.

Als Variante dazu können wir aber auch bei der Wiedhag-Alpe die entgegengesetzte Richtung einschlagen. In diesem Fall folgen wir der Beschilderung in südwestlicher Richtung über die bewirtete 5 **Gundalpe** direkt zur Talstation der Iselerbahn. Im Vergleich zur Fahrstraße erfordert diese Variante ein höheres Maß an Trittsicherheit. Dafür entfällt der Abschnitt entlang der Bundesstraße.

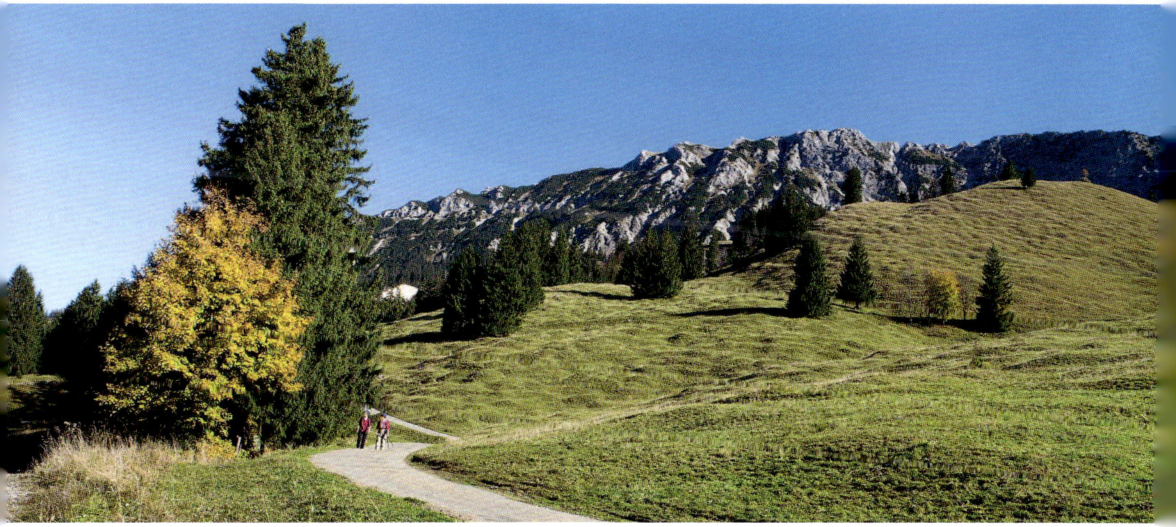

Aussicht auf den Gebirgszug mit Iseler und Kühgund

Die letzte Variante haben Sie wahrscheinlich schon erraten: Wir verzichten ganz einfach auf jedwede Bergbahn und nehmen sogleich den Wanderweg über die Gundalpe hoch zur Wiedhag-Alpe. Wer dies so macht, sollte fit am Berg sein und auch einen längeren Treppenweg meistern. Er wird dafür mit einigen herrlichen Ausblicken über die reizvollen Hangwiesen bis hoch zum Iselergrat belohnt.

14 Ein Stück Tirol in Bayern

Höhenweg Jungholz und Stubental

Leicht/ Mittel	4 km/ 8 km	150 Hm/ 350 Hm	1.45 Std./ 3.30 Std.

Tourencharakter
Bis auf kurze, teils etwas stärkere Steigungen eine bequem zu wandernde Runde auf breiten, aussichtsreichen Wegen. Mit dem Abstecher zur Stubental-Alpe verdoppeln sich in etwa Zeit, Länge und Höhenmeter der Tour.

Ausgangs-/Endpunkt
Parkplatz in Jungholz (1060 m)

Höchster Punkt
Oberhalb (bis 1140 m) von Langenschwand bzw. Stubental-Alpe (1290 m)

Anfahrt
GPS 47.5728, 10.4478
Auto: Von der A7 bei Ausfahrt 137 abfahren und der B310 Richtung Bad Hindelang bis zum Abzweig nach Jungholz folgen
Bus & Bahn: Ab Sonthofen und Oy fährt die Buslinie Nr. 9748 zur Haltestelle »Verkehrsamt« in Jungholz.

Einkehr
Schrofen-Hütte; Stubental-Alpe; in Jungholz

Informationen
Infobüro Jungholz,
Tel. +43 5675/81 20,
www.tannheimertal.com

Durch einen Kaufvertrag zwischen Hermann Häselin aus Wertach und Heinz Lochpühler aus dem Tannheimer Tal wechselte Jungholz im Juni 1342 von Bayern nach Tirol. Auch wenn es im Lauf der Jahrhunderte wiederholt zu Grenzstreitigkeiten kam, hat sich daran bis heute nichts geändert.

Exkurs zur Stubental-Alpe Die Verbindung von Jungholz zu Österreich ist nicht mehr als ein Punkt auf dem Sorgschrofen. Damit handelt es sich bei der Gemeinde um eine funktionelle Exklave, die nur über deutsches Gebiet zu erreichen ist. Diese besondere Lage ist im Gemeindewappen versinnbildlicht: Aus dem Flügel eines Tiroler Adlers wächst ein grüner Zweig, der die Zugehörigkeit von Jungholz zu Tirol symbolisiert. Verglichen mit dem Kleinwalsertal geht es rund um Jungholz eher beschau-

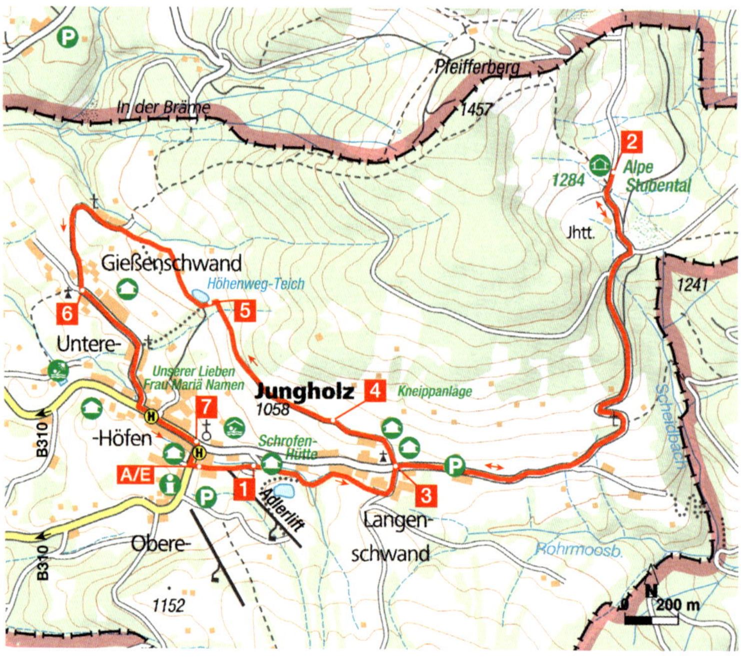

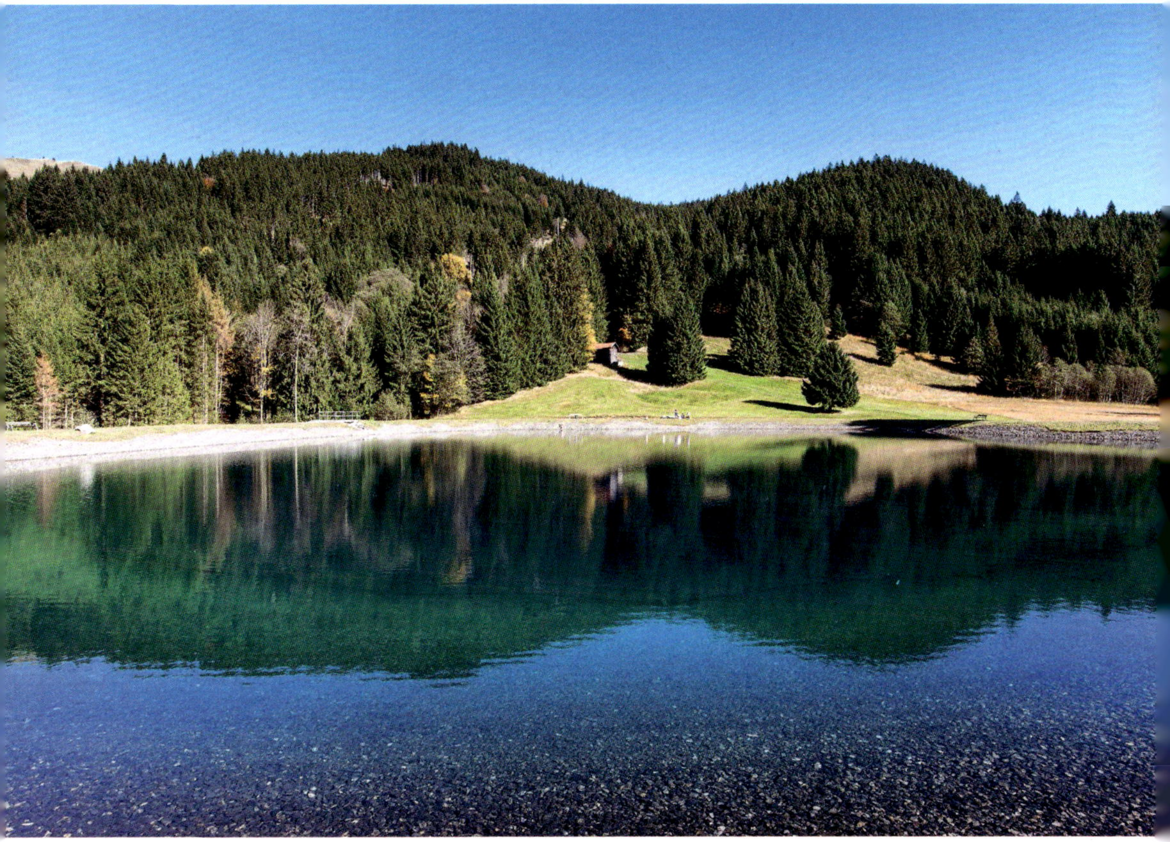

Blick über den Höhenweg-Teich von Jungholz

lich zu. Damit kommen wir gelassen im Hauptort der Tiroler Gemeinde an, wo der auf das Skigebiet ausgelegte Ⓐ **Parkplatz in Jungholz** Wanderern reichlich Platz bietet. Am nordöstlichen Eck des Schotterplatzes erfolgt der Zugang auf den Schnitzerweg. Nach nur wenigen Metern entlang des Mühlbachs bietet sich rechts ein kurzer Abstecher zur ❶ **Schrofen-Hütte** an.

Zünftige Alpe Ansonsten können wir dem Schnitzerweg auch gleich bis zu seinem Ende folgen. Links gelangen wir an die Hauptstraße von Langenschwand. Für die Stubental-Alpe biegen wir rechts ab, passieren einen weiteren größeren Parkplatz und verlassen den Ort in östlicher Richtung. Beim

Winterwanderung

Der Höhenweg von Jungholz wird im Winter geräumt und bei Bedarf gestreut. Der Fahrweg hoch zur Stubental-Alpe ist ebenfalls präpariert, da auf diesem auch Rodelbetrieb herrscht. Wer will, kann nach der Einkehr in der Alpe mit dem Leihschlitten zurück nach Langenschwand rodeln.

nächsten Abzweig halten wir uns links, passieren eine Waldinsel und können dann einen Bogen der asphaltierten Fahrstraße über den Wiesenpfad abkürzen. Weiter geht es in den Wald und an einem Brunnen vorbei und im weiteren Verlauf wieder entlang von Weiden und Pferdekoppeln bis zur ❷ **Stubental-Alpe**. Die idyllisch am Osthang des Pfeiferbergs gelegene Berggaststätte ist für ihre zünftigen Hütten- und Bühnenabende sowie auch für ihr soziales Engagement bekannt. Darüber freuen durfte sich Ende 2017 die Lebenshilfe Ostallgäu, welche den Erlös aus einer Versteigerung von Kunstwerken des Allgäuers Karls Gehring als Spende erhielt.

Am Jungholzer Höhenweg Nach dem Abstecher kehren wir um und nutzen denselben Weg wieder hinunter nach ❸ **Langenschwand**. Vor der Sankt-Pauls-Kapelle biegen wir rechts ab, halten uns beim Ortsende links und kommen so auf den Jungholzer Höhenweg. Über die wenigen Dächer von Langenschwand eröffnet uns dieser einen beeindruckenden Blick auf den felsigen Gipfelbereich des 1635 Meter hohen Sorgschrofens und, rechts davon, zum 22 Meter niedrigeren Zinken. Auf dem Weg zur großzügig eingerichteten ❹ **Kneippanlage** sehen wir über Jungholz und das Wertachtal hinweg zum bewaldeten Gehrenkopf. Weiter westlich setzt sich der Bergzug über das Wertacher Hörnle und den Großen Hirschberg bis zum Grünten bei Sonthofen fort.

Mit weiteren schönen Aussichten führt uns der Höhenweg an mehreren Feldgehölzen und Waldstreifen vorbei zu einem versteckt gelegenen Weiher sowie zum ❺ **Höhenweg-Teich**. Das Speicherbecken fasst bis zu 56 500 Kubikmeter Wasser und ist gut zehn Meter tief. Um den Teich führt ein kurzer Rundweg, auf dem einige Bänke zum Verweilen einladen. Zu unserem Bedauern ist das Baden nicht erlaubt, was aus Sicht der Liftbetreiber nachvollziehbar ist. Hier

Zollanschlussgebiet

Durch ihre besondere geografische Lage ist die Gemeinde Jungholz Zollanschlussgebiet der Bundesrepublik Deutschland mit einer bundesdeutschen und einer österreichischen Postleitzahl. Als die österreichische Post 2006 die deutschen Postleitzahlen für Jungholz und das Kleinwalsertal nicht mehr akzeptieren wollte, gab sie dem Protest der Bevölkerung nach. Abgestellt wurde hingegen die deutsche Telefonvorwahl. Ebenfalls durch die Lage sind jeweils fast 50 Prozent der Einwohner bundesdeutsche bzw. österreichische Staatsbürger.

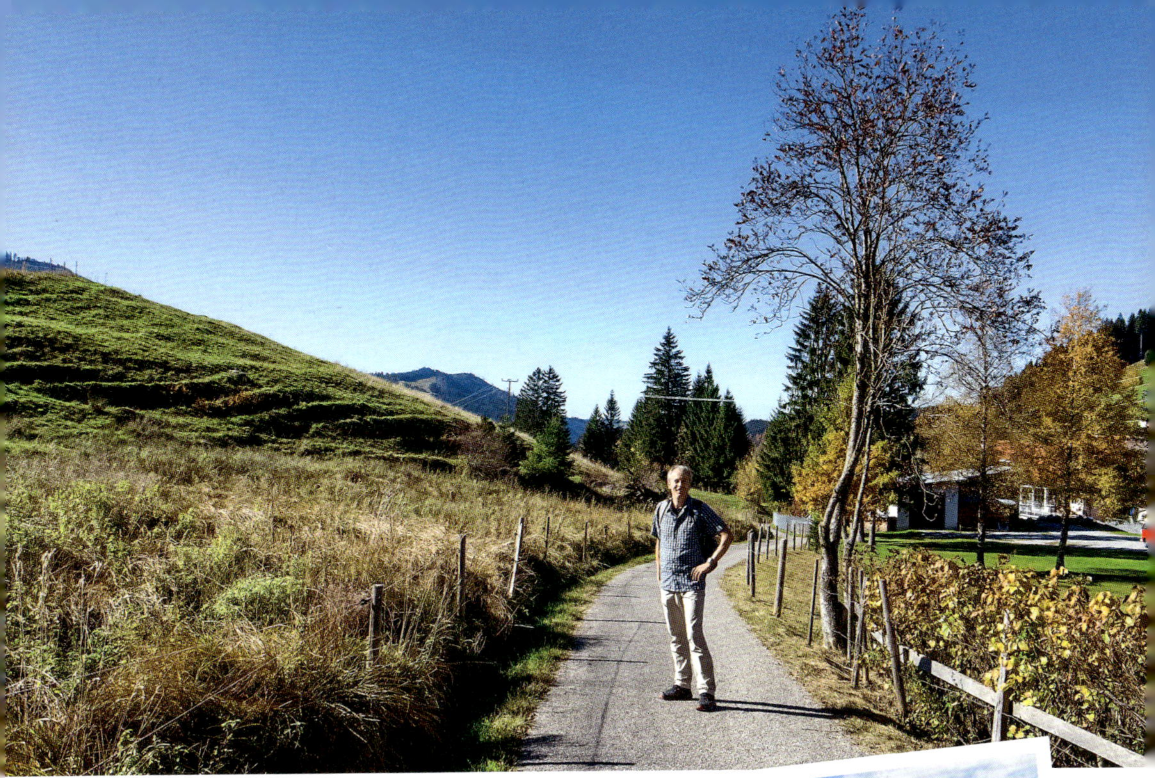

– wie auch im Allgäu und Kleinwalsertal – würden wir es jedoch begrüßen, wenn die Ingenieure die Becken künftig so gestalten, dass verschiedene Nutzungen möglich sind. Bis es soweit ist, begnügen wir uns mit der Sicht über das auch im Sommer sehr kühle Wasser zu den umliegenden Wäldern und Bergen.

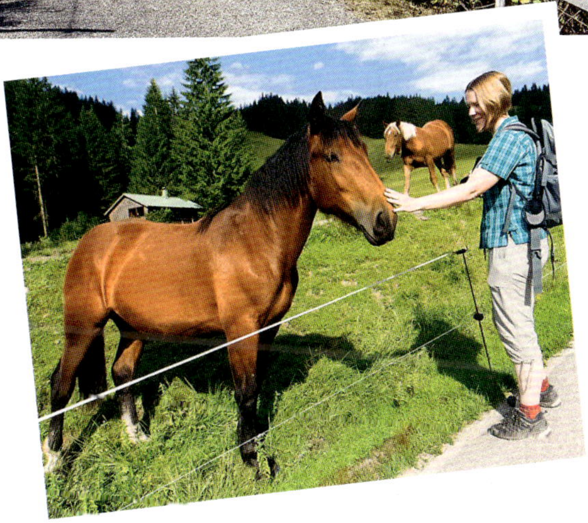

Bei der Stubental-Alpe werden Wanderer von zutraulichen Pferden begrüßt.

Ganz oben: Gemütlicher Auftakt auf dem Schnitzerweg nach Langenschwand

Rückweg über Gießenschwand Weiter geht es auf dem Höhenweg am Abzweig zur Reuterwanne vorbei und in einem geschwungenen Linksbogen hinunter nach 6 **Gießenschwand**. Wo unser Weg einmündet, trennen uns links noch gut 600 Meter vom Hauptort Jungholz. Erneut links laufend, folgen wir der Durchgangsstraße bis zur 7 **Kirche Unserer Lieben Frau Mariä Namen**. Das Gotteshaus wurde 1743 im barocken Stil erbaut und in den Jahren 1887 und 1888 erweitert. Gegenüber der Kirche und ihrem Wandbild führt ein Fußweg am Heldendenkmal vorbei zum E **Parkplatz**, wo die einzige Tiroler Tour dieses Wanderführers nach acht bzw. – bei Auslassen der Stubental Alpe – vier Kilometern endet.

15 So schön kann Wasser sein

5-Seen-Runde bei Seeg

Mittel | 11,6 km | 150 Hm | 3 Std.

Tourencharakter
Bequeme Wanderung über gut ausgebaute Wege und landwirtschaftliche Straßen bzw. Dorfstraßen. Reizvolle Einblicke in die Seenlandschaft

Ausgangspunkt/Endpunkt
Seeg, 860 m

Höchster Punkt
Seeleuten, 900 m

Anfahrt
GPS 47.6539, 10.6055
Auto: Von der A7 Richtung Füssen bei Ausfahrt 138 Richtung Nesselwang abfahren, weiter über die OAL 1 bis Seeg, dort in die Hauptstraße abbiegen, weiter bis zu Stellplätzen entlang der Straße.
Bus & Bahn: Es bestehen Zugverbindungen zur Haltestelle in Seeg. Bis zum Einstieg sind es zu Fuß 10 min.

Einkehr
Seeterrasse, Landhotel Panorama (Café)

Informationen
Touristinformation Seeg, Tel. 08364/983033, www.seeg.de

Nördlich der Ostallgäuer Alpen laden über 40 Seen zum Besuch sowie zu Spaziergängen und Wanderungen ein. Fast allen ist gemein, dass sie eine tolle Sicht in die Berge bieten, während man selbst auf bequemen Wegen unterwegs ist. Auf der 5-Seen-Runde in der Gemeinde Seeg lernen wir fünf dieser Seen kennen.

Seeger Seen Der Einstieg zu dieser Wanderung erfolgt beim Abzweig der Kirchplatz-Straße von der Hauptstraße. Wer keine Wanderkarte hat, findet am Rand vom Kirchplatz eine Tafel der Wanderregion Ostallgäu. Ein kurzer Blick bestätigt: Alle für die 5-Seen-Runde wichtigen Wege sowie alternative Parkmöglichkeiten sind verzeichnet. Die Runde selbst ist durchgängig mit ihrem Namen beschildert. Ein unabsichtliches Abkommen vom Weg ist damit nahezu ausgeschlossen. Wir folgen der Empfeh-

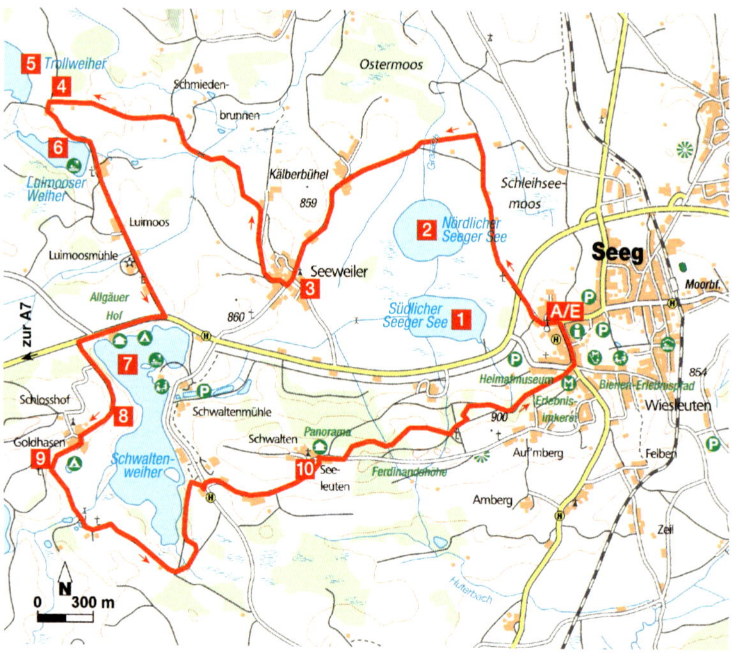

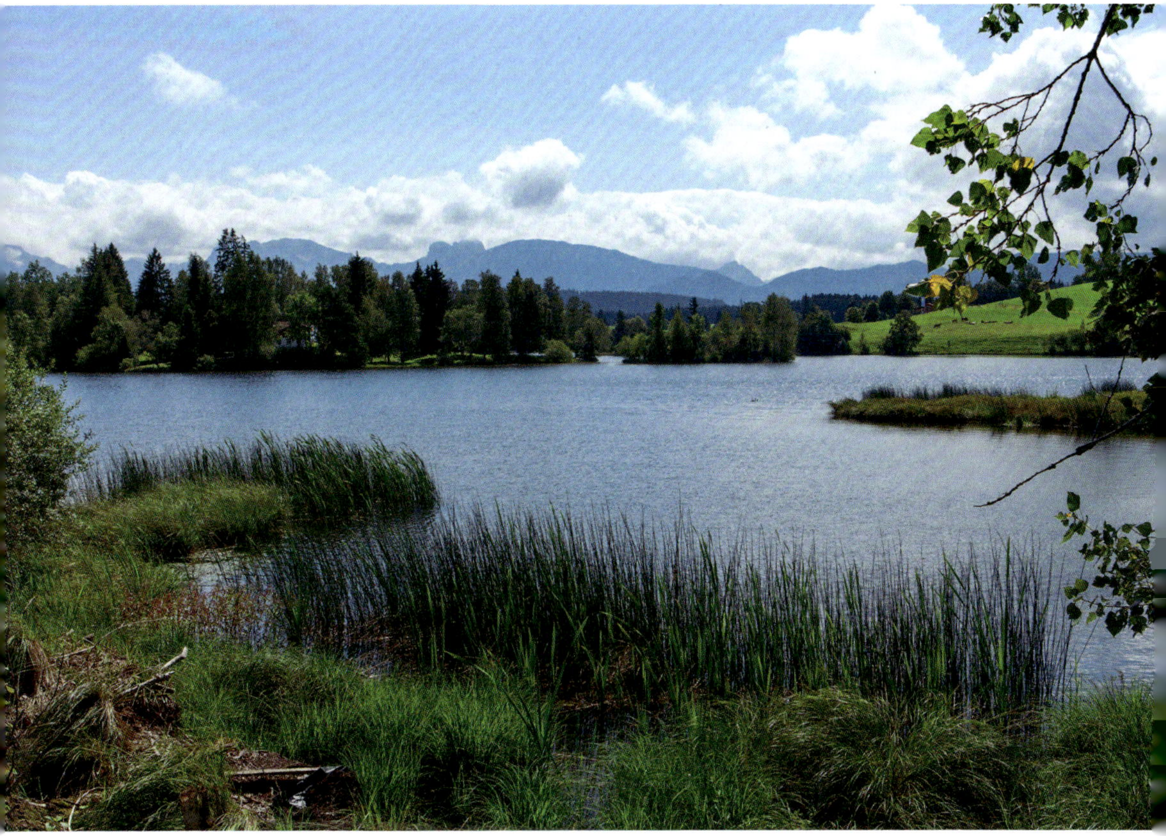

Blick über den Schwaltenweiher auf den Breitenberg und, links davon, die beiden Gipfel des Aggenstein

lung, die Runde entgegen des Uhrzeigersinns abzulaufen. Damit passieren wir die bauhistorisch bedeutende **A Rokokokirche St. Ulrich** auf ihrer rechten Seite und folgen dem anfangs noch asphaltierten Weg über die OAL 1. Auf diesem ersten kurzen Abschnitt haben wir Sicht auf den **1 südlichen** und **2 nördlichen Seeger See**. Die beiden Seen sind über das Seemoos und einen kurzen Bachlauf miteinander verbunden, wobei der Höhenunterschied zwischen dem südlichen und nördlichen See gerade mal zehn Zentimeter beträgt. Wir werden später noch einen besseren Blick auf die Seeger Seen bekommen.

Über Seeweiler zum Trollweiher Nachdem wir einen Bildstock nahe der Landstraße und ein gutes Stück weiter den nördlichen See mitsamt dem Verlandungsbereich passiert haben, zweigt die 5-Seen-Runde links auf einen Wiesenweg zur »Grazach« ab. Auf der anderen Seite des Bachs folgen wir den gelben Wegmarkierungen über einen landwirtschaftlichen Weg bis zur Straße Zum

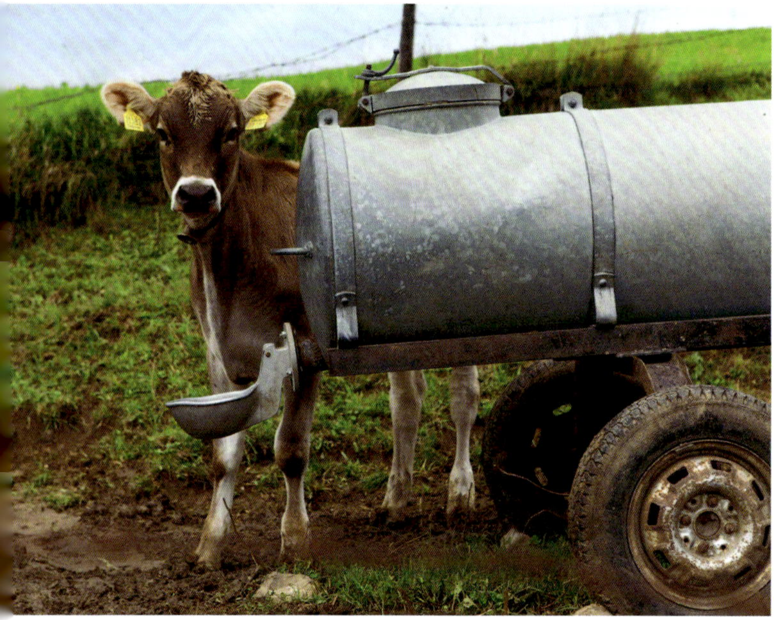

Kälber sind von Natur aus neugierig – aber auch ein wenig scheu.

Ostermoos und dieser nach ❸ **Seeweiler**. Wer nur eine sehr kurze Runde laufen möchte, kann nach der Kapelle geradeaus weitergehen und den direkten Weg zum Schwaltenweiher nehmen. In dem Fall schrumpft die Tour zu einer 3-Seen-Runde zusammen. Um alle Seen mitzunehmen, biegen wir also nach der Kapelle rechts ab und folgen der 5-Seen-Runde in einem zittrigen Linksbogen über die Feldflur Schlindplatz zum ❹ **Abzweig Trollweiher**. Der ❺ **Trollweiher** ist unzugänglich und liegt etwas abseits unserer Runde. Bemerkenswert ist der Schilfgürtel, der sich über weite Abschnitte der Uferlinie erstreckt. Um den Gletscherrandsee führt die »Trollweiher Runde«. Wer diese mitnimmt, muss ca. 1.45 Stunden zur angegebenen Zeit hinzurechnen.

Luimooser Weiher und Schwaltenweiher Gleich nach dem Abzweig haben wir eine herrliche Sicht auf den ❻ **Luimooser Weiher**. Der ebenfalls naturbelassene Gletschersee ist der erste, an dem die 5-Seen-Runde bis ans Ufer führt. Damit bekommen Fotografen auf den nächsten Metern immer wieder neue, reizende Perspektiven über den See, seinen Verlandungsbereich, den Wald am gegenüberliegenden Ufer und die sich darüber abzeichnenden Berge. Anschließend kommen wir an einem Bildstock und mehreren großen Höfen vorbei, bevor wir auf die OAL1 treffen. Leider führt der Weg die nächsten 400 Meter (rechts) entlang der Straße.

Sobald der Wohnwagenstellplatz Allgäuer Hof hinter uns liegt und der Weg links zum See abzweigt, werden wir dafür mit umso schöneren Aussichten über den ❼ **Schwaltenweiher** zur Allgäuer und Tannheimer Alpenkette entschädigt. Wegen dieses grandiosen Panoramas ist der Weiher auch als »Logenplatz vor den Alpen« bekannt. So kommt die 8 **Seeterrasse** wie gerufen für eine gemütliche Einkehr. Benannt ist der Weiher nach der Schwaltenmühle der Familie Schwalt. Eine zweite Theorie leitet den Namen vom mittelhochdeutschen Wort »swellen« ab, womit das Aufstauen eines Gewässers gemeint ist. Tatsächlich wurde das Wasser 1514 auf Geheiß des Habsburgischen Kaisers Maximilian I. zur Fischzucht und Wasservogeljagd aufgestaut. Allerdings wurde der See schon zuvor Schwaltenweiher genannt, womit diese Theorie hinkt. Wohl aber hat der Kaiser dadurch einen beliebten Badesee geschaffen, an dem mehrere Badeplätze und Liegewiesen zum Verweilen einladen. Auch Ruderboote kann man für eine Fahrt über den See mieten.

Die Da capo-Seen Weiter geht es von der Seeterrasse durch die Siedlung 9 **Goldhasen** und, an einer Kapelle vorbei, um die Südspitze des Schwaltenweihers. Auf der anderen Seite des Sees wandern wir durch den schmalen Uferwald und folgen den Wegmarkierungen hoch zur Straße. Mit dem Weiher im Rücken steigt der Weg noch bis 10 **Seeleuten** an. Dort passieren wir das großzügig angelegte Landhotel Panorama. Am nahen Waldrand ist Seeg in zwei Richtungen angeschrieben. Sollten die Wege aufgeweicht sein, kann man hier ruhig geradeaus weiterlaufen und damit auf breiteren Schotterwegen zum Ausgangspunkt zurückkehren. Sind die Wege intakt, ist es jedoch schöner, mit der 5-Seen-Runde links auf den Pfad abzuzweigen. Sowie man das Waldstück durchquert hat, öffnet sich die Sicht, unterbrochen von weiteren, schmalen Waldstreifen, nach Norden ein zweites Mal über die Seeger Seen. Verglichen mit der Aussicht zu Beginn der Tour ist der Blickwinkel diesmal einiges besser. Auch kommt jetzt die malerische Lage der E **Rokokokirche** zur Geltung, sodass wir auf dem letzten Abschnitt noch einige schöne Eindrücke sammeln können.

Honigdorf

Seit Sommer 2013 ist Seeg als das Honigdorf im Allgäu bekannt. Der Bienen-Erlebnispfad gibt in zwölf Stationen Einblicke in Leben und Gefahren der fleißigen Insekten und informiert über den Beruf des Imkers. Teil des Projekts ist eine Erlebnisimkerei mit Bienengarten und Bienenhaus. Dort leben zwischen sechs und neun Bienenvölker, die ebenfalls besichtigt werden können. Für Kinder gibt es außerdem einen Honigspielplatz, auf dem nach Herzenslust getobt werden darf.

16 Nesselwanger Füllhorn

Attlesee und Kögelweiher

Leicht | 6 km | 50 Hm | 2 Std.

Tourencharakter
Barrierefreie Runde mit nur geringen Höhenunterschieden auf breiten Wegen, die sich auch für Kinderwagen und Rollstuhlfahrer eignen. Noch einfacher ist der rund 3 km lange Themenweg GE(h)ZEITEN.

Ausgangs-/Endpunkt
Parkplatz »Rindegger Tanne« (910 m)

Höchster Punkt
Nahe dem Ferienhof Eberle (ca. 920 m)

Anfahrt
GPS 47.6246, 10.5283
Auto: Von der A7 bei Ausfahrt 138 auf die OAL23 Richtung Nesselwang abfahren, im Kreisverkehr vor der Stadt nach Thal abbiegen und der Straße im weiteren Verlauf über Rindegg bis zum Parkplatz folgen
Bus & Bahn: Ab Bahnhof Nesselwang fährt die Buslinie Nr. 60 zur Haltestelle »Attlesee«, wo dann auch der Einstieg über Fußwege Richtung See erfolgt.

Einkehr
Unterwegs keine

Informationen
Touristinformation Nesselwang, Tel. 08361/923040, www.nesselwang.de

Das Füllhorn zählt zu den Nesselwanger Symbolwegen, mit denen Wanderer dazu angeregt werden, sich beim Gehen stärker auf sich selbst einzulassen und die Kraft der Landschaft zu spüren. Hier erwarten uns im Sommer reich blühende Feuchtwiesen und schöne Ausblicke über zwei Seen zu den Alpen.

Feuchtbiotope und Attlesee Vom Ⓐ **Wanderparkplatz »Rindegger Tanne«** folgen wir der Beschilderung Richtung Lachen sowie zum Ausgangspunkt des Meditationswegs GE(h)ZEITEN. Während der Themenweg nach 500 Metern rechts abbiegt – ❶ **Abzweig GE(h)ZEITEN** –, laufen wir geradeaus weiter. Auf ebenem Terrain führt uns der Weg an Wiesen vorbei in ein Waldstück. Sowie wir dieses durchquert haben, zweigen wir beim nächsten Wegweiser rechts zum Attlesee ab.

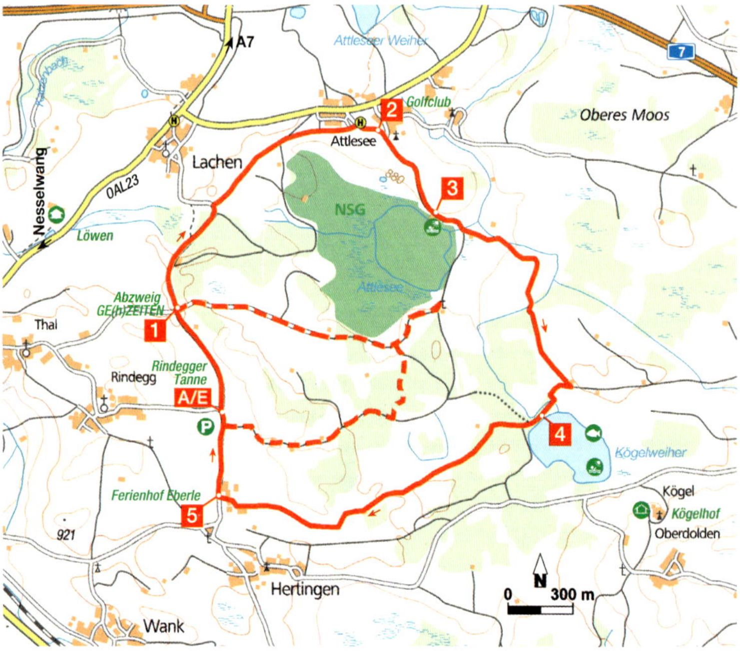

Während wir eine Rinderweide passieren, öffnet sich allmählich der Blick auf den See. Darüber hinweg reihen sich am Horizont die Gipfel von Salober, Zwölferkopf und Falkenstein aneinander. Westlich davon sind der Aggenstein und der gestreckte Rücken des Breitenbergs zu sehen. ❷ **Im Bereich des Golfclubs** schwenkt der Wanderweg nach Süden. Vorbei an einer winzigen Kapelle ist der ❸ **Attlesee** bald erreicht. Im Bereich des Häuschens der Wasserwacht befindet sich eine im Sommer beliebte Badestelle. Bänke und die Liegewiese laden zum Verweilen ein. Auf der gegenüberliegenden Seite des Moorsees erstrecken sich große Feuchtwiesen, auf denen zahlreiche seltene Arten wie Knabenkräuter und verschiedene Enziane, Trollblumen und Wollgras gedeihen.

Bei wechselhaftem Wetter geht es am Attlesee eher ruhig zu.

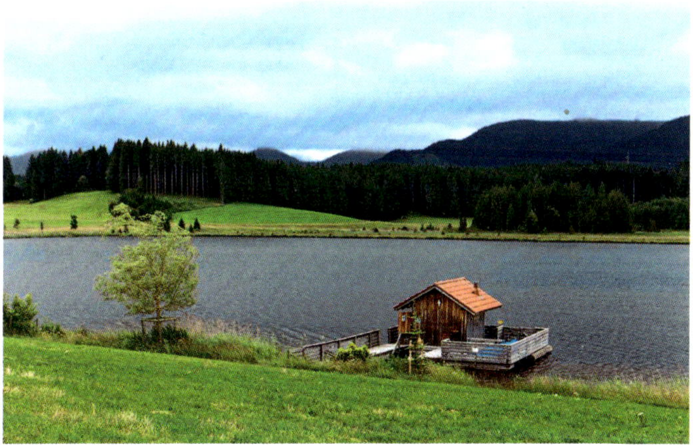

Zurück über den Kögelweiher

Bei der nächsten Gabelung (mit Christusfigur) haben wir die Wahl: Wer die Runde abkürzen will, hält sich rechts; über das Ostufer des Attlesees geht es damit zur Station 3 der GE(h) ZEITEN. Alle anderen zweigen hier zunächst links sowie 200 Meter weiter dann rechts ab und folgen der Beschilderung bis zum ❹ **Kögelweiher**. Tipp: Kurz bevor wir auf den Weiher treffen, führt links eine kleine Brücke zu einer unbeaufsichtigten Badestelle. Als Wanderer genießen wir den hier noch besseren Blick über den See zum Breitenberg und dem schroffen Gipfel des Aggensteins. Mit diesen schönen Eindrücken folgen wir dem Wanderweg über das bewaldete Westufer bis zum ❺ **Ferienhof Eberle**. Ab dort trennen uns rechts nur noch wenige Meter von unserem Ausgangspunkt am Ⓔ **Wanderparkplatz »Rindegger Tanne«**.

GE(h)ZEITEN

Der Themenweg GE(h)ZEITEN beinhaltet 6 Meditationsstationen, die dazu einladen, innerliche Ruhe zu finden und neue Kraft für den Alltag zu schöpfen. Das Gehen von einer Station zur nächsten symbolisiert die Zeit. Der Weg ist 3,7 km lang, auf denen um die 50 Hm zu meistern sind.

17 Der Vils entgegen

Von Pfronten zur Vilstalsäge

Mittel | 8,3 km | 80 Hm | 3 Std.

Tourencharakter
Die Streckenwanderung nutzt überwiegend breite Fuß- und Waldwege sowie die Zufahrt zur Vilstalsäge. Dort besteht von Juni–Okt. nachmittags eine Rückfahrmöglichkeit mit dem Bus nach Pfronten.

Ausgangs-/Endpunkt
Haus des Gastes in Pfronten (860 m)

Höchster Punkt
Gasthof Vilstalsäge (910 m)

Anfahrt
GPS 47.58153, 10.5572
Auto: Von der A7 bei Ausfahrt 137 abfahren, weiter über die B 309 bis ins Zentrum von Pfronten und noch vor der Vilsbrücke rechts in die Vilstalstraße zum Haus des Gastes abbiegen
Bus & Bahn: Mit dem Zug zum Bahnhof Pfronten-Ried oder nach Pfronten-Weißbach und mit Umstieg in den Bus Nr. 56 zur Haltestelle »Ried-Haus des Gaste/Pfronten«

Einkehr
Gasthaus Vilstalsäge (Neueröffnung im Februar 2018)

Informationen
Pfronten Tourismus,
Tel. 08363/698 88,
www.pfronten.de

Das Vilstal verbindet Pfronten mit dem Tannheimer Tal. Während links und rechts mehrere Bergwege steil hinauf zur Alpspitze im Norden und dem Kienberg im Süden führen, sind auf dem Talweg zur Vilstalsäge nur wenige Höhenmeter zu überwinden.

Ins stille Tal Los geht's beim **A Haus des Gastes** in Pfronten. Von dort laufen wir die wenigen Meter vor zur Allgäuer Straße und zum Rathaus und biegen rechts zur **1 Vilsbrücke** ab. Jenseits der Vils geht es erneut rechts zum **2 Kurpark** von Pfronten. Der Fußweg führt uns an der Kneippanlage, der Eishalle und dem weitläufigen Spielplatz »Schatzinsel« vorbei. Sowie wir die nächsten Wohnhäuser passiert haben, biegen wir erst links auf den Obweg und 50 Meter weiter dann rechts auf den Rappenschrofenweg ab und laufen zwischen mehreren Tennisplätzen hindurch. Hier verlassen wir den Ort, passieren ein Staubecken und betreten das ruhige Vilstal.

Doch kein Himmelreich Der nächste Abschnitt führt uns an einer länglichen Talwiese vorbei und durch einen Waldstreifen zum **3 Vilswehr** oberhalb der Schlossersäge. Eine Umgehungsrinne ermöglicht hier Fischen, den Fluss zu durchwandern. Auf der nächsten Wiese zweigt links ein Bergweg nach Himmelreich und zur Bärenmoosalpe ab. Der Weg dorthin ist zwar technisch anspruchslos und sogar für E-Bikes gut geeignet, beinhaltet aber um die 450 Höhenmeter. Besser, wir laufen geradeaus weiter, sodass wir bald zu einer gedeckten Holzbrücke gelangen. Von der Brücke hat man eine schöne Sicht auf den hier nur am Prallhang verbauten Wildbach.

Zur Vilstalsäge Weiter geht es links der Vils in den Wald bis zu einer Anhöhe. Dort halten wir uns rechts und laufen wieder ein paar Meter bergab bis zu den Gebäuden der **4 Schochersäge**. Wer diesen einzigen kurzen und nicht sehr einfachen Abschnitt umgehen möchte, kann ab der Holzbrücke auch auf die Vilstalstraße wechseln. Sowie wir bei der Schochensäge die Vils überquert haben, erfolgen die letzten Meter bis zum **5 Gasthaus Vilstalsäge** ohnehin auf dem Fahrweg. Das Gasthaus ist durch seine leichte Erreichbarkeit ein beliebtes Ausflugsziel. Nach einem Pächterwechsel im Jahr 2017 wurde der in die Jahre gekommene Anbau abgerissen und über den Winter neu aufgebaut. Seit dem Frühjahr 2018 können wir das Ausflugslokal in neuem Ambiente in gewohnter Umgebung genießen.

Der Rückweg erfolgt bis zum Kurgarten auf demselben Weg. Dort ist es möglich, über die Fußgängerbrücke auf die Thoiry-Promenade zu wechseln. Links ab besteht nach wenigen Schritten eine Querverbindung zur Vilstalstraße, auf der wir in diesem Fall rechts zurück nach Pfronten und zu unserem Ausgangspunkt am **E Haus des Gastes** gelangen.

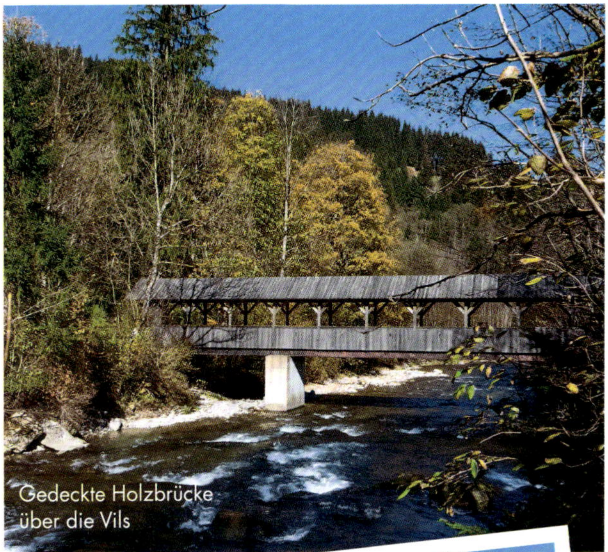

Gedeckte Holzbrücke über die Vils

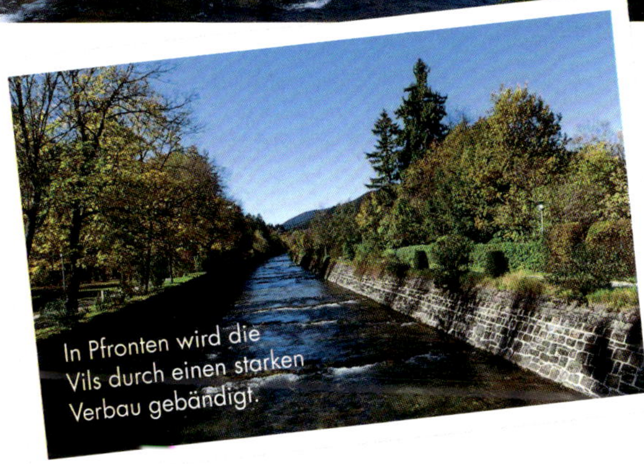

In Pfronten wird die Vils durch einen starken Verbau gebändigt.

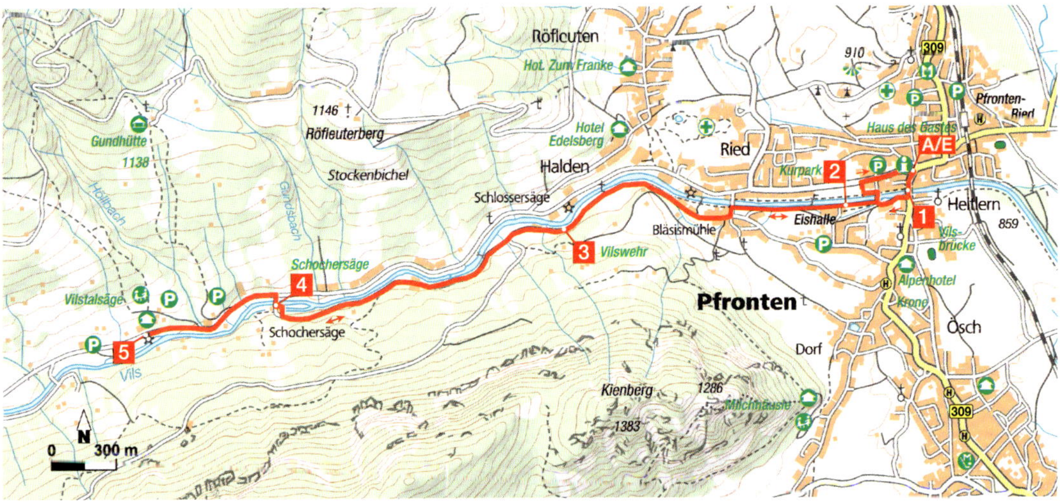

18 Mediterraner Flair

Auf dem Hopfensee-Rundweg

Leicht | 7 km | 30 Hm | 2.15 Std.

Tourencharakter
Der Seerundweg bietet einige reizvolle Aussichten und ist barrierefrei, somit auch mit Kinderwagen und Rollstuhl sehr gut möglich. Gegenseitige Rücksichtnahme ist auf dem beliebten Weg angebracht.

Ausgangs-/Endpunkt
Camping-Parkplatz »Hopfen« (785 m)

Höchster Punkt
Im Bereich des Strandbads (795 m)

Anfahrt
GPS 47.6026, 10.6833
Auto: Von der A7 bei Ausfahrt 139 nach Füssen abfahren, weiter über B 310 und St 2008 nach Hopfen am See und dort bis zum Parkplatz beim Campingplatz
Bus & Bahn: Ab Kempten und Nesselwang fährt die Buslinie Nr. 56 zur Haltestelle »Ufer/Höhenstraße« in Hopfen am See.

Einkehr
Einige schöne Möglichkeiten entlang der Promenade in Hopfen am See

Informationen
Touristinformation Hopfen am See, Tel. 08362/7458, www.fuessen.de

Der Hopfensee ist als die »Allgäuer Adria« bekannt. Eine kilometerlange Strandpromenade, Restaurants und Cafés laden zum Flanieren und Verweilen ein. Ab dem Campingplatz führt diese Runde mit immer wieder wechselnden Blickrichtungen in knapp zwei Stunden um den See herum.

Mehr als nur ein See Gewässer gibt es im Ostallgäu reichlich. Die Wegbeschreibungen lassen sich dabei oft in die wenigen Worte »Folgen Sie dem Seeweg!« zusammenfassen. Der Hopfensee macht da keine Ausnahme – erst vor Ort haben wir gestaunt, wie vielseitig die Landschaft am See und die Eindrücke auf der Strecke sind. So wundert es nicht, dass der Hopfensee-Rundweg zu den beliebtesten Spazierwegen im Alpenvorland zählt. Vom Ⓐ **Camping-Parkplatz** aus gesehen folgen wir dem Rundweg

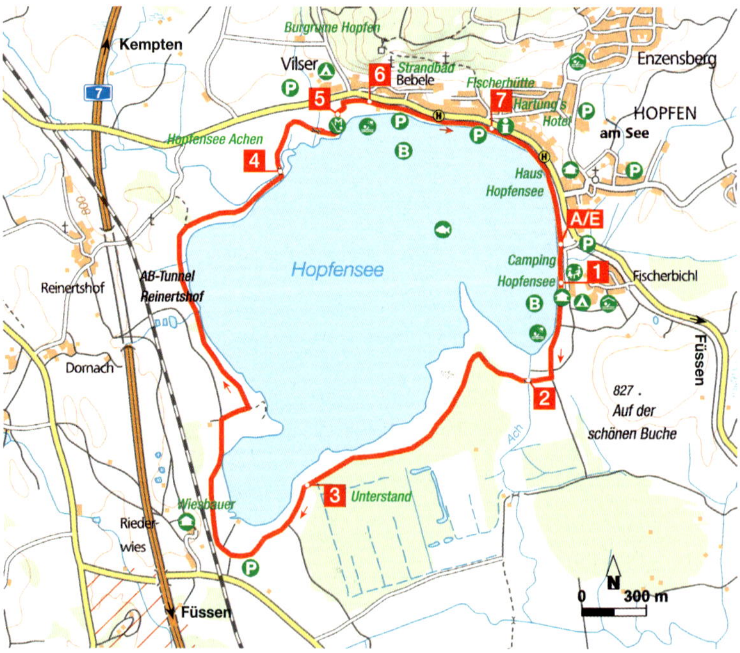

links an der Hütte der Wasserwacht und dem ❶ **Camping Hopfensee** vorbei ans Wasser. Während am Ufer kleine Boote dümpeln, öffnet sich uns hier bereits der erste herrliche Ausblick über zwei weit ins Wasser hineinragende Stege hinweg zum leicht zu erkennenden Breitenberg und – links davon – zu Aggenstein und Brentenjoch. Treten wir auf einen der Stege, haben wir außerdem eine schöne Sicht zum Ort Hopfen.

Über den Süden auf die Westseite Sowie sich der Weg vom See entfernt und wir eine Feuchtwiese passiert haben, biegen wir rechts ab. Einen Katzensprung weiter überqueren wir den von Schilf und Weiden gesäumten ❷ **Hopfenseeachen**. Auf dem nächsten Abschnitt beschreibt der Rundweg einen Bogen bis nahe an den See und führt uns durch den Wald bis zu einem einfachen ❸ **Unterstand** (samt Mülleimer). Sowie wir aus dem Wald treten, öffnet sich die Sicht über ausgedehnte Wiesen bis zu den Alpen sowie über den hier breiten Verlandungsbereich zum See hin. Mit Blick auf den Aggenstein folgen wir dem Spazierweg bis zum Abzweig nach Wiesbauer, um dort erneut rechts abzubiegen. Damit rückt nun wieder der Ort Hopfen malerisch ins Bild. Wenden wir uns nach Osten, reicht der Blick bis zu den Gebirgszügen östlich von Forggensee und Hohenschwangau.

Idylle am Hopfensee

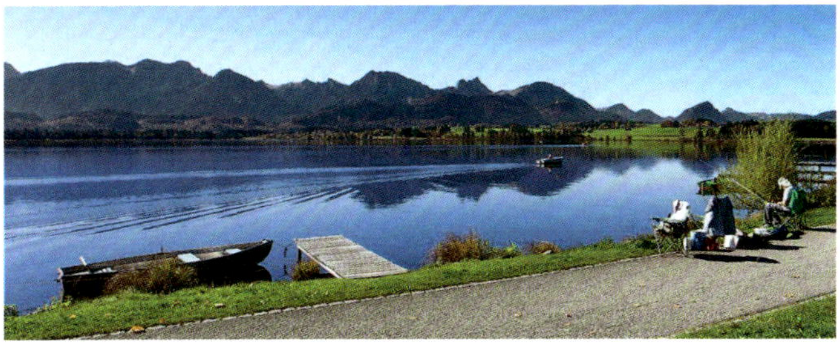

Burg Hopfen

Oberhalb des Sees befindet sich die Burgruine Hopfen. Die Anfänge der Festung werden im 11. Jh. vermutet. Ein Großteil der heute sichtbaren Festungsteile wurde bei der Sanierung 1999 freigelegt.

Strandbad und Fischerhütte Ebenfalls auf der Westseite laden beiderseits des zweiten, als ❹ **Hopfensee-Achen** sehr ähnlich benannten Zuflusses mehrere Bänke zum Verweilen ein. Hier durchquert der Spazierweg eine Schilffläche und führt uns am ❺ **Minigolfplatz** vorbei zum ❻ **Strandbad**. Dort geht der Rundweg in die Strandpromenade über, wo Restaurants und Cafés wie die ❼ **Fischerhütte** um die Gunst der Ausflügler buhlen. Möglichkeiten für eine Einkehr gibt es damit reichlich, ehe wir die letzten Meter zum Ⓔ **Camping-Parkplatz** zurücklegen.

19 Eine Handvoll Seen

Von Faulenbach an den Alatsee

Mittel | 7,1 km | 110 Hm | 2.30 Std.

Tourencharakter
Bequem zu wandernde Runde auf zumeist breiten Fuß- und Waldwegen sowie der für Pkws und Motorräder gesperrten Alatseestraße. An drei Stellen sind Abkürzungen bzw. ein Wechsel auf die Straße möglich.

Ausgangs-/Endpunkt
Wanderparkplatz im Faulenbacher Tal (810 m)

Höchster Punkt
Nahe dem Alatsee (bis ca. 885 m)

Anfahrt
GPS 47.5641, 10.6864
Auto: Von der A7 bei Ausfahrt 139 nach Füssen abfahren, weiter über die Kemptener Straße und, rechts, die Morisse zur Alatseestraße; dieser durch Bad Faulenbach bis zum Parkplatz bei den Sportanlagen folgen
Bus & Bahn: –

Einkehr
Badcafé am Mittersee; Hotel-Restaurant Alatsee

Informationen
Füssen Tourismus, Tel. 08362/938 50, www.fuessen.de

Auf barrierefreien Wegen lernen wir bei dieser Wanderung fünf teils sehr kleine Seen zwischen Füssen, dem Vilser Berg und der Vilser Scharte kennen. Die Tour kann an mehreren Punkten abgekürzt oder auch mit einem Badebesuch verbunden werden.

Verlockungen am Start Vom Ⓐ **Wanderparkplatz im Faulenbacher Tal** führt uns der Spazierweg an der Minigolfanlage, den Tennisplätzen und einer Schwefel-Kneippanlage vorbei zur ❶ **Mineralquelle** nahe dem Gipsweiher. Wer das Wasser kosten möchte, wird gebeten, einen eigenen Becher mitzubringen. Ansonsten finden wir im Anschluss bei der ❷ **Waldwirtschaft am Mittersee** bereits die erste schöne Gelegenheit zur Einkehr. Die Speisekarte bietet eine bunte Mischung von kleinen Gerichten und Salaten über Fisch bis hin zu deftigem Zwiebelrostbraten und Holzfällersteak. Kurzum: Möglichkeiten, die Wanderung nach nur wenigen Metern gleich wieder zu beenden, gibt es reichlich.

Zum Obersee Wer allen Versuchungen widersteht, passiert das Gasthaus und folgt dem Fußweg über die Südseite des Mittersees zum ❸ **Obersee**. Auf der gegenüberliegenden Seite sind einige Zugänge zu den beiden Badeseen zu erkennen. Besonders schön ist dieser Abschnitt im Herbst, wenn sich im dunklen, oft ruhig daliegenden Wasser die Bäume und die umliegenden Berge spiegeln. Zwischen beiden Seen besteht zudem die erste Möglichkeit, die Wanderung zu einem schlichten »Sich-die-Füße Vertreten« abzukürzen. Weiter westlich geht der Obersee in einen anmoorigen Bereich über.

Entlang des faulen Bachs Wir folgen dem Wanderweg um die Verlandungszone herum und überqueren den ❹ **Faulenbach**. Wer beim nächsten Abzweig geradeaus weiterläuft, hat die zweite Abkürzung gefunden. Alle anderen biegen links auf den

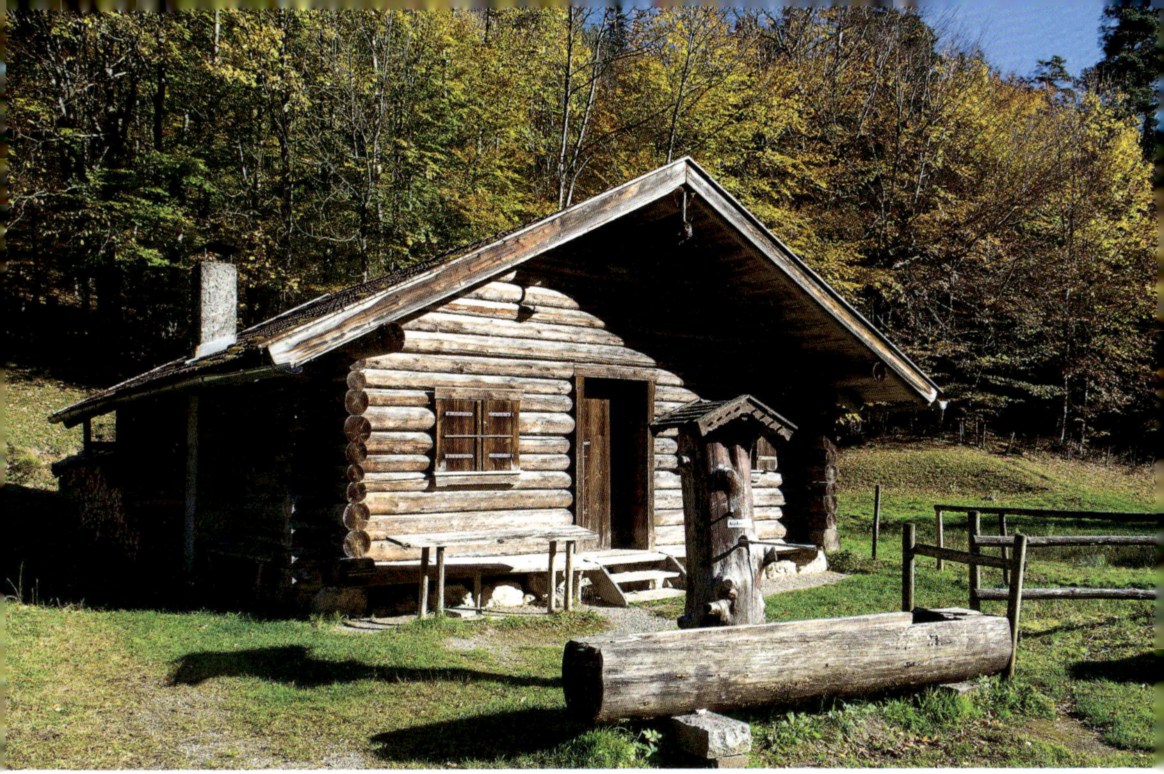

Private Holzblockhütte im Faulenbacher Tal

Fußweg zum Alatsee ab, überqueren damit bald erneut den Faulenbach und folgen diesem über die Nordseite des Vilser Bergs bis zum Alatsee. Es kann passieren, dass unsere Nase einen unangenehmen Schwefelgeruch wahrnimmt – das ist der Moment, indem wir erfahren, wie der Faulenbach zu seinem Namen gekommen ist. Für den schwefligen Geruch ist Sulfatgestein verantwortlich, das im durchlässigen Untergrund ausgelaugt wird. Es bildet den Gipsstein, der von der Römerzeit bis in die Neuzeit hinein die wirtschaftliche Grundlage des Faulenbacher Tals bildete.

Gipsabbau im Faulenbacher Tal

Der Gipsabbau im Faulenbacher Tal wurde vor allem unter der Regie des Klosters St. Mang wahrscheinlich ab dem 16. Jh. betrieben. Eine Blütezeit erlebte der Wirtschaftszweig zur Zeit des Lechtaler Barocks und des Rokoko, als der Gips für prächtige Stuckarbeiten benötigt wurde. Danach verlor der Gips an Bedeutung. Nach dem Ausbruch des Ersten Weltkriegs wurde der Abbau eingestellt.

Sagenhafter See Auf einem leicht ansteigenden Waldweg besteht im weiteren Verlauf nochmals die Möglichkeit, auf die Fahrstraße zu wechseln. Dann passieren wir ein im Wald verstecktes Wasserloch und erreichen schließlich den 5 **Alatsee**. Wer die Runde um das Gewässer mitnimmt, kommt zu mehreren Stationen eines Vogellehrpfads und findet schließlich am gegenüberliegenden Ufer eine unbeaufsichtigte Badestelle samt Liegewiese. Doch Obacht: In dem an seiner Oberfläche türkisblauen Gewässer sollen Fabelwesen und Gespenster hausen, die unvorsichtigen Wanderern auflauern und sie in die Tiefe ziehen oder aber in Erdspalten locken …

Am östlichen Seeufer laden mehrere Bänke sowie das Hotel-Restaurant Alatsee zum Verweilen und Genießen ein. Wenn Sie Fleisch mögen, kann ich Ihnen das mit Spätzle, Pilzen und Käse überbackene Almschnitzel wirklich wärmstens empfehlen. Daneben bietet das Restaurant eine Auswahl an Salaten und Brotzeiten.

Die Anfänge des Hotels gehen auf das späte 19. Jahrhundert zurück. Damals hatte die Stadt Füssen ein Holzhaus in Nürnberg erworben und am Alatsee aufgestellt, um den Fremdenverkehr anzukurbeln. Mit Erfolg: So sind die Parkplätze oberhalb des Sees während den Ferienzeiten auf jeden Fall chronisch überlastet. Gut, dass wir zu Fuß hier sind.

Der Schatz im Alatsee

Zum Ende des Zweiten Weltkriegs sollen große Mengen Gold der Deutschen Reichsbank vom Schloss Neuschwanstein hierhergebracht und im See versenkt worden sein. Angelockt von den Gerüchten, bargen Schatzsucher in den 1950er- und 1960er-Jahren illegal Waffen und anderes Kriegsgerät. Der Fund eines Schatzes indes ist bis dato unbekannt. Heute ist das Tauchen im Alatsee verboten.

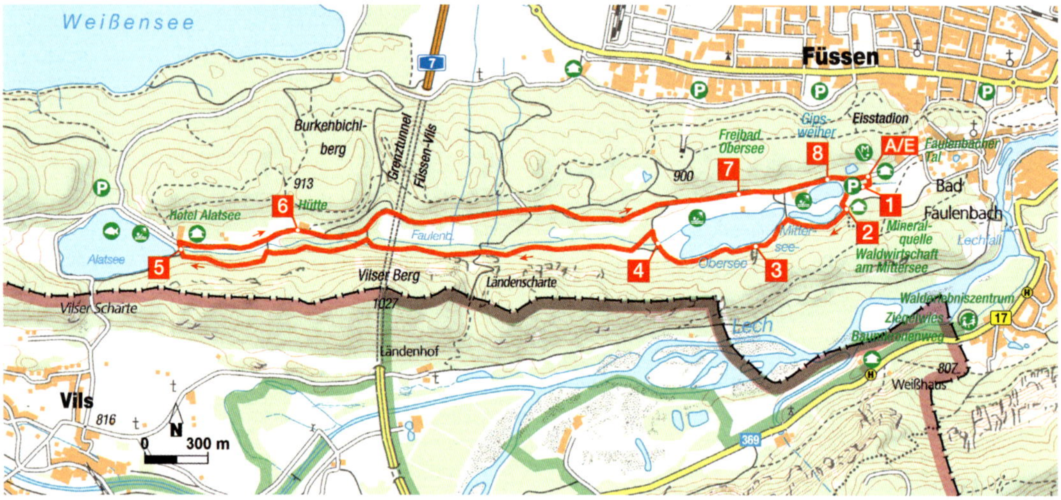

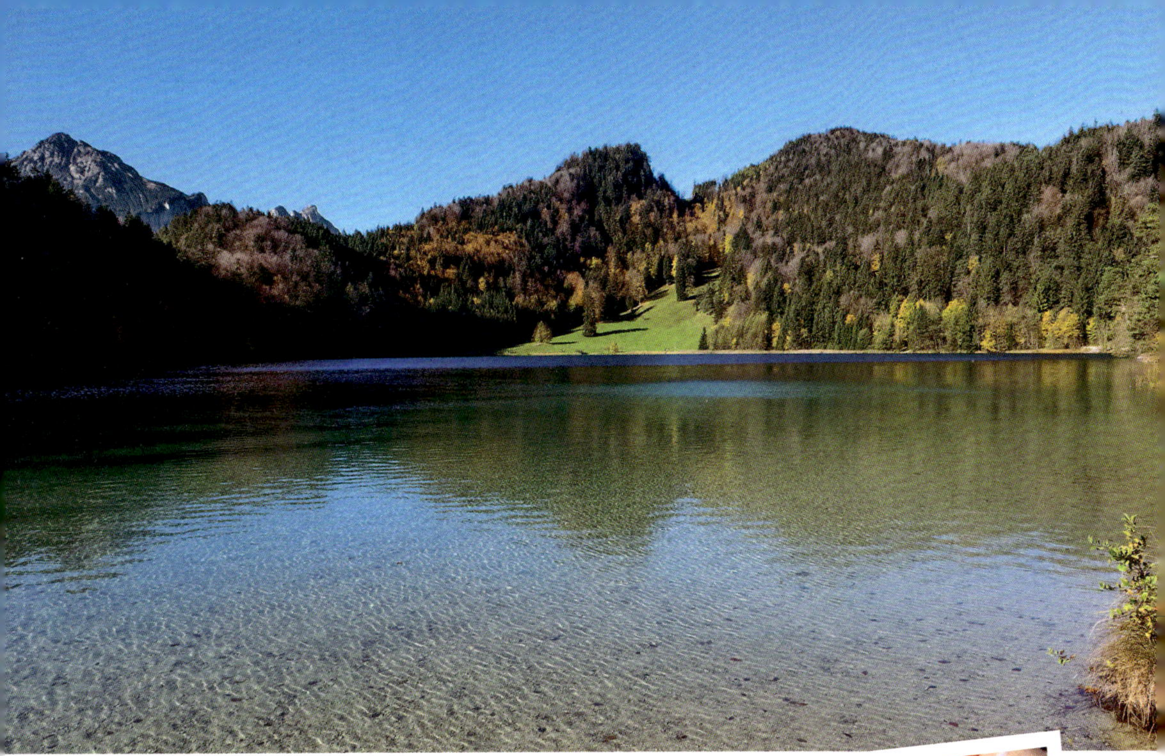

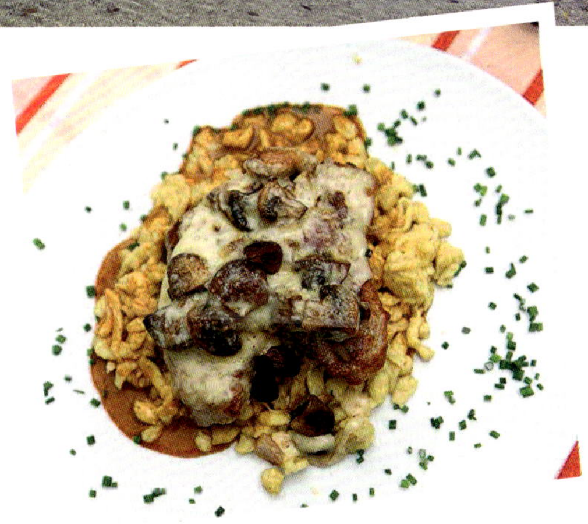

Einfach lecker: das überbackene Almschnitzel im Hotel-Restaurant Alatsee

Ganz oben: Im Alatsee soll ein sagenhafter Schatz verborgen sein.

Zum Gipsweiher Für den Rückweg wechseln wir vor dem Gasthaus auf die für den Verkehr gesperrte Alatseestraße. Leicht bergab führt sie uns auf der linken Seite des Faulenbachs an einer privaten 6 **Hütte** vorbei zum 7 **Freibad Obersee** und zum Zuweg zum Freibad Mittersee. Als Nächstes kommen wir zum 8 **Gipsweiher**. Dieser wie auch das Gipsloch links der Straße zeugen vom jahrhundertelangen Gipsabbau (s. Tippkasten). So erfahren wir vor Ort, dass im Jahr 1861 rund 250 000 Metzen bzw. 30 000 Sack oder gut 9000 Kubikmeter Gips abgebaut wurden. Nach der Einstellung des Abbaus haben sich im ehemaligen Bergbaugebiet wertvolle Biotope entwickelt. Daneben machen die kleinen Seen auch optisch was her. So wirkt das etwas versteckt gelegene Gipsloch, als hätte man es aus einem Märchenbuch ausgeschnitten und hier wieder eingepflanzt.

Nach diesem letzten schönen Eindruck trennt uns nur noch ein Katzensprung vom E **Wanderparkplatz im Faulenbacher Tal**. Dort sollte dann immer noch genug Zeit für weitere Aktivitäten oder einen gemütlichen Abschlusshock sein, bevor wir das idyllische Tal wieder verlassen.

20 Wander- und Badefreuden

Entspannt um den Schwansee

Leicht | 3,2 km | 60 Hm | 1.15 Std.

Tourencharakter
Trotz der Nähe zu den Schlössern ruhige Runde auf breiten Spazier- und Waldwegen, die schöne Ausblicke bieten und auch für Kinderwagen und Rollstuhlfahrer geeignet sind.

Ausgangs-/Endpunkt
Parkplatz im Königssträßchen in Alterschrofen (800 m)

Höchster Punkt
Bereich südlich des Schwansees (bis ca. 815 m)

Anfahrt
GPS 47.5617, 10.7260
Auto: Am Autobahnende der A7 nach Füssen abfahren und bis Alterschrofen der Beschilderung zu den Schlössern folgen; dort rechts zum Parkplatz im Königssträßchen abbiegen
Bus & Bahn: Ab dem Bahnhof Füssen bestehen Busverbindungen zur Haltestelle »Schwangau/Alterschrofen-Rohrachweg« nahe dem Königssträßchen.

Einkehr
Franz-Wölfle-Hütte

Informationen
Touristinformation Schwangau, Tel. 08362/81980, www.schwangau.de

Zwischen Alterschrofen und Hohenschwangau liegt der Schwansee inmitten einer herrlichen Landschaft eingebettet. Als Kleinod unter den Seen rund um Füssen lockt er an Sommertagen zahlreiche Badegäste an. Doch auch für eine kurze Rundwanderung ist das Gewässer ideal.

Aus dem Stau ... Auch wenn die Runde mit gut drei Kilometern recht kurz ist, lohnt sich eine frühe Anfahrt. Andernfalls kann es in der Ferienzeit leicht passieren, dass wir uns plötzlich im Stau der Besucher der nahen Schlösser wiederfinden. Noch vor dem Ortsende von Alterschrofen können wir jedoch schon rechts von der Parkstraße abfahren und dem größten Trubel elegant entfliehen. Der an warmen Sommertagen ebenfalls gut besuchte Ⓐ **Parkplatz im Königssträßchen** ist gleich danach erreicht. Ab dort ist die Straße für den öffentlichen Verkehr gesperrt.

... in die Idylle Parallel zur Straße nutzen wir den Fußweg zum ❶ **Schwansee**. Auf Höhe der Franz-Wölfle-Hütte – hier gibt es im Sommer Getränke, die allerdings im direkten Umfeld der Hütte zu konsumieren sind – halten wir uns bei der Verzweigung links. Damit passieren wir die weitläufige Liegewiese und folgen dem Ufer in südöstlicher Richtung. Der Weg führt uns bald um die verlandete Südspitze des Schwansees in den Wald sowie zum Abzweig nach Hohenschwangau. Links ginge es auf dem Drei-Schlösser-Weg an die Parkstraße und von dort dann weiter zu den berühmten Schlössern Hohenschwangau und Neuschwanstein. Für unsere Runde indes biegen wir rechts ab, sodass wir als Nächstes

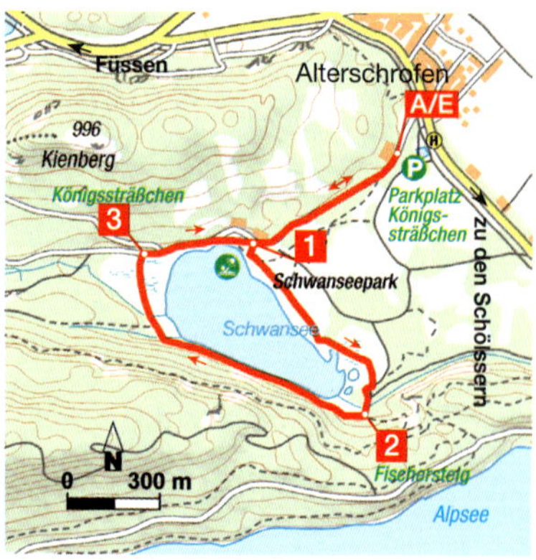

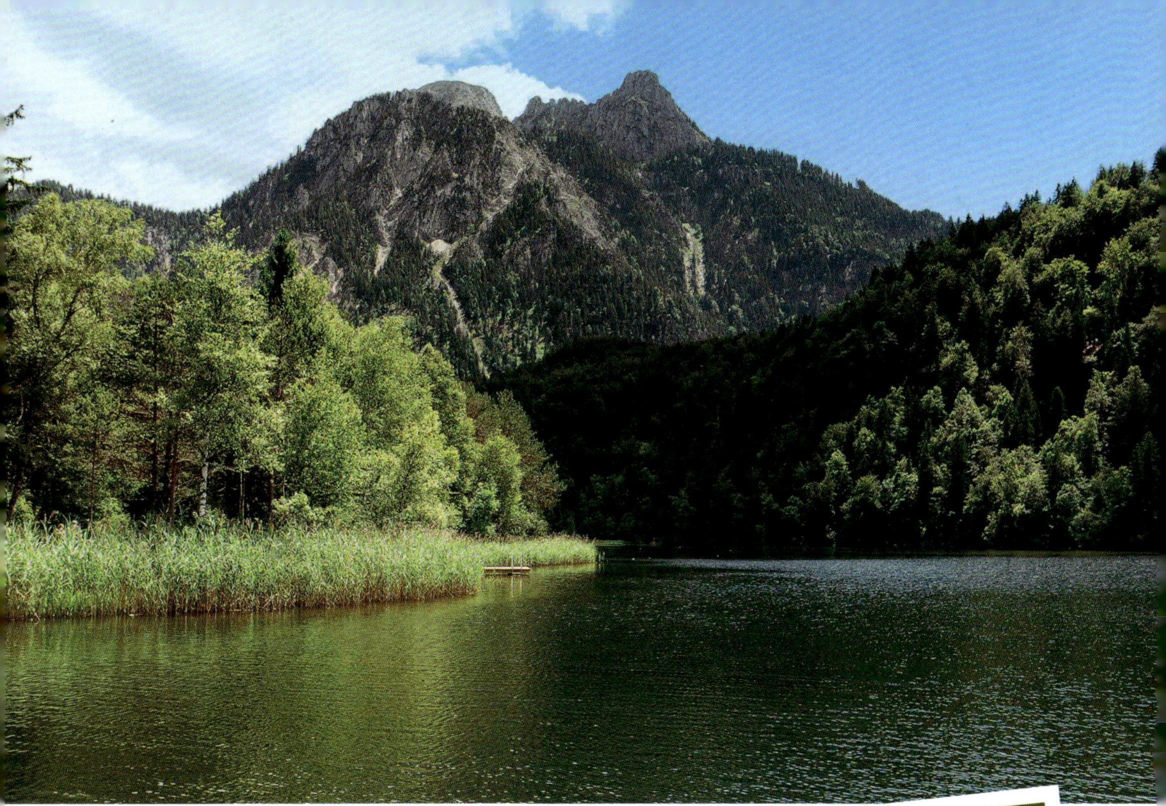

schließlich zum unteren Ende des ❷ **Fischersteigs** kommen.

Wo es grünt und blüht Wir halten uns erneut rechts. Der nächste Abschnitt verläuft am Waldrand und bietet uns durch die Blickrichtung eine schöne Sicht auf den Schwansee. Dann schwenkt der Weg nach Norden und führt uns durch eine unter Naturschutz stehende Wiese. In diesem Bereich rückt das Schloss Neuschwanstein in unser Blickfeld. Zugleich lohnt es sich, die nähere Umgebung im Auge zu behalten: Neben Knabenkräutern blühen auf den Feuchtwiesen Schwertlilien, Enziane und einige weitere seltene Arten.

Nach diesen schönen Eindrücken treffen wir am Ende des Wegs auf das ❸ **Königssträßchen**, auf dem es rechts zurück zum Badebereich und zur Liegewiese des Sees sowie zur Franz-Wölfle-Hütte geht. Hier können wir ruhig noch einige Zeit verweilen, ehe wir auf dem bereits bekannten Weg zurück zum Ⓔ **Parkplatz im Königssträßchen** kehren.

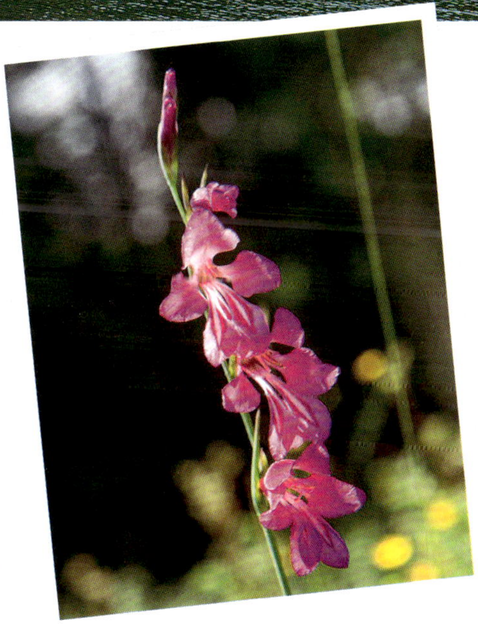

Die Sumpf-Siegwurz ist auch als Sumpf-Gladiole bekannt.

Ganz oben: Blick über den Schwansee zum Bergmassiv mit dem Säuling

21 Ludwigs Schlösser im Blick

Um den Schwangauer Alpsee

Mittel | 6,4 km | 150 Hm | 2.30 Std.

Tourencharakter
Bis auf den Bereich bei den Schlössern überraschend ruhige Runde auf überwiegend breiten Wegen. Für den Sommerweg auf der Nordseite des Sees ist Trittsicherheit auf teils felsigen Pfaden erforderlich.

Ausgangs-/Endpunkt
Touristinformation in Hohenschwangau (810 m)

Höchster Punkt
Auf dem Sommerweg (bis ca. 880 m)

Anfahrt
GPS 47.5565, 10.7408
Auto: Von der A7 bei Ausfahrt 139 nach Füssen abfahren und der Beschilderung über Alterschrofen zu den Schlössern folgen. Alternative Anfahrt von der B 17 über Schwangau
Bus & Bahn: Ab dem Bahnhof Füssen fahren mehrere Buslinien zur Haltestelle »Hohenschwangau/Neuschwanstein Castles«.

Einkehr
Alpseebad Hohenschwangau; in Hohenschwangau

Informationen
Touristinformation Schwangau, Tel. 08362/81980, www.schwangau.de

Hohenschwangau ist vor allem durch seine Schlösser bekannt. Wo sich König Ludwig II. einst Ruhe und Abgeschiedenheit erhoffte, treten sich heute Touristen aus aller Welt auf die Füße. Nur wenige von ihnen nehmen Kurs auf den Alpsee, den wir bei dieser gemütlichen Runde lieben lernen.

Morgenstund hat Gold im Mund Auch wenn der Schwangauer Alpsee in zweieinhalb bis drei Stunden bequem zu umrunden ist, empfehlen wir einen frühen Aufbruch. Das gilt insbesondere für die Ferienzeiten, wenn sich die Parkplätze unterhalb von Neuschwanstein und Hohenschwangau in Windeseile mit Schlossbesuchern füllen. Das gibt uns die Sicherheit, nicht am Straßenrand parken zu müssen oder in einer endlos erscheinenden Wagenkolonne festzustecken. Wer über Alterschrofen anreist, kann in so einem Fall auch auf den Schwanseeparkplatz am Königssträßchen ausweichen (s. Tour 20). Ab dort sind es auf dem Fußweg entlang der Parkstraße rund 1500 Meter bis nach Hohenschwangau. Oder wir nehmen gleich den Umweg über den Schwansee und kombinieren die Wanderung mit der Tour 20.

Die Ruhe nach dem Sturm Von der Ⓐ **Touristinformation in Hohenschwangau** aus gesehen geht es rechts in die Alpseestraße. Auf diesem ersten kurzen Abschnitt bilden sich oft lange Warteschlangen vor dem Ticketcenter von Hohenschwangau. Auch liegt gern der Duft von strapaziertem Frittierfett in der Luft. Besser, wir lassen beides schnell hinter uns und konzentrieren uns im Bereich des Bus- und Großparkplatzes »P4« auf die Sicht hoch zum Schloss Hohenschwangau. Am ❶ **Museum der Bayerischen Könige** vorbei ist das rettende Ufer dann auch schon erreicht.
Bei der Verzweigung halten wir uns links, verlassen damit die Alpseestraße und passieren auf der Uferpromenade das Res-

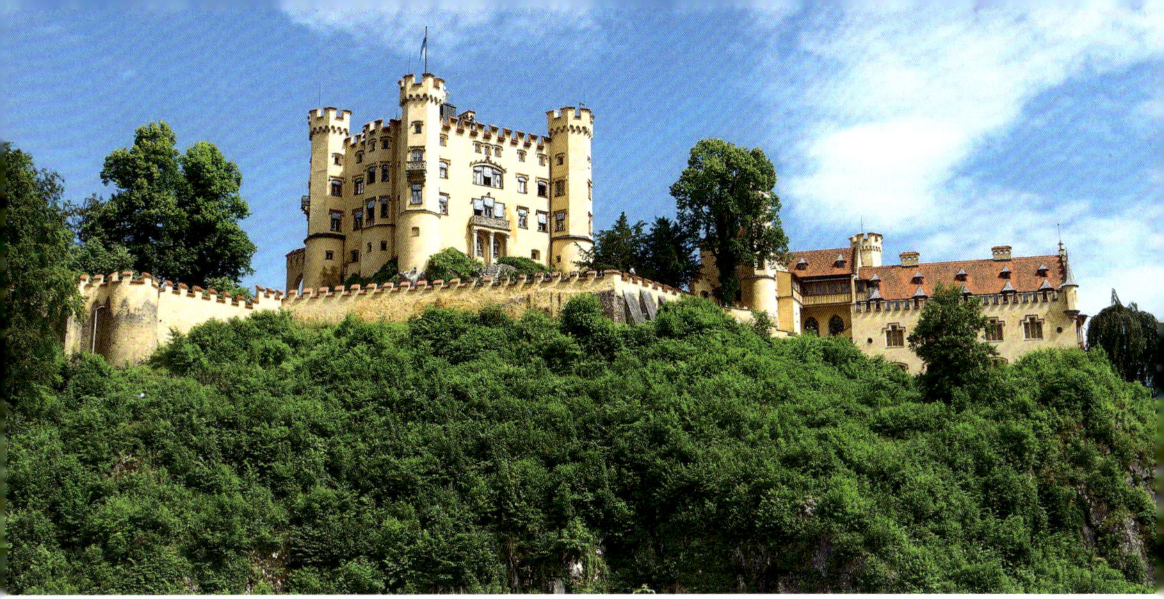

Das Schloss Hohenschwangau

taurant Alpenrose am See. Von dort führt uns der Seerundweg an Rastbänken und dem Bootsverleih vorbei in den Wald sowie weiter auf schattigen Wegen bis zum 2 **Alpseebad**. Die Terrasse des Cafés ist frei zugänglich. Und trotz Hochsaison und sonnigem Wetter haben wir diese bei unserem Besuch als Oase der Ruhe empfunden. Bis hierhin ist der Weg auch gut mit Kinderwagen oder Rollstuhl zu bewältigen.

Traumblicke auf Neuschwanstein Weiter geht es auf unebenen Waldwegen um die Südspitze auf die mit Brücken erschlossene Westseite des Alpsees. Je nach Sonneneinstrahlung leuchtet hier das Wasser in schönen Blau- und Grüntönen. Beim 3 **Blick zu Neuschwanstein** öffnet sich die Sicht schließlich über den gesamten See zur Alpenrose. Oberhalb davon ragen die weißen Türme von Ludwigs Traumschloss (s. Tippkasten) in die Höhe. Im weiteren Verlauf rückt allmählich das Bergmassiv mit dem 2048 Meter hohen Säuling ins Bild.

Schloss Neuschwanstein

Neuschwanstein ist eine der weltweit bekanntesten und beliebtesten Sehenswürdigkeiten von Deutschland. Mit im Sommer täglich über 6000 Besuchern gehört das Schloss zu den meistbesuchten Schlössern und Burgen Europas. Für das Publikum wurden die Tore und Türen von Neuschwanstein 1886 geöffnet, nur 7 Wochen nach dem Tod Ludwigs II. In der Absicht, sich aus dem Trubel der Öffentlichkeit zurückziehen zu können, hatte er unwissentlich diesen majestätischen Publikumsmagneten geschaffen. Um den Andrang bewältigen zu können, ist die Schlossbesichtigung nur im Rahmen einer Führung möglich. Eintrittskarten gibt es am Ticketcenter Hohenschwangau oder online unter www.neuschwanstein.de.

Sowie wir einen Bachlauf überquert haben, gelangen wir zum ❹ **Marienmonument**. Der Gedenkstein wurde zu Ehren der königlichen Mutter Marie von Bayern errichtet. Der Standort des Monuments ist bewusst gewählt: Hier war der Lieblingsplatz der Königsmutter. Vor Ort sehen wir auch, warum: Von dem Rastplatz vor dem Gedenkstein haben wir eine besonders schöne Sicht über den Alpsee.

Auf dem Sommerweg zum Pindarplatz Wenige Schritte weiter zweigt links ein Weg zur Fürstenstraße ab. Wer breite und einfach zu begehende Wege bevorzugt, sollte diese für den Rückweg wählen. Ansonsten bleiben wir auf dem Seerundweg bzw.

Rechts: Zwischen dem Ticketcenter und den Schlössern verkehren wie zur Königszeit heute Pferdekutschen.

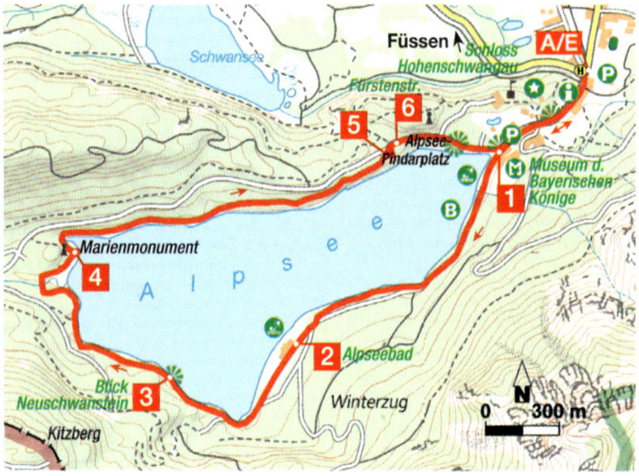

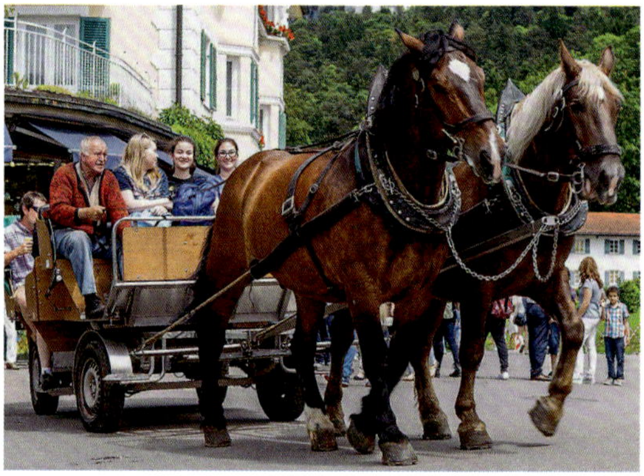

dem Sommerweg, der zunächst noch am Ufer verläuft und dann leicht ansteigend schmale und etwas abschüssige Pfade nutzt. Wo das Wasser bereits ein gutes Stück unter uns liegt, lohnt sich ein Abstecher zum ❺ **Pindarplatz**, einem leicht zugewachsenen, aber dennoch reizvollen Aussichtspunkt. Gleich danach mündet der Sommerweg in die ❻ **Fürstenstraße**, in die wir rechts einbiegen. Wer die Runde mit dem Schwansee kombinieren möchte und auch mit einer etwas steileren Passage zurechtkommt, kann einen Katzensprung weiter links auf den Alpenrosenweg abbiegen und anschließend auf den Fischersteig wechseln.

Ein herrlicher Flecken Erde Für den Rückweg nach Hohenschwangau bleiben wir auf der Fürstenstraße und kommen als Nächstes zur Zufahrt zum Schloss Hohenschwangau. Von außen ist es weniger prächtig als Neuschwanstein. Der Rundgang durch die Gänge und Säle der Hohenschwangau aber steht dem

im Märchenschloss in nichts nach. Gegenüber der Schlosszufahrt ist nochmals ein Abstecher zu einem Aussichtspunkt über den See möglich.
Danach wird es wieder spürbar voller um uns herum. Auf diesem letzten Abschnitt informieren mehrere Tafeln über die Geschichte der Burgen und Schlösser der Herren von Schwangau. Daneben sind die Porträts einiger Herrscher und bekannter Persönlichkeiten zu sehen. Schließlich tauchen wir wieder in den Trubel zwischen

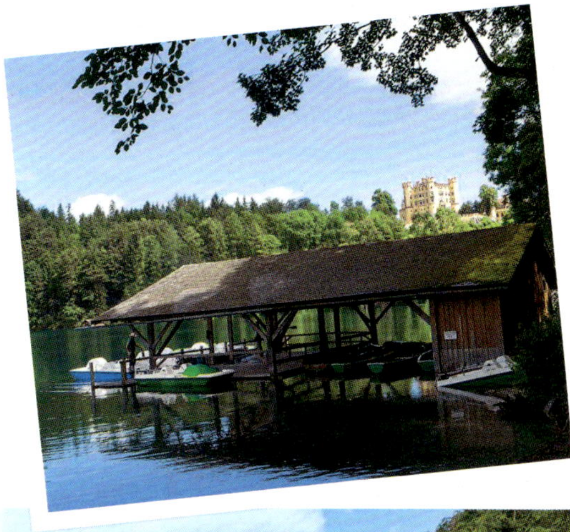

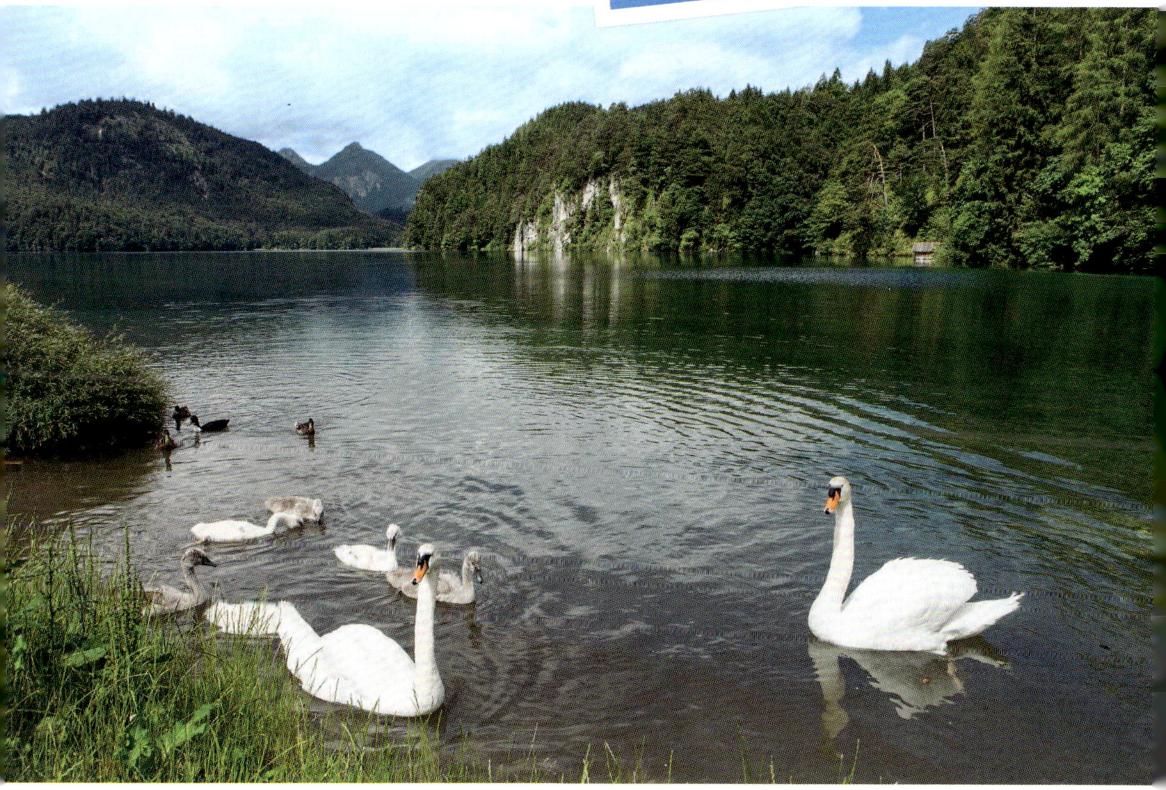

den Parkplätzen, dem Ticketcenter und der E **Touristinformation in Hohenschwangau** ein. Wenn es auf Ihrer Runde bei den Schlössern so voll ist, wie es bei uns war, sind wir uns spätestens dort sicher einig: Gut, dass wir diesen herrlichen Flecken Erde als Wanderer genossen haben.

Schwanenfamilie am Ostufer des Sees

Ganz oben: Bootshaus auf dem Schwangauer Alpsee

22 Zwischen Daumen und Giebel

Vom Giebelhaus zur Alpe Plättele

Mittel | 8,3 km | 300 Hm | 3 Std.

Tourencharakter
Technisch einfache Strecke auf Fahrwegen, bis zur Laufbichelalpe mit geringer Steigung. Der Aufstieg zur Alpe Plättele ist sehr steil und sollte nur bei entsprechend belastbaren Knien und mit Stöcken in Angriff genommen werden.

Ausgangs-/Endpunkt
Giebelhaus (1065 m)

Höchster Punkt
Alpe Plättele (1340 m)

Anfahrt
GPS 47.4745, 10.416 (Hinterstein)
Auto: Ab Sonthofen über die Östliche Alpenstraße/B 308 nach Bad Hindelang, über die OA 28 nach Hinterstein und ab dort weiter mit dem Giebelhausbus
Bus & Bahn: Ab Bad Hindelang fährt die Buslinie Nr. 9749 zur Haltestelle »Grüner Hut« in Hinterstein.

Einkehr
Giebelhaus; Engeratsgundalpe; Laufbichel-Alpe; Alpe Plättele

Informationen
Bad Hindelang Tourismus, Tel. 08324/89 20, www.badhindelang.de; www.wechs.net/busverkehr

Die Straße zum Giebelhaus ist für Pkws und Motorräder tabu. Wer hierhin will und keine Lust aufs Fahrrad oder einen längeren Fußmarsch hat, ist auf den Bus angewiesen. Dadurch herrscht auf den Wanderwegen ab dem Giebelhaus weniger Betrieb als in den Tälern oberhalb von Oberstdorf.

Dem Obertalbach entgegen Nachdem wir bei der Anfahrt erste Aus- und Tiefblicke in das teils schluchtartige Tal der Ostrach hatten, steht uns beim Giebelhaus eine ganze Reihe an Wandermöglichkeiten offen. Neben den auf dieser Höhe erwarteten schweren Bergtouren – etwa auf den Großen Daumen oder zum Hochvogel – sind auch mehrere leichte Touren möglich. So führt ein Fahrweg über den rechten Quellbach der Ostrach in das malerische Bärgündeletal.

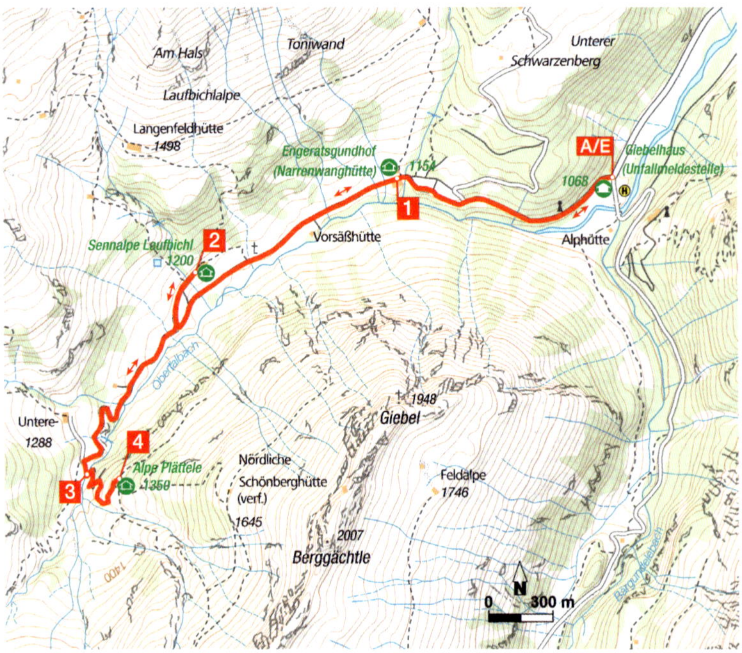

Nachdem wir uns orientiert und die Zeiten für die spätere Rückfahrt notiert haben, gehen wir von der Haltestelle ein paar wenige Schritte zurück und biegen zwischen dem Ⓐ **Giebelhaus** und der Adlerhütte links auf den Sausteig ab. Die asphaltierte Zufahrt zu den höher gelegenen Alpen führt uns leicht ansteigend durch einen reizvollen Bergmischwald. Besonders schön ist dieser im Frühjahr, wenn die Bäume junges Laub tragen, und im September, wenn sich die Blätter von Buche und Ahorn goldgelb bis rötlich verfärben. Nach etwa 800 Metern zweigt rechts ein Schotterweg zur Schwarzenberghütte ab; wie das Giebelhaus ist auch sie immer dann geöffnet, wenn der Bus fährt.

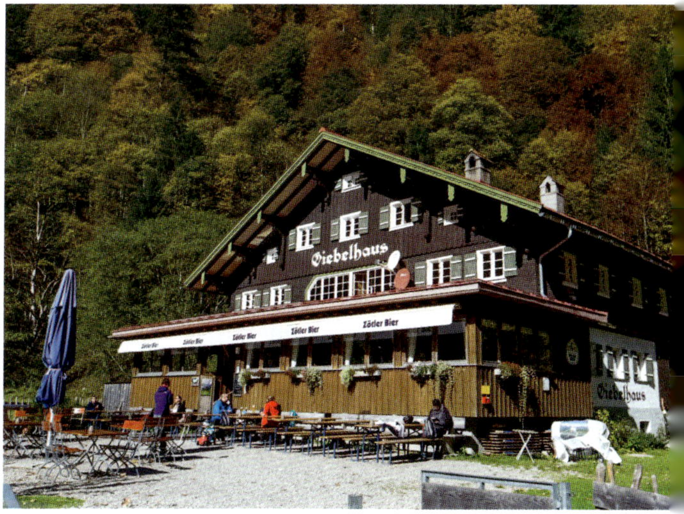

Beim Giebelhaus starten einige Wanderungen in die Allgäuer Bergwelt.

Zünftiges Alpenglühen Wir bleiben auf dem Sausteig und durchqueren den hier lockeren Bergwald. Wo wir den Gündlesbach überqueren, taucht vor uns die ❶ **Alpe Engeratsgund** auf. Sie markiert den Übergang zum Obertal und bietet von Anfang Juni bis Anfang Oktober zünftige Brotzeiten, eine Auswahl an Getränken sowie Kaffee und Kuchen.

Auf dem weiteren Weg ins Tal genießen wir eine herrliche Sicht auf die Daumengruppe mit dem Kleinen und dem Großen Daumen im Norden, dem Gratkopf im Nordwesten sowie den Wengenköpfen direkt voraus. Mit diesen schönen Eindrücken ist die ❷ **Sennalpe Laufbichl** bald erreicht. Sie ist bekannt für ihren Bergkäse.

Nach der Sennalpe wird der Weg allmählich steiler, ist aber bis zum Abzweig zur Wengen-Alpe noch gut zu begehen. Dort verlassen wir den Sausteig und biegen links ab. Ohne besondere Kennzeichnung führt uns der Weg über den ❸ **Obertalbach** und über mehrere Kehren steil bergan bis zur ❹ **Alpe Plättele**. Unterhalb des Giebelgrats eröffnet uns die rustikale Berghütte einen weiteren herrlichen Blick auf die Daumengruppe mit dem Bad Hindelanger Klettersteig.

Der Rückweg zum Ⓔ **Giebelhaus** erfolgt anschließend auf derselben Strecke.

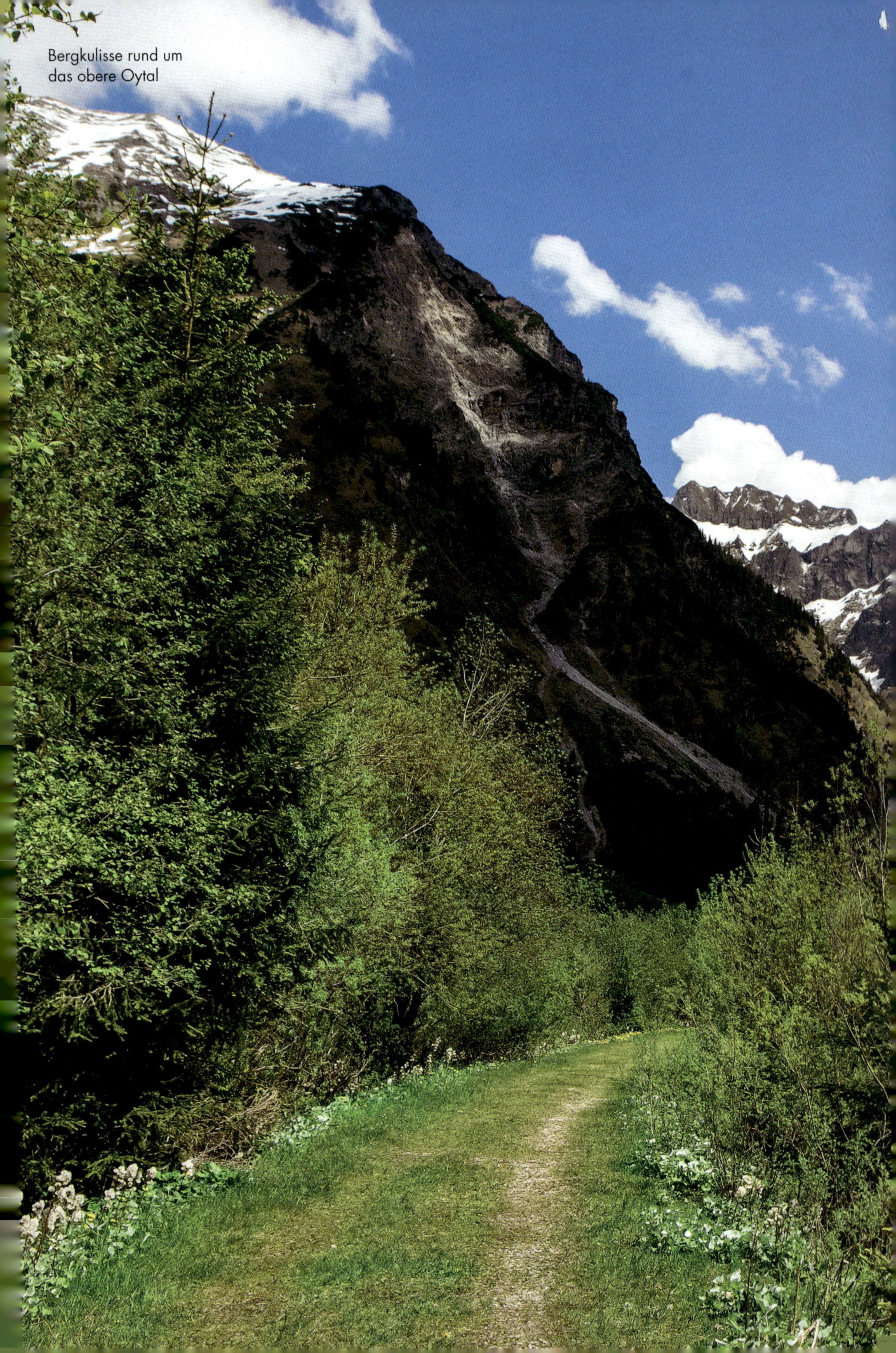

Bergkulisse rund um das obere Oytal

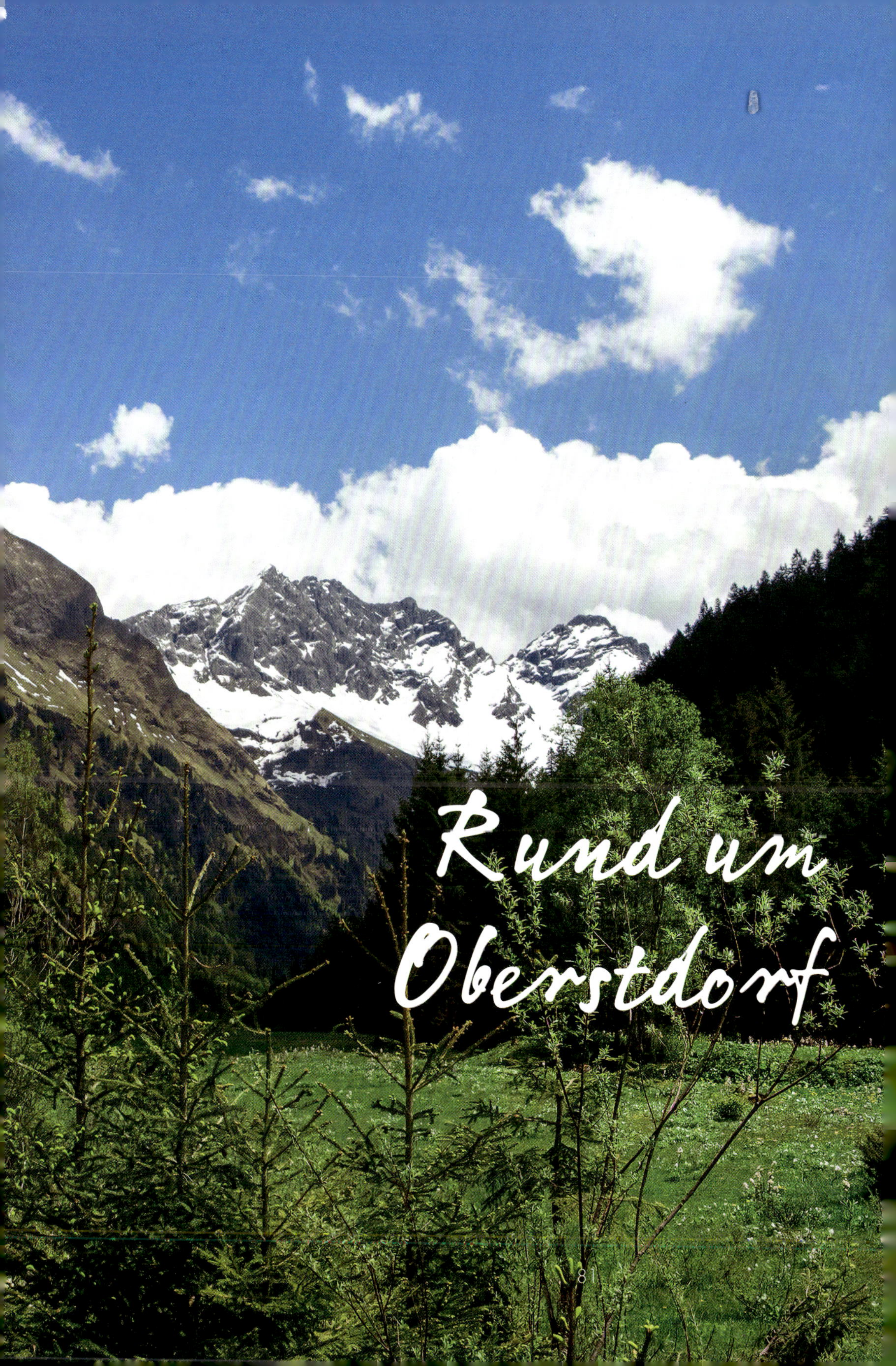
Rund um
Oberstdorf

23 Reizvolle Vier-Flüsse-Tour

Von Oberstdorf zum Illerursprung

Leicht | 5,3 km | 30 Hm | 2 Std.

Tourencharakter
Technisch sehr einfache Strecke auf breiten Wegen und wenig befahrenen Straßen, die sich auch für Kinderwagen und Rollstuhlfahrer eignen. Im Umfeld der B 19 ist mit Verkehrslärm zu rechnen.

Ausgangs-/Endpunkt
Parkplatz »P1« bei Oberstdorf (790 m)

Höchster Punkt
Abschnitt an der Stillach (bis ca. 805 m)

Anfahrt
GPS 47.4180, 10.2737
Auto: Von der B 19 Kempten–Oberstdorf bei Oberstdorf auf die OA 4 abfahren; der Parkplatz »P1« befindet sich noch vor dem Ortseingang.
Bus & Bahn: Ab dem Bahnhof Oberstdorf fährt die Buslinie Nr. 9 zu den Parkplätzen »P1« und »P2«.

Einkehr
Campingplatz Oberstdorf, McDonald's

Informationen
Tourismus Oberstdorf, Tel. 08322/7000, www.oberstdorf.de

Der Titel zu dieser Wanderung könnte auch »Aus drei mach eins« heißen, denn die Iller wird durch den Zusammenfluss der drei Quellbäche Trettach, Stillach und Breitach gebildet. Ab Oberstdorf führen ebene Wege, die sich bestens für Rollstuhlfahrer und Kinderwagen eignen, zum Illerursprung.

Entlang der Trettach zum Illerursprung Den Startpunkt am Ortseingang von Oberstdorf können wir uns ruhig auch schon für die Touren ins Oytal, zum Christlessee oder weiter oben am Nebelhorn merken. Denn im Parkschein ist die Fahrt mit dem Ortsbus inbegriffen, sodass die im Zentrum oft mühsame Parkplatzsuche entfällt. Direkt neben dem A **Parkplatz »P1«** verläuft die Stillach. Nachdem wir uns kurz orientiert haben, kehren wir dieser den Rücken und nutzen die Übergangshilfe zur gegenüberliegenden Seite des Kreisverkehrs bzw. zur Rubinger Straße. Vorbei am 1 **Gertrud-von-le-Fort-Gymnasium** und mehreren Sportanlagen ist die 2 **Trettachbrücke** bald erreicht. Rechts

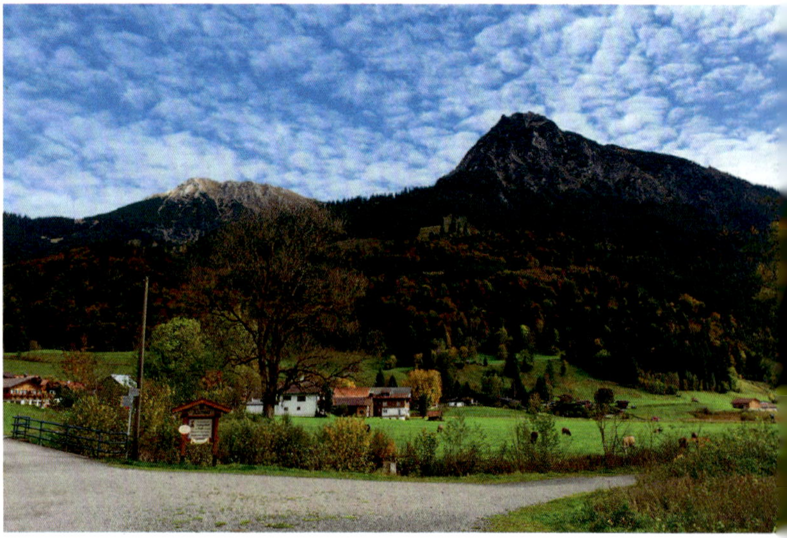

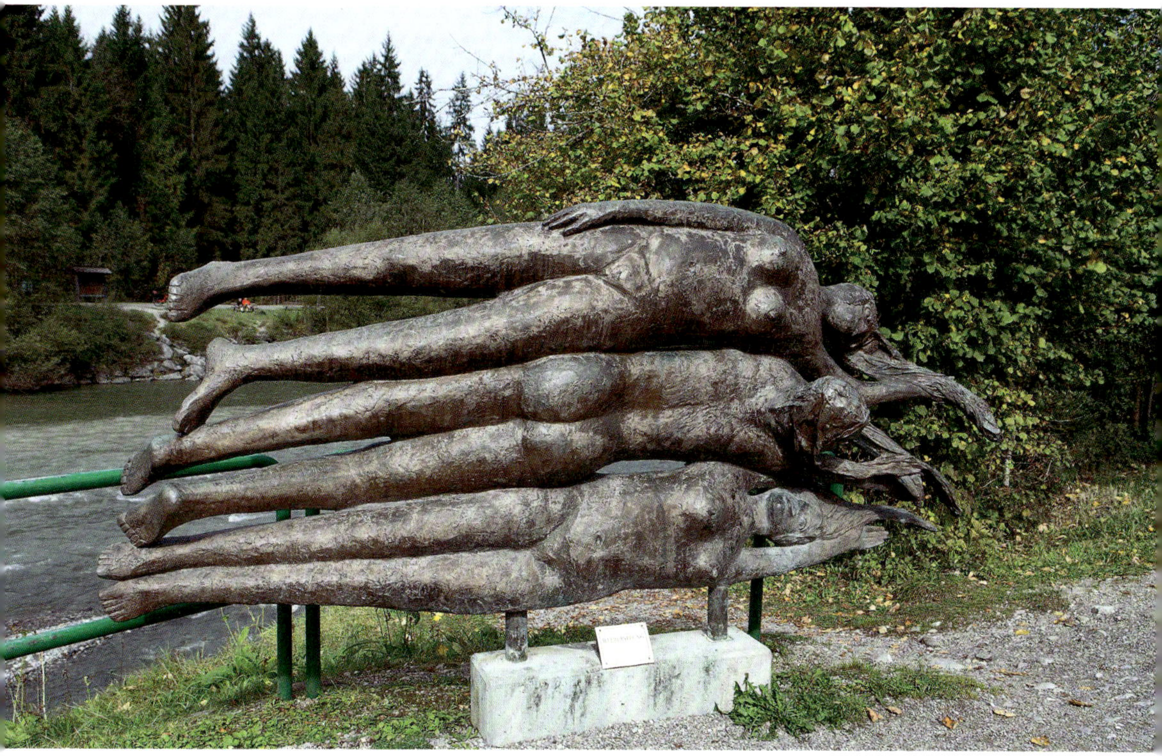

ginge es auf dem Europäischen Fernwanderweg E5 ins Zentrum von Oberstdorf sowie zur Talstation der Nebelhornbahn. Wir indes wählen die entgegengesetzte Richtung und folgen dem Unterlauf der Stillach zum knapp 500 Meter entfernten **3** **Illerursprung**.

Drei nackte Frauen bilden die Plastik »Der Illerursprung«. Linke Seite: Sicht von Rubi auf das Rubihorn

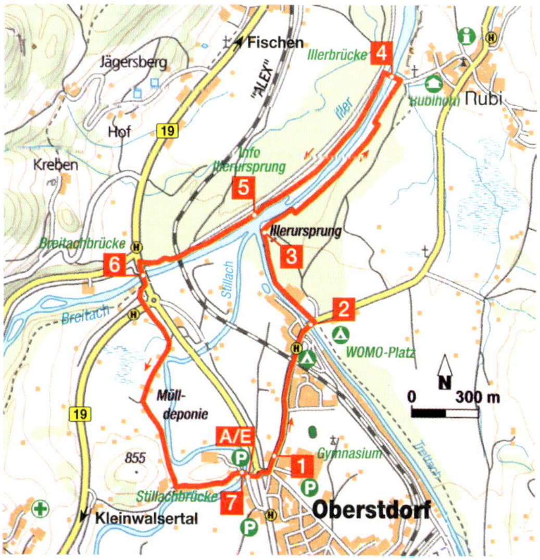

Im Eiltempo zu Tal Vor Ort können wir ruhig eine Zeit lang verweilen und den Zusammenfluss der drei Wildbäche auf uns wirken lassen. Die Trettach entspringt am Mädeleskopf nahe der Trettachspitze und bildet den rechten Quellfluss der Iller. Der Name des 14 Kilometer langen Bachs leitet sich vom mittelhochdeutschen Wort »draete« ab, was so viel wie »schnell, eilig« bedeutet. Das passt, denn von der Quelle in rund 2300 Meter Höhe bis zur Mündung beträgt der Höhenunterschied 1530 Meter. Im Vergleich dazu überwindet die Iller bis zu ihrer Mündung bei Ulm in die Donau ein Gefälle von gerade mal 314 Metern auf einer zehnmal so langen Strecke.

Deutschlands südlichster Fluss Vom Illerursprung folgen wir der Iller auf dem E5 bis zur ❹ **Illerbrücke** nahe Rubi. Rechts (ostsüdöstlich) öffnet sich dort eine beeindruckende Sicht auf das 1948 Meter hohe Rubihorn und, links davon, zum 2043 Meter hohen Entschenkopf. Wir überqueren die Brücke, biegen links ab und laufen der Iller nun entgegen. Damit kommen wir nach einer Viertelstunde erneut zum ❺ **Illerursprung**. Von dieser Seite ist die Mündung der Stillach besser einzusehen. Ihre Quelle befindet sich am Haldenwanger Eck, womit sie Deutschlands südlichster Fluss ist. Zugleich wechselt der 23 Kilometer lange Wildbach gern seinen Namen: Beim Ursprung wird er noch Haldenwanger Bach genannt, ehe er als Rappenalpbach die Hochlagen oberhalb von Einödsbach durchfließt. Erst beim Zusammenfluss mit dem Bacherlochbach erhält die Stillach ihren endgültigen Namen.

Verschmähte Kunst

Beim Illerursprung lenkt seit 2005 eine Bronzeskulptur die Aufmerksamkeit auf sich. Die Plastik »Der Illerursprung« haben wir dem Künstler Walter Kalot (1906–1996) zu verdanken. Mit seinen drei nackten, liegenden Grazien hat der Bildhauer leider nicht jedermanns Geschmack getroffen. Weil dies auch für den Gemeinderat von Oberstdorf galt, versteckte man die Skulptur zunächst in einem wenig beachteten Winkel im Fuggerpark. Auch nach ihrem Umzug sorgt die Plastik immer wieder für Gesprächsstoff. So wird sie in den sozialen Medien mehrheitlich als »hässlich« bzw. als »Verschandelung der Landschaft« verurteilt. Anderen gefällt sie.

Der Dritte im Bunde Oberhalb des Illerursprungs verläuft der Rundweg bis zur Breitachbrücke entlang der Breitach. Wie die Iller wird auch der linke Quellfluss durch den Zusammenfluss von drei Bächen gebildet: dem Turabach, dem Derrenbach und dem Bärguntbach, welche sich bei Baad im Kleinwalsertal mit nur wenigen Metern Abstand vereinen. Weltweit bekannt ist die Breitach durch die Breitachklamm, die wir bei Tour 28 kennenlernen können. Im Bereich der ❻ **Breitachbrücke** nutzen wir zunächst die Unterführung und laufen wenige Schritte auf die McDonald's-Filiale zu, um dann rechts abzubiegen und entlang der B 19 die Breitach zu überqueren. Rund 100 Meter weiter – wo die Bundesstraße im Kreisverkehr zum Kleinwalsertal abzweigt – nutzen wir eine zweite Unterführung.

Rückweg an der Stillach Auf den nächsten Metern haben wir erneut eine schöne Sicht hoch zum Rubihorn sowie, zur anderen Seite, zur Hörnergruppe. Friedlich grasende Rinder könnten die Idylle komplettieren, doch leider beeinträchtigt die hier stark befahrene OA4 Richtung Oberstdorf den Landschaftsgenuss. So sind wir nicht traurig, wenn wir die Kulisse beim nächsten Abzweig schon wieder verlassen und rechts zu mehreren einzeln stehenden Hofgebäuden abbiegen. Am Ende des Bogensportplatzes zweigen wir links ab. Der Weg führt leicht bergan durch einen aus hoch gewachsenen Sträuchern gebildeten Tunnel zur in diesem Bereich stark mäandrierenden Stillach. Wo sich der Weg wieder senkt, ist es noch ein Steinwurf bis zur Straße Am Burgbichel, auf der wir links zurück zum E **Parkplatz »P1«** gelangen. Für einen Abstecher ins Stadtzentrum sollte dann immer noch reichlich Zeit sein – ein Fahrticket haben wir ja schon.

Zusammenfluss von Stillach (vorne), Trettach und Breitach zur Iller

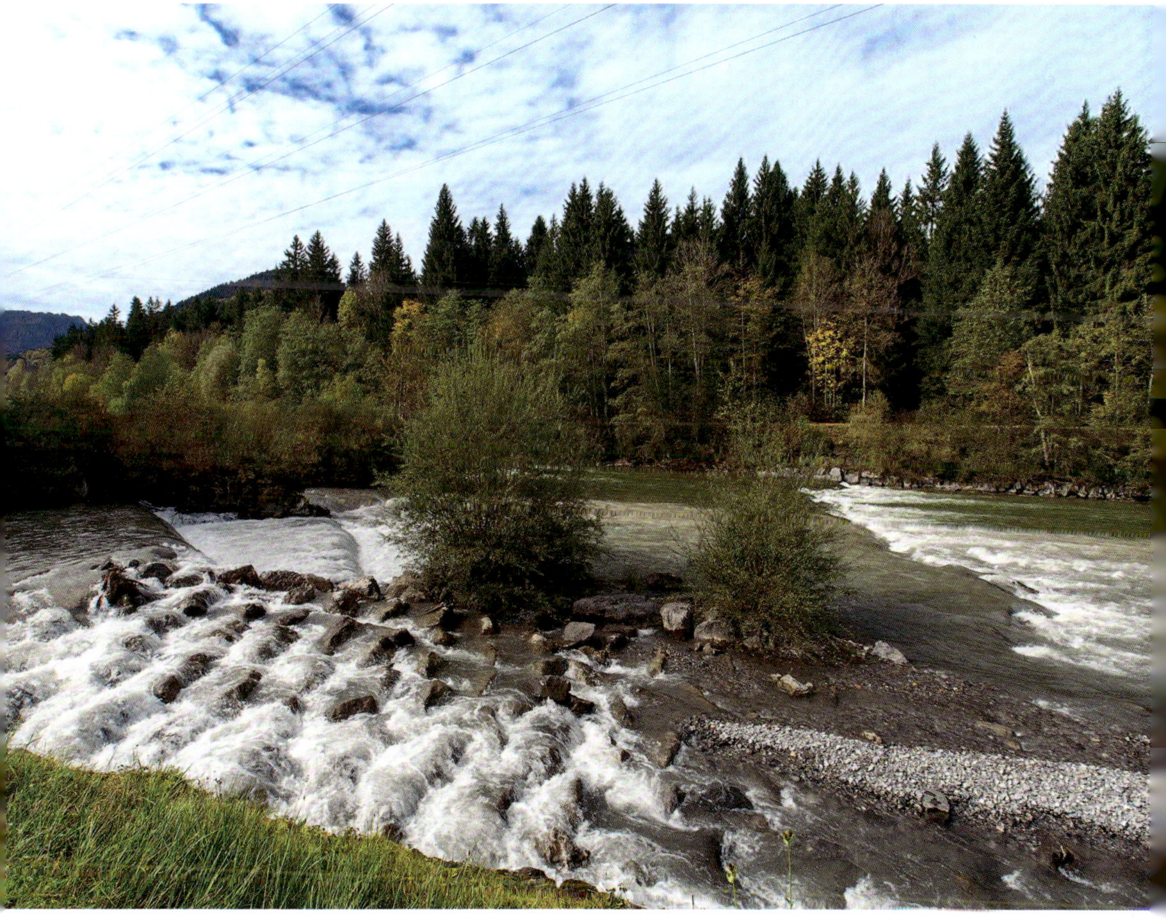

24 Talwanderung für die ganze Familie

Von Oberstdorf ins Oytal

Mittel	10,3 km	250 Hm	3–4 Std.

Tourencharakter
Technisch anspruchslose Talwanderung auf breiten Wegen, die auch für Kinderwagen geeignet sind. Reizvolle Ausblicke

Ausgangs-/Endpunkt
Mühlenbrücke in Oberstdorf (829 m)

Höchster Punkt
Oytalhaus (1019 m)

Anfahrt
GPS 47.4039, 10.2889 (Parkplatz Oybele-Halle)
Auto: Von der B 19 Kempten–Oberstdorf bei Oberstdorf auf die OA 4 abfahren und der Beschilderung zur Nebelhornbahn folgen. Die Zufahrt zum Parkplatz erfolgt über die Straße Am Faltenbach.
Bus & Bahn: Ab dem Bahnhof Oberstdorf fährt die Buslinie Nr. 9000 zur Haltestelle »Mühlenbrücke«.

Einkehr
Café Jägerstand; Berggasthof Oytalhaus

Informationen
Tourismus Oberstdorf, Tel. 08322/7000, www.oberstdorf.de

Rechte Seite oben: Wanderweg entlang des Oybachs
Unten: Auf dem Fahrweg zum Oytalhaus geht es oft lebhaft zu.

Die Wanderung zum Oytalhaus verwöhnt mit einer beeindruckenden Talkulisse. Im Osten wird diese von den Grasflanken und schroffen Felsgipfeln von Schneck und Himmelhorn sowie den Wilden majestätisch umrahmt. Als i-Tüpfelchen gibt es einen der höchsten Wasserfälle Deutschlands obendrauf.

Am wilden Wasser Das Oytal ist bei Wanderern wie auch E-Bike- und Radfahrern gleichermaßen beliebt. Insbesondere an sonnigen Wochenenden und in den Ferien ist gegenseitige Rücksichtnahme geboten. Dann aber können wir uns auf einen gelungenen Wandertag freuen.
Los geht's an der A **Mühlenbrücke** beim Wasserkraftwerk Faltenbach nahe der Nebelhornbahn. Nach wenigen Schritten treffen wir auf den Grubenweg, auf dem wir der Trettach entgegenlaufen. Bald schon ebbt der größte Trubel hinter uns ab, und die ersten schönen Ausblicke über das Bachbett eröffnen sich uns. Wo sich dieses weitet, lässt sich beobachten, wie sich das Wildwasser immer wieder neue Wege durch die Kiesbänke bahnt. Gleich darauf bietet das 1 **Café Jägerstand** eine erste Möglichkeit zur Pause. Für einen gemütlichen Spaziergang hätten wir hier schon unser Ziel erreicht.

Vizemeister der deutschen Wasserfälle Als Wanderer passieren wir das Café und weitere Kiesbänke, bevor wir beim 2 **Abzweig ins Oytal** mit dem als »Himmelsstürmer« ausgewiesenen Wanderweg links abbiegen. Der nächste Abschnitt erfolgt auf dem Dr.-Hohenadel-Weg. Trotz der Kennzeichnung als Bergweg ist dieser selbst mit Kinderwagen gut zu meistern. Daneben ermöglicht ein Abstecher an den Oybach eine an heißen Tagen willkommene Abkühlung für die Füße. Nach knapp zwei Kilometern entlang des Oybachs und durch einen lichten Waldstreifen treffen wir auf die Oytalstraße. Rechts ab, könnten wir dieser direkt zum Berggasthof Oytalhaus folgen.

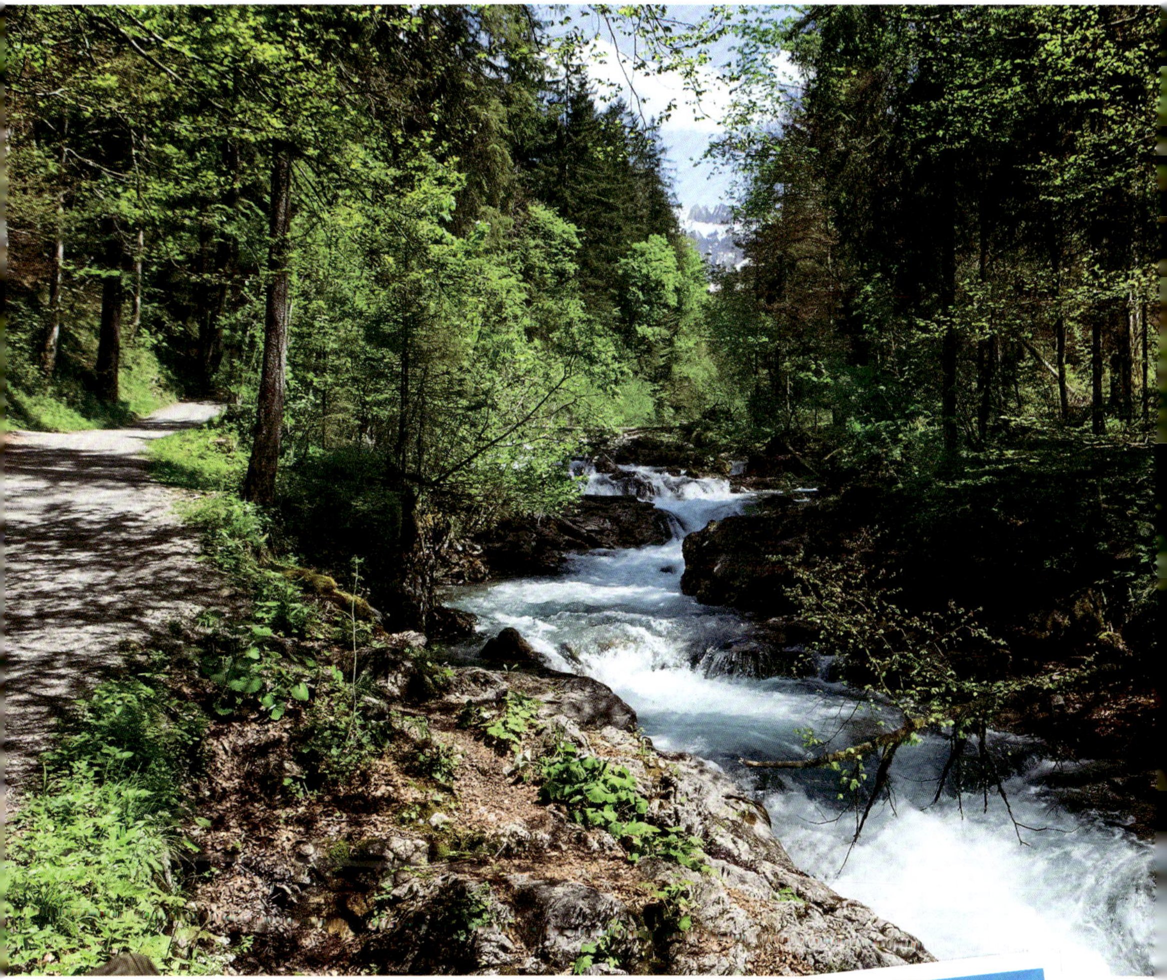

Schöner jedoch finden wir es, vor der urigen Ahornallee links auf einen 3 **Wiesenweg** abzuzweigen und den Berggasthof über eine Schlaufe entlang des Oybachs anzusteuern. Diese Variante führt uns etwas näher an den Seebach-Wasserfall heran. Über mehrere Stufen stürzt das Wasser hier rund 300 Meter in die Tiefe. Nach dem Röthbachfall am Königssee ist er damit der zweithöchste Wasserfall Deutschlands. Gespeist wird er vom Seealpsee, auf den wir vom Zeigersattel (s. Tour 26) eine schöne Sicht haben.

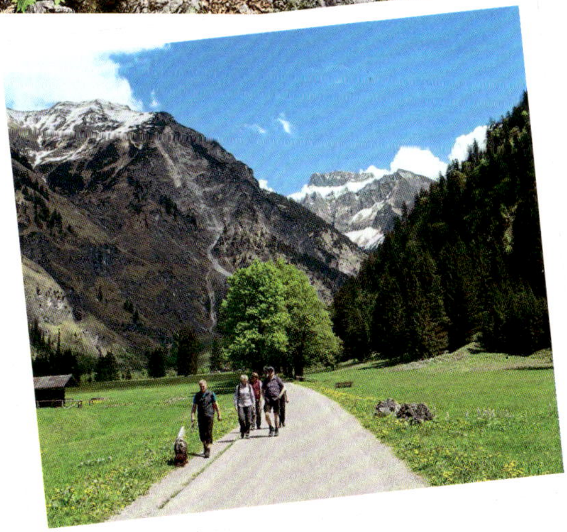

Faszinierend, traumhaft, wunderbar Auch so können wir es auf den letzten Metern bis zum ❹ **Berggasthof Oytalhaus** ruhig angehen und den Blick über die Bergkulisse vor uns schweifen lassen. Der Kontrast zwischen der grünen Talaue, den Grasflanken des Himmelhorns und des Schnecks hinüber zu den schroffen Felsgipfeln des Großen und, südlich davon, des Kleinen Wilden lässt sich am besten mit Begriffen wie »faszinierend«, »traumhaft« oder »einfach wunderbar« beschreiben. Auf der Sonnenter-

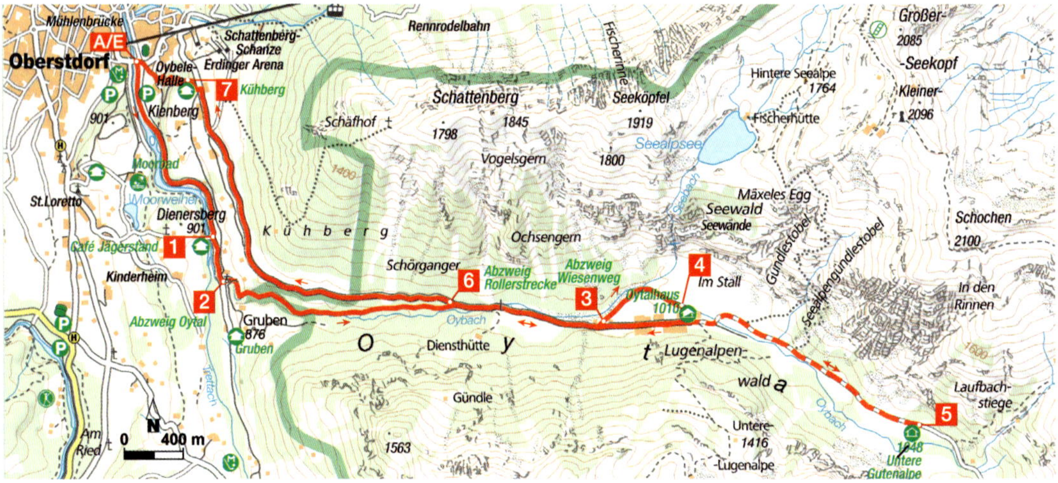

rasse des Oytalhauses finden wir schließlich den perfekten Ort, um diese Bilderbuch-Umgebung in geselliger Runde ausgiebig zu genießen.

Lust auf mehr? Wer noch eine Schippe drauflegen will, kann ab dem Oytalhaus auf leichtem Weg weiter bis zur ❺ **Gutenalpe** im hinteren Oytal wandern. Die Tour verlängert sich dann um 3,6 Kilometer. Theoretisch könnte man noch weiter bis zur 400 Meter höher gelegenen Käseralpe wandern. Der technisch einfache Bergweg führt am reizvollen Stuibenfall vorbei, der sich unterhalb der Wilden befindet. Da sich die Wanderung dadurch zu einer satten Tagestour mausern würde, empfehlen wir in dem Fall die Kombination mit dem E-Bike.

Im Sausewind oder eher gemütlich? Für den Rückweg ab dem Oytalhaus nutzen wir die Oytalstraße, sodass wir nun durch die urige Ahornallee laufen. Am Nachmittag müssen wir uns diese mit einigen Tretrollerfahrern teilen. Diese werden an trockenen Tagen ab 15 Uhr beim Gasthof ausgegeben und sind vor allem bei Familien mit Kindern, aber auch bei Junggebliebenen beliebt. Beim 6 **Abzweig Rollerstrecke** haben wir damit die Wahl: Wer einen ruhigen Rückweg ohne Roller bevorzugt, zweigt links auf den Dr.-Hohenadel-Weg ab und kehrt auf bereits bekanntem Weg nach Oberstdorf zurück. Alle anderen halten sich rechts und folgen der Straße im weiten Bogen um den Schattenberg bis nach Kühberg. Die Rollerfahrer bleiben dort auf der Straße und gelangen über die Skisprungarena von Oberstdorf zurück zum Ausgangspunkt. Als Fußgänger nehmen wir den schmaleren Fußweg am 7 **Gasthaus Kühberg** vorbei hinunter zur Oybele-Halle und der E **Mühlenbrücke**.

Kutschenfahrt ins Oytal

Als besonderes Erlebnis bietet die Lohnkutscherei Blattner täglich ab 10 Uhr Fahrten zum Oytalhaus an. Die Hin- und Rückfahrt dauert jeweils 1.30 Std. Dazwischen hat man ebenfalls 1.30 Std. Zeit, um den Aufenthalt im Oberen Oytal zu genießen. Ab 10 Fahrgästen ist es auch möglich, nur eine Rückfahrt nach Oberstdorf zu buchen. Wer mitfahren will, sollte dies vorher anmelden: www.lohnkutscherei-blattner.de.

Die Rollerstrecke zurück nach Oberstdorf macht mit gegenseitiger Rücksichtnahme noch mehr Spaß.

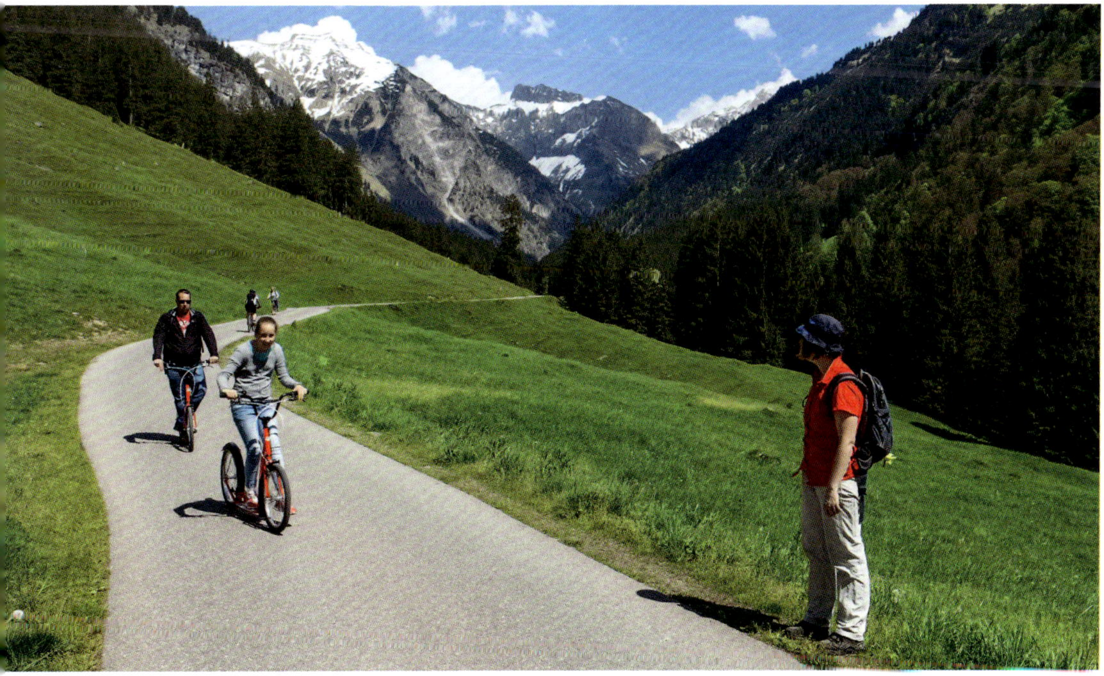

25 Geheimnisvoller Christlessee

Von Oberstdorf ins Trettachtal

Leicht | 10,1 km | 150 Hm | 3–3.30 Std.

Tourencharakter
Sehr leichte Streckenwanderung auf breiten Wegen ins Trettachtal, tolle Ausblicke zu den umliegenden Bergkämmen. Rückfahrt mit der »Bergsteigerlinie« (Bus 8) möglich

Ausgangs-/Endpunkt
Mühlenbrücke in Oberstdorf (829 m)

Höchster Punkt
Christlessee (930 m)

Anfahrt
GPS 47.4039, 10.2889 (Parkplatz Oybele-Halle)
Auto: Von der B 19 Kempten–Oberstdorf bei Oberstdorf auf die OA 4 abfahren und der Beschilderung zur Nebelhornbahn folgen. Die Zufahrt zum Parkplatz erfolgt über die Straße Am Faltenbach.
Bus & Bahn: Ab dem Bahnhof Oberstdorf fährt die Buslinie Nr. 9000 zur Haltestelle »Mühlenbrücke«.

Einkehr
Café Jägerstand; Landhotel Gruben; Berggasthof Riefenkopf; Mumme-Stüble; Café-Restaurant Christlessee; Berggasthof Spielmannsau

Informationen
Tourismus Oberstdorf, Tel. 08322/7000, www.oberstdorf.de

Das Trettachtal zählt zu den schönsten Tälern bei Oberstdorf. Während die Wanderung selbst über gut ausgebaute Wanderwege mit nur geringen Steigungen verläuft, bilden die umliegenden Berge mit der markanten Trettachspitze einen traumhaften Rahmen um das wildromantische Tal.

Traumblick aufs »Allgäuer Matterhorn« Wie bei Tour 24 starten wir auch hier bei der Ⓐ **Mühlenbrücke in Oberstdorf** nahe der Nebelhornbahn. Der Christlessee ist bereits angeschrieben. Flussaufwärts geben auf dem Grubenweg mehrere Lücken im Ufergehölz den Blick auf die Trettach frei. Schauen wir zur anderen Seite, bestimmt die Gebirgskette mit Rubihorn, Geißfuß und Nebelhorn das Panorama. Vorbei an den breiten Kiesbänken im Flussbett gelangen wir bald zum ❶ **Café Jägerstand**. Gleich danach lassen wir den Abzweig ins Oytal links liegen und folgen dem Wander- und Radweg weiter leicht bergan ins Trettachtal. Sowie wir das ❷ **Landhotel Gruben** passiert und den nächsten Waldstreifen durchquert haben, genießen wir eine weite Sicht

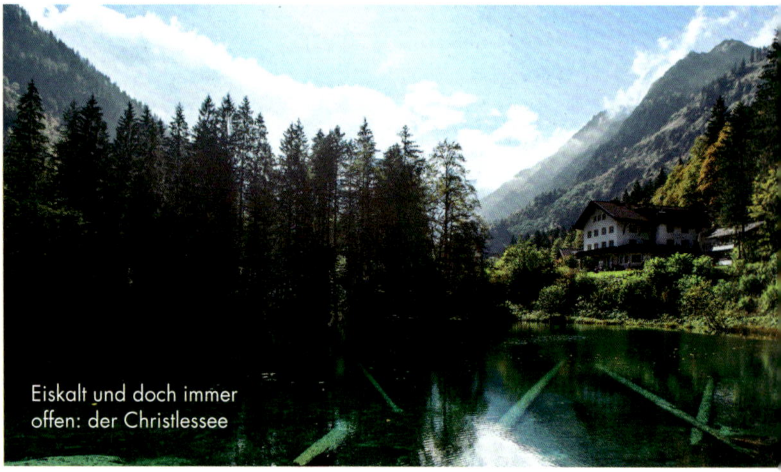

Eiskalt und doch immer offen: der Christlessee

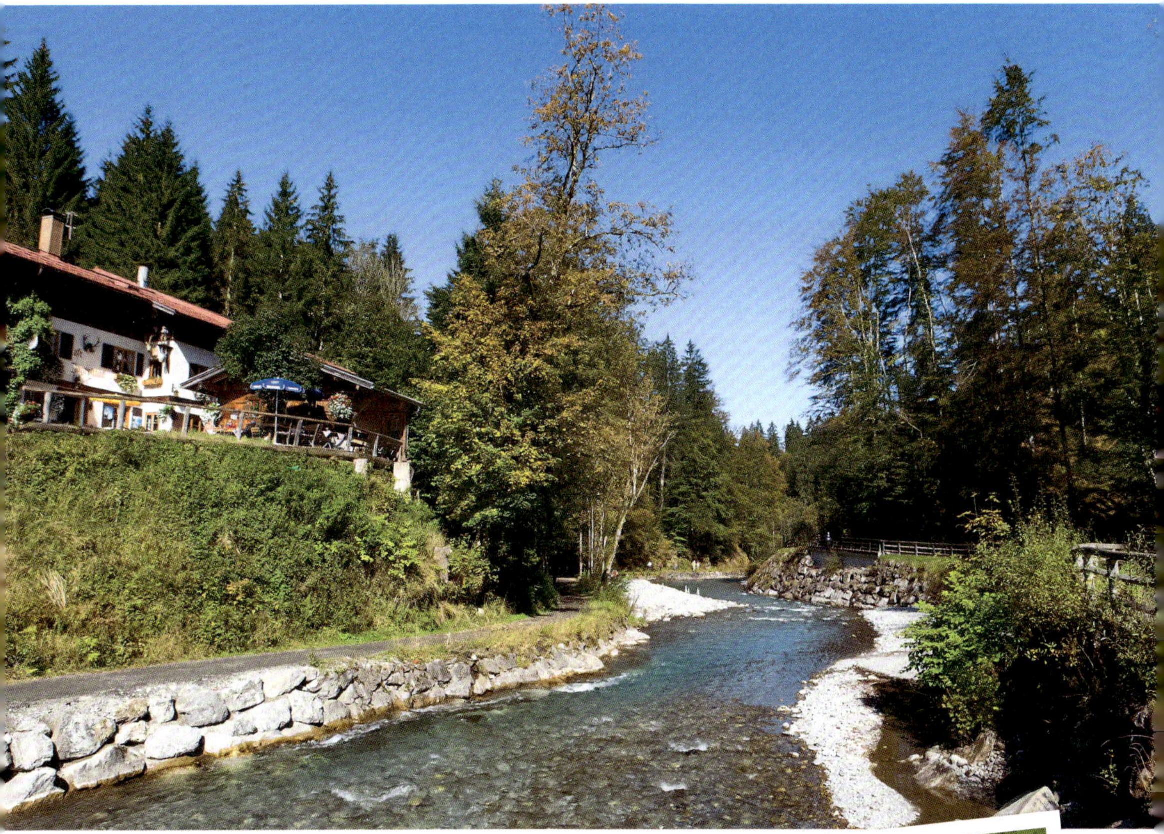

auf Kegelkopf, Hieleskopfle, Fürschießer und Kratzer links von uns. Rechts von uns komplettieren der Himmelschrofen, der Klupper, der Vordere und Hintere Wildengundkopf, das Schmalhorn und der Wildengundkopf das malerische Bergpanorama. Der nach dem vergleichsweise niedrigen Himmelschrofen benannte Grat trennt das Trettachtal vom Stillachtal. Direkt vor uns thront schließlich die auch als »Allgäuer Matterhorn« bekannte Trettachspitze über all den vorgenannten Gipfeln.

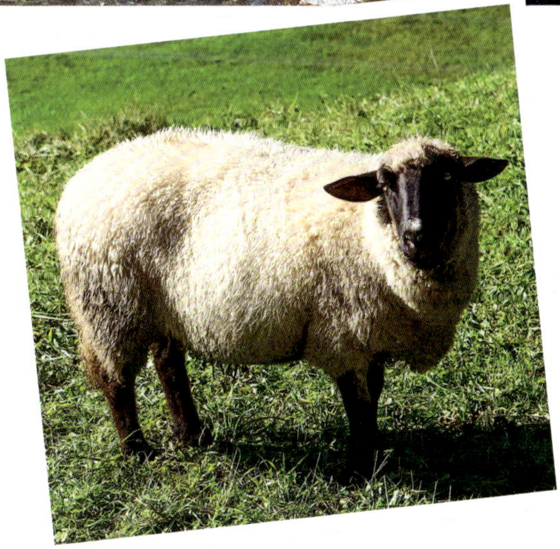

Ein Schaf hat es bewiesen: Im Allgäu gibt es nicht nur Kühe. Ganz oben: Oberhalb der Trettach lädt das Café Jägerstand zum Verweilen ein.

Zum Christlessee Der Weg führt uns durch saftig-grüne Almwiesen zu den wenigen, in der Landschaft verstreuten Häusern von 3 **Dietersberg**. Nachdem wir den gleichnamigen Bach überquert haben, biegen wir rechts ab. Damit überqueren wir die Trettach und kommen zum **4 Café-Restaurant Christlessee**. Durch die gute Erreichbarkeit haben wir dieses als ein äußerst beliebtes Ausflugslokal kennengelernt. An einem sonnigen Wochenende einen freien Tisch zu bekommen, ist also reine Glückssache. Dafür trennt uns nur noch ein guter Steinwurf vom **5 Christlessee**. Der Name des Sees geht auf den damals jungen Christian der Familie Jäger zurück, die hier Mitte des 18. Jahrhunderts gelebt haben soll. Weil Christian im Allgäu gern als »Christl« abgekürzt wird, gingen seine Freunde damals hoch zum »Christl am See«. Weit geheimnisvoller ist allerdings die Sage vom Christlessee (s. Tippkasten).

Die Sage vom Christlessee

Laut der Sage vom Christlessee soll hier einst ein hageres Männlein in einer Tracht aus der Gegend von Venedig Jahr für Jahr erschienen sein. Mit einer Schaufel von einem der umliegenden Höfe soll es feinen Schlamm aus dem See gefördert, getrocknet und in sein Tuch gewickelt haben. Nach getaner Arbeit gab es die Schaufel dankend zurück und sagte: »So, jetzt hab' ich wieder auf ein Jahr genug zum Leben.« Die Menschen im hinteren Trettachtal vermuteten, dass das Männlein nach Gold und Kobalt gesucht habe, mit dem sich Glas und Keramik in einem fantastischen Blau färben lassen.

Türkisgrüne Schönheit Der an sich eher unscheinbare See weist eine Besonderheit gegenüber den meisten anderen Gebirgsseen auf: Er friert nicht zu – nicht einmal bei Temperaturen um die -30 °C. Das Phänomen erklärt sich aus tief gelegenen Höhlen, die mit dem See in Verbindung stehen. Der Christlessee wird von diesen unterirdischen Karstquellen gespeist, sodass die Wassertemperatur mit 4–6 °C das ganze Jahr über nahezu konstant bleibt. Schlittschuhlaufen kann man hier also genauso vergessen wie ein lauschiges Bad. Aus der niedrigen Temperatur erklären sich außerdem die verschiedenen Blautöne, die dem See einen besonderen Glanz verleihen. In Ufernähe sind mehrere Stämme zu erkennen. Seit wann sie in dem eisigen Wasser liegen, ist ungewiss. Der mündlichen Überlieferung zufolge sollen sie bei einem Lawinenabgang Mitte des 19. Jahrhunderts mitgerissen worden sein. Heute laden am Seeufer mehrere Bänke zum Verweilen ein.

Aller guten Dinge sind drei Anschließend haben wir die Wahl: Wer möchte, kann bei dem See umkehren und auf demselben Weg wieder zurück zur **E Mühlenbrücke in Oberstdorf** wan-

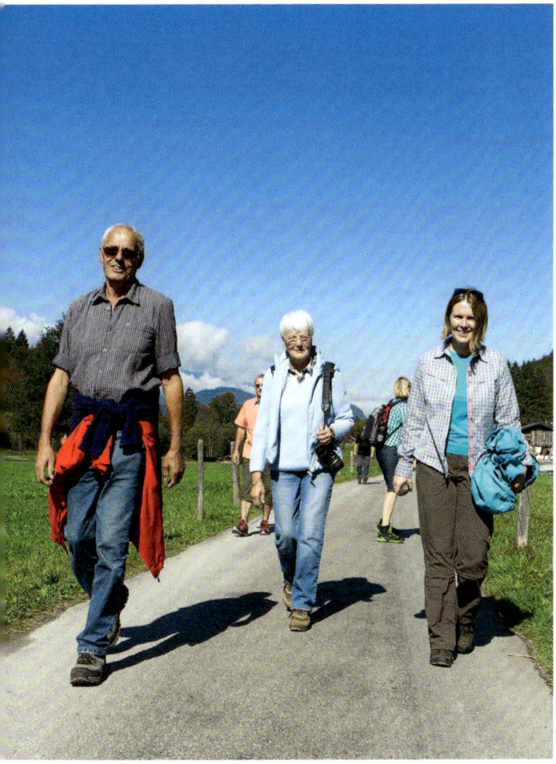

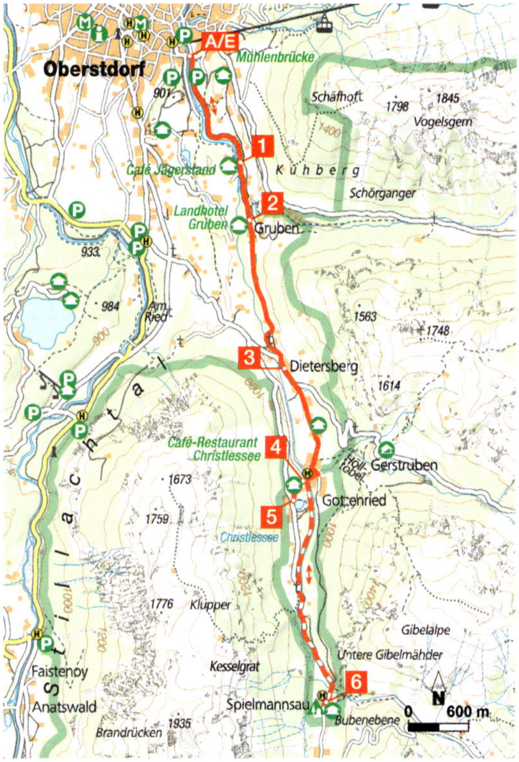

dern. Dies entspräche den Angaben im Tourenkasten dieser Wanderung.

Deutlich leichter ist es, am Ausflugslokal vorbei zur Bushaltestelle an der Trettachbrücke zu laufen. Die als »Bergsteigerlinie« bekannte Buslinie verkehrt von Ende April bis Anfang November im Stundentakt zwischen dem Busbahnhof in Oberstdorf, dem Christlessee und Spielmannsau.

Oder wir verlängern die Wanderung bis nach Spielmannsau. Für die dritte Möglichkeit nutzen wir am besten einen der Verbindungswege vom See zum Wanderweg entlang der Trettach. Nachdem wir das Hotel Christlessee und mehrere einzeln stehende Gebäude passiert haben, überqueren wir den Fluss. Weiter geht es in südlicher Richtung auf der »Truppersoy« durch Bergwiesen und lichte Waldstreifen sowie an einer kleinen Kapelle vorbei. Schließlich führt uns der Weg über den Traufbach nach 6 **Spielmannsau**. Mit dieser Variante verlängert sich der einfache Weg um knapp zweieinhalb Kilometer und 70 Höhenmeter, womit wir uns die Rückfahrt mit der »Bergsteigerlinie« nun wahrlich verdient haben.

Links: Auf gemütlichen Wegen geht es durchs Trettachtal zum Christlessee.

26 Traumblicke vom Nebelhorn

Nordwandsteig und Zeigersattel

Mittel | 2,3 km | 140 Hm | 1.30 Std.

Tourencharakter
Der Zugang zum Panorama (1) ist barrierefrei und auch für Rollstuhlfahrer geeignet. Auf dem Wanderweg zum Zeigersattel ist etwas Trittsicherheit von Vorteil. Der Zugang von der Gipfelstation zum Nordwandsteig ist ebenfalls barrierefrei.

Ausgangs-/Endpunkt
Bergstation Höfatsblick (1930 m) der Nebelhornbahn

Höchster Punkt
Im Bereich (1935 m) der Koblatbahn

Anfahrt
GPS 47.4048, 10.2867
Auto: Von der B 19 Kempten–Oberstdorf bei Oberstdorf auf die OA 4 abfahren und der Beschilderung zur Nebelhornbahn folgen
Bus & Bahn: Ab dem Bahnhof Oberstdorf fährt die Buslinie Nr. 9000 zur Haltestelle »Nebelhornbahn«.

Einkehr
Im Umfeld der Bergstation Höfatsblick

Informationen
Tourismus Oberstdorf, Tel. 08322/7000, www.oberstdorf.de; Oberstdorf Kleinwalsertal Bergbahnen, www.ok-bergbahnen.com

Mit den Traumsichten am Nebelhorn verbinden wir einen Abstecher hoch zum Gipfel mit der leichtesten hier oben möglichen Wanderung. So können wir den viel zitierten 400-Gipfel-Blick auf uns wirken lassen, ehe wir aus eigener Kraft zum Zeigersattel wandern.

Aufbruch zur Mittagszeit Das Nebelhorn zählt zu den Bergen, bei denen sich eine frühe Ankunft bei der Bergbahn lohnt. Insbesondere an sonnigen Tagen bildet sich am Vormittag rasch eine lange Schlange. Wartezeiten bis zu einer Stunde und mehr stehen dann auf der Tagesordnung. Interessanterweise ebbt der Besucheransturm ab 11 Uhr ebenso rasch ab. Da unsere Tour nicht allzu lang ist, kann es sich lohnen, erst nach der großen Meute zur Mittagszeit hin aufzubrechen. Wer mit dem Rollstuhl oder mit Kinderwagen unterwegs ist, wird in der Regel über einen Seiteneingang zur Talstation eingelassen.

Drei Etappen bis zum Gipfel Für etwas Entspannung gegenüber den alten Großgondeln sorgt seit 2021 die neue Bergbahn mit Gondeln für je zehn Gäste. Ganz so glatt, wie die Verantwortlichen gehofft hatten, verlief die Umstellung allerdings nicht. Störgeräusche bei der Überfahrt der Gondeln an der ersten Seilbahnstütze konnten zwar durch das Verfüllen von Hohlräumen behoben werden. Es bleibt aber nahe der Talstation ein surrendes Störgeräusch, vergleichbar mit einem Tinnitus. Die neue Nebelhornbahn erfüllt alle Sicherheitskriterien, fährt aber mit gedrosselter Geschwindigkeit. Durch den Umbau entfallen ist der zuvor nötige

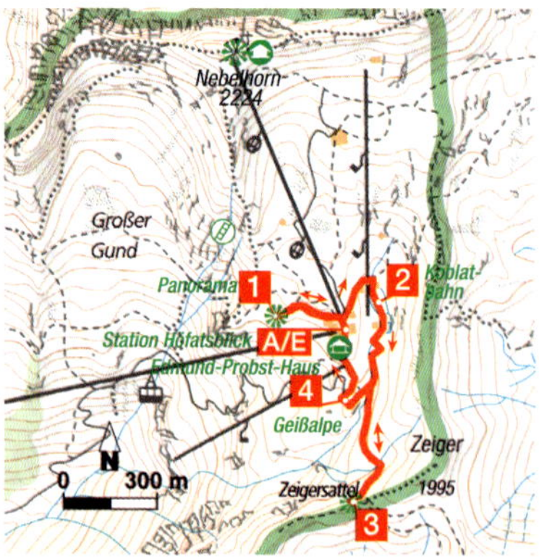

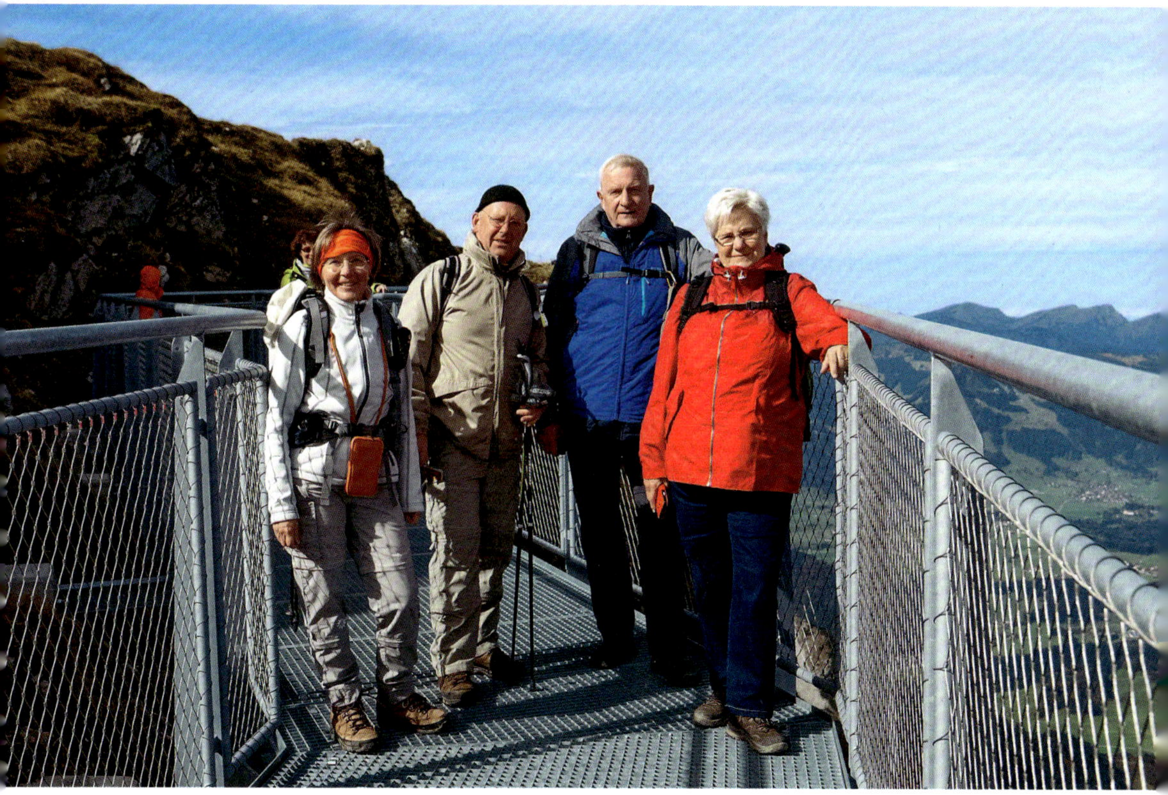

Wandergruppe auf dem Nebelhorn-Nordwandsteig

Umstieg bei der Mittelstation, sodass wir jetzt direkt hoch bis zur Ⓐ **Bergstation Höfatsblick** fahren können. Hier haben die meisten Fahrgäste ihr Ziel erreicht, und hier beginnt später auch unser Spaziergang zum Zeigersattel. Zunächst aber laufen wir um das Gebäude herum und nutzen die deutlich kleinere Gipfelbahn hoch zum Gipfel des Nebelhorns.

400 Gipfel und der Nordwandsteig Nach Verlassen der Gipfelbahn gelangen wir zunächst auf die ebenerdige Terrasse. Am 2016 neu gebauten Restaurant vorbei geht es durch einen kurzen Tunnel direkt auf den Nordwandsteig. Der 100 Meter lange und ebenfalls barrierefreie Rundweg wurde durch eine beeindruckende Stahlkonstruktion ermöglicht, welche fest in der Nordwand des Nebelhorns verankert ist. Damit kann nun der gesamte Gipfelbereich auf einem Gitterrost umrundet werden. Zugleich eröffnet sich uns eine völlig neue Perspektive – und zwar 600 Meter entlang der Nebelhorn-Nordwand in die Tiefe. Daneben genießen wir eine fantastische Aussicht nach

Ganz unten: Mehrere Holzskulpturen säumen den Weg zum Zeigersattel.

Die Sonnenterrasse am Nebelhorn-Gipfel ist für ihre fantastische Aussicht berühmt.

Nordwesten über den Entschenkopf ins Illertal und ins Alpenvorland sowie nach Osten über die Gipfelkette des Hindelanger Klettersteigs mit den Wengenköpfen und dem Großen Daumen. Nach der kurzen Runde und dem obligatorischen Abstecher zum Gipfelkreuz sollten wir für die Sonnenterrasse einen längeren Aufenthalt einplanen. Wo sonst im Allgäu bekommt man eine

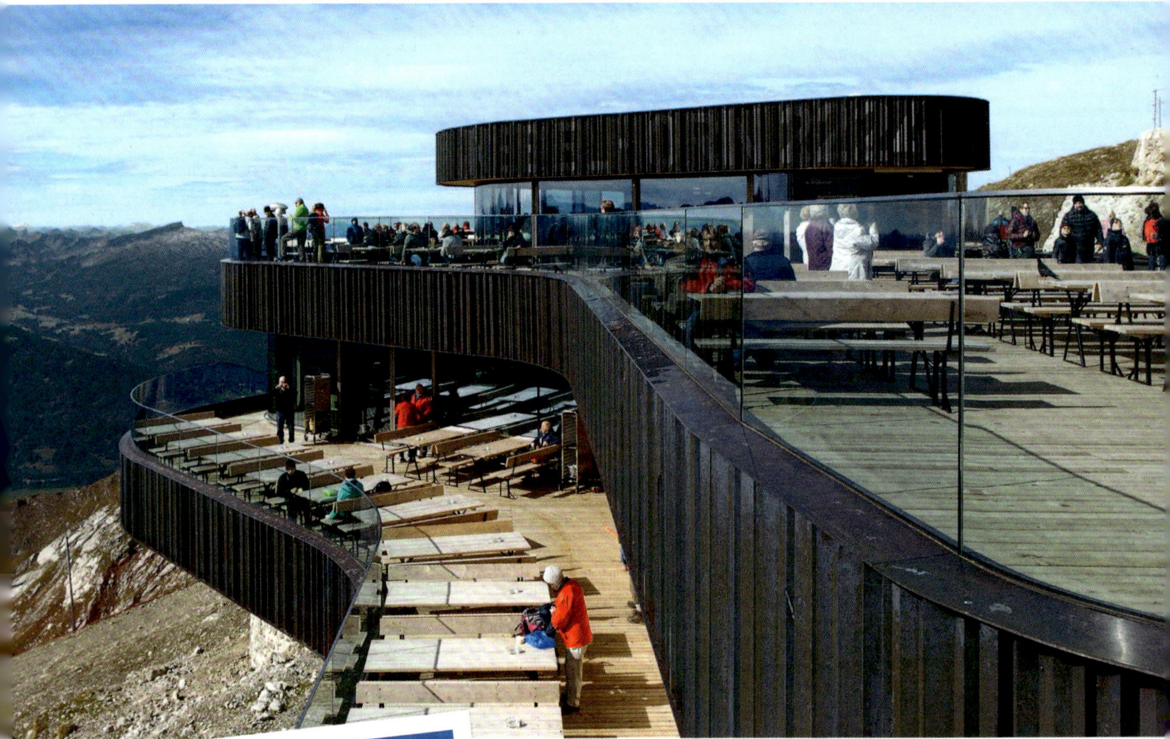

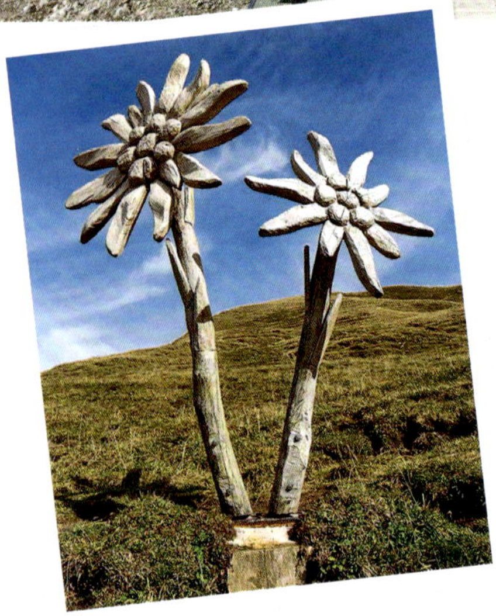

Sicht auf 400 Gipfeln praktisch auf dem Silbertablett geboten? Einer der auffallendsten Berge ist im Südosten der 2592 Meter hohe Hochvogel. Wegen seiner markanten Form ist er – wie auch die Trettachspitze – als »Allgäuer Matterhorn« bekannt. Nachdem wir uns sattgesehen und mit Hilfe der Panoramatafeln einige weitere Gipfel bestimmt haben, geht es mit der Gipfelbahn wieder hinunter zur Station Höfatsblick.

Locker auf den Zeiger(sattel) gehen Bevor wir uns auf die rot-weiß markierten Bergwege begeben, nehmen wir einen Abstecher auf dem Panoramaweg mit. Der 250 Meter lange Weg ist rollstuhl- und kinderwagengerecht ausgebaut und bietet uns an seinem Ende ein dem Namen entsprechend eindrucksvolles ❶ **Panorama**. Anschließend wechseln wir nahe der Gipfelbahn auf den Wanderweg Nr. 4 zum Zeigersattel. Damit geht es auf dem Schotterweg in nordöstlicher Richtung bergan und an der ❷ **Koblatbahn** vorbei. Wo sich der Weg im Bereich der Trasse des Skilifts gabelt, halten wir uns rechts.

Der leicht zu gehende Weg führt uns unterhalb der Panoramabar in eine Talmulde mit schönem Blick über die Grasmatten am Pfannhölzle und am Zeiger. Am Wegrand vermitteln mehrere Stationen Wissenswertes über die alpine Region. So erfahren wir, dass Murmeltiere ab September einen etwa sechsmonatigen Winterschlaf halten. Die alljährliche Hektik zur Adventszeit und zum Jahreswechsel dürfte ihnen damit fremd sein. Nachdem wir in die Welt der Steinadler eingeweiht wurden, ist der ❸ **Zeigersattel** bald erreicht.

Wanderung zum Laufbichelsee

Für Wanderer, die gut zu Fuß sind, ist ab der Bergstation Höfatsblick ein Wanderweg bis zum Laufbichelsee ausgewiesen. Im Gegensatz zu dem Spaziergang auf den Zeigersattel erfordert dieser zwar griffiges Schuhwerk, ist aber bei Familien und älteren Personen für seine Aussichten auf die Südseite der Daumengruppe beliebt. Diese und 49 weitere Touren haben wir in unserem Wanderführer »Leichte Wanderungen im Allgäu« (J. Berg Verlag) beschrieben.

Um die Geißalpe Direkt voraus geht der Blick hier zu den vier etwa gleich hohen Gipfeln der Höfats. Links davon fällt das Bergmassiv zur Kleinen Höfats ab. Laufen wir von dem Sattel ein paar Meter rechts auf den in diesem Bereich leicht zugänglichen Grat, rückt unter uns schließlich der Seealpsee ins Bild. Er speist den Seebach-Wasserfall, den wir bei der Wanderung ins Oytal (s. Tour 24) sehen können.

Mit diesen herrlichen Eindrücken kehren wir alsdann um. Wer nicht zweimal haargenau dieselbe Strecke laufen möchte, kann beim nächsten Abzweig links abbiegen. Um die ❹ **Geißalpe** herum gelangt er so auf kürzerem, dafür aber deutlich steilerem Weg am Edmund-Probst-Haus vorbei zurück zur Ⓔ **Bergstation Höfatsblick**, wo man den schönen Ausflug in einem der gastronomischen Betriebe ausklingen lassen kann, ehe es wieder hinunter nach Oberstdorf geht.

27 Kombi-Pack am Fellhorn

Gipfelstation und Schlappoldalpe

Leicht/Mittel | 6,6 km | 260 Hm | 3 Std.

Tourencharakter
Der Abstieg von der Gipfelstation führt über sehr gut gepflegte Wanderwege, die griffiges Schuhwerk erfordern. Der Pfad oberhalb des Schlappoldsees erfordert Trittsicherheit.

Ausgangspunkt
Gipfelstation (1967 m) der Fellhornbahn

Endpunkt
Station Schlappoldsee (1780 m) der Fellhornbahn

Höchster Punkt
Fellhorn (2038 m)

Anfahrt
GPS 47.3530, 10.2660
Auto: Über die B 19 bis Oberstdorf fahren und dort der Beschilderung zur Fellhornbahn folgen.
Bus & Bahn: Es bestehen Busverbindungen von Oberstdorf zu den Haltestellen »Fellhornbahn-Brücke« und »-Talstation«.

Einkehr
Fellhorn-Gipfelstation; Bierenwangalpe; Schlappoldalpe und Station Schlappoldsee

Informationen
Tourismus Oberstdorf, Tel. 08322/7000, www.oberstdorf.de; Oberstdorf Kleinwalsertal Bergbahnen, www.ok-bergbahnen.com

Das Wandergebiet zwischen Stillach und Breitach im Kleinwalsertal ist für seine reich blühenden Bergwiesen bekannt. Obwohl wir uns im alpinen Raum bewegen, bietet uns der »Blumenberg« auch Möglichkeiten für barrierearmes Wandern.

Gipfel- und Aussichtsglück Wer beide Teile dieses Kombi-Packs abwandern möchte, dem sei eine möglichst frühe Ankunft bei der Talstation der Fellhornbahn empfohlen. Mit Umstieg bei der Station Schlappoldsee schweben wir erst in der Großkabine, dann in der kleineren Gondel der Gipfelbahn mühelos hoch zur Ⓐ **Gipfelstation auf dem Fellhorn**. Von dort führt ein mit einigen Stufen garnierter Schotterweg hoch zum ❶ **Fellhorn-Gipfel**. Bis dorthin ist der stark frequentierte Weg mit gelb-weißen Wegzeichen als »leicht« markiert. Etwas Trittsicherheit – insbesondere beim anschließenden Abstieg zurück zur Gipfelstation – braucht es aber schon. Im Zweifelsfall lassen wir den Gipfel einfach aus. Eine schöne Aussicht zu den umliegenden Bergen der Allgäuer Hochalpen haben wir auch so.

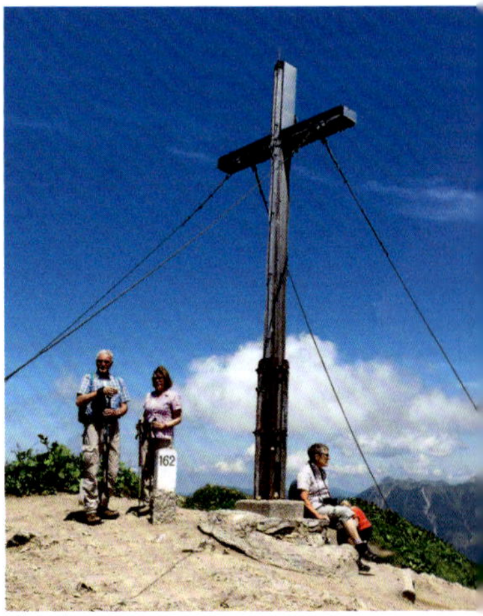

Blütenzauber am Fellhorn Zurück bei der Ⓐ **Gipfelstation** folgen wir dem nun bequem zu gehenden Wanderweg in Richtung Kanzelwandbahn. Bereits nach wenigen Metern lohnt es sich, innezuhalten und den Blick über die Grasmatten und Wiesen schweifen zu lassen. Dort, wo sich bis in den Sommer hinein letzte Schneefelder halten, lassen sich oft Murmeltiere blicken. Besonders schön ist dieser Abschnitt im Juli und August, wenn

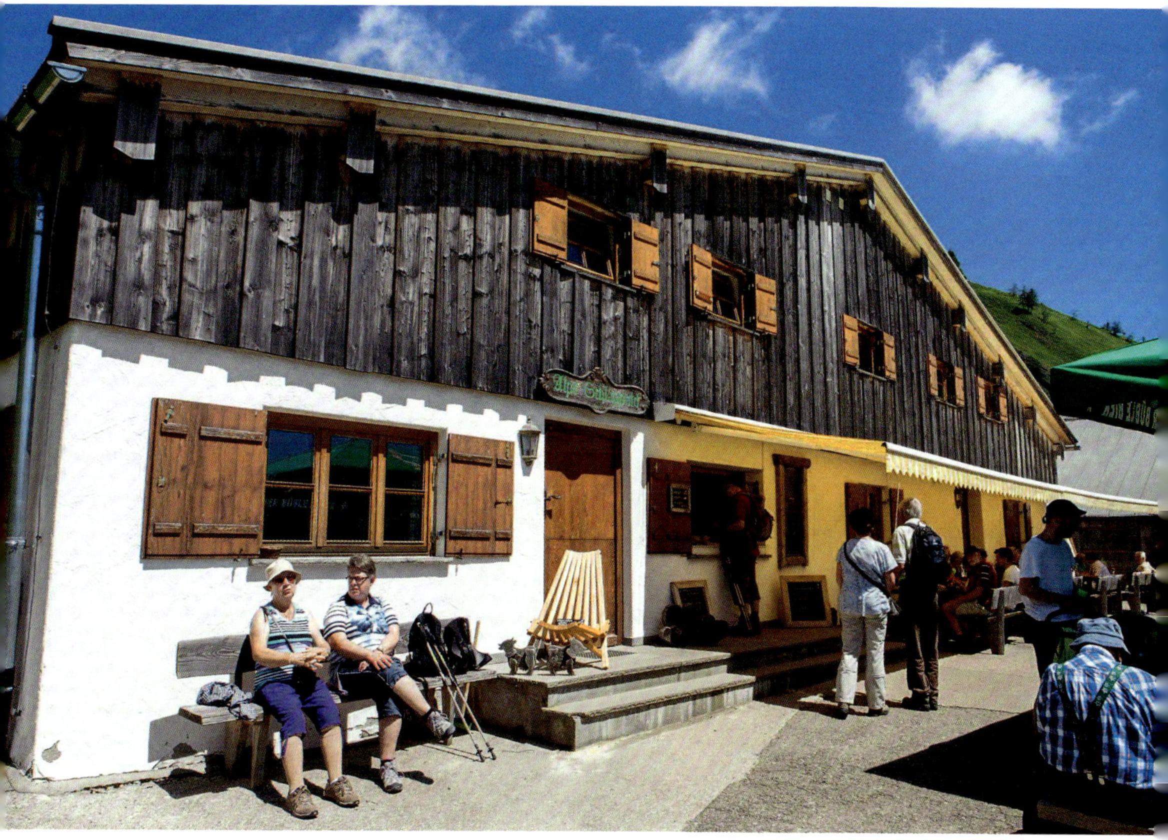

beiderseits des Bergkamms die sich ähnelnden Narzissenblütigen Windröschen und Küchenschellen blühen. Daneben erfreuen uns leuchtend gelbe Trollblumen, zierliche Mehlprimeln und Aurikeln sowie teils dichte Polster aus Frühlingsenzian. Direkt am Wegrand helfen Schilder, die Botanik richtig einzuordnen.

Rast bei der Schlappoldalpe

Linke Seite: Der Fellhorn-Gipfel

HausgemachteSchmankerl Der Wanderweg folgt zunächst dem Grenzverlauf zwischen Österreich und Deutschland, sodass wir auch einige Blicke ins Kleinwalsertal sowie zum Hohen Ifen werfen können. Beim ❷ **Wegweiser »Gundsattel«** biegen wir dann scharf links zur Station Schlappoldsee ab.

Blumenkalender

Für Pflanzenliebhaber haben die Betreiber der Oberstdorf und Kleinwalsertal Bergbahnen einen Blumenkalender erstellt. In diesem sind einige der alpinen Pflanzenarten, sortiert nach Farbe und mit Angabe der jeweiligen Blütezeit, beschrieben: www.ok-bergbahnen.com/genuss-sinne/blumenkalender.

Nach wenigen Schritten bergauf kreuzen wir beim weiteren Abstieg mehrere Skipisten der Möserbahn. Zwischen den einzelnen Hauptbahnen zaubern Alpenrosen im Sommer rosafarbene bis kräftig rote Farbtupfer in die Landschaft.
Sowie wir auch die Trasse des Skilifts gekreuzt haben, biegen wir links zur ③ **Oberen Bierenwangalpe** ab. Von Anfang Juni bis Ende Oktober verwöhnt die Genossenschaftsalpe hungrige Wanderer mit deftigen Brotzeiten mit Butter und Kuhmilch aus eigener Produktion sowie hausgemachten Kuchen. Ab der Hütte sind es schließlich noch gut 800 Meter oder etwa 20 Minuten bis zur Station Schlappoldsee.

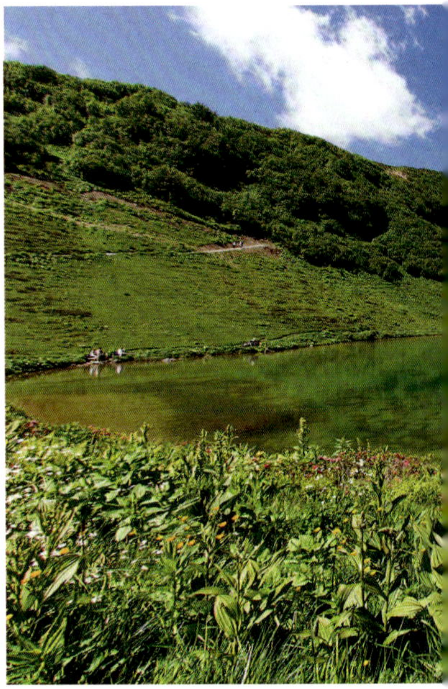

Blick über den Schlappoldsee in den alten Gletscherkessel

Freudenfest für Botaniker Dort müssen wir uns entscheiden: Wer bereits genug für einen Tag gewandert ist, kann mit der Fellhornbahn zurück ins Tal fahren. Alle anderen folgen der Beschilderung über die Talseite der Bahn bzw. um die Station herum. Dort haben wir erneut die Wahl: Für die einfachere Variante bleiben wir rechter Hand auf dem breiten Schotterweg; für die schönere Variante biegen wir links auf den Fußweg ab. Beide Wege führen hinunter an den ④ **Schlappoldsee**, wo Selbstversorger mehrere Bänke mit schöner Sicht über den türkisblauen See sowie zum Kar zwischen Fellhorn und Schlappold finden. Auch Botaniker kommen hier wieder auf ihre Kosten – so haben wir nahe dem Seeufer Alpenmaßliebchen, Alpenampfer und den auffallend punktierten Tüpfel-Enzian entdeckt.

Winterwandern

Ab der Mittelstation der Fellhornbahn wird im Winter ein Rundwanderweg über den dann verschneiten Schlappoldsee bis nahe der Alpe Schlappold präpariert. Die Alpe selbst ist nicht zugänglich, da sich diese in einem lawinengefährdeten Kessel befindet.

Zur Schlappoldalpe Vom See können wir dem technisch anspruchslosen Fahrweg weiter bis zur Schlappoldalpe folgen. Wer den zweiten Teil der Wanderung als Runde laufen will, der folgt dem Seerundweg auf die gegenüberliegende Seite und wechselt dann auf den gelb-weiß markierten Pfad. Über zwei, drei Kehren steigt dieser bis zum Abzweig hoch zum Fellhorn an. Der

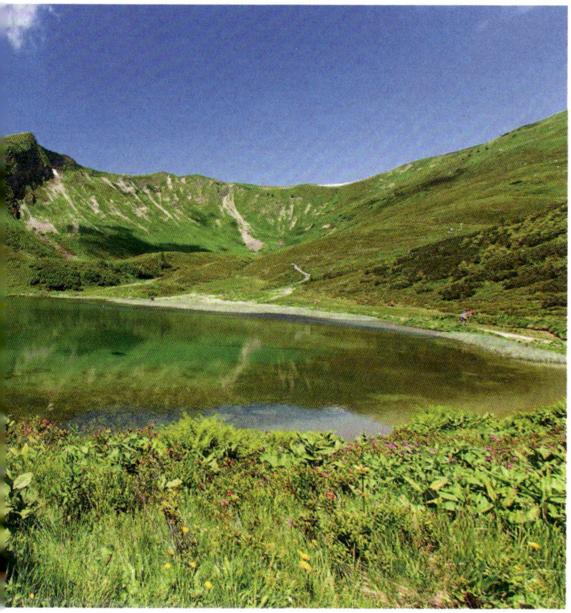

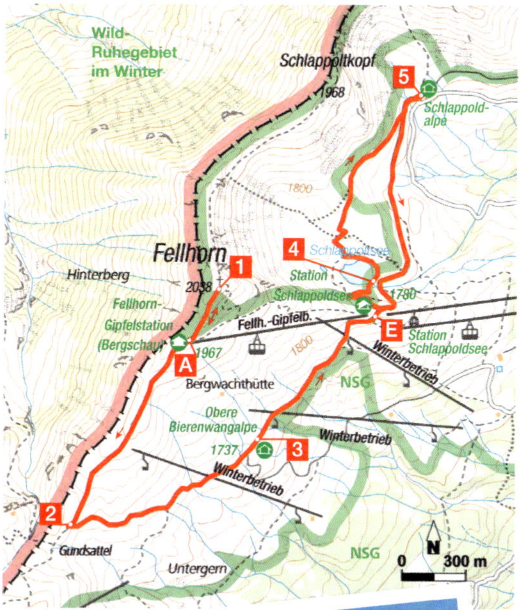

felsige Pfad dort hinauf ist blau-weiß markiert, was im Allgäu bedeutet: Ohne Trittsicherheit geht da gar nichts. Gut, dass wir den Abzweig links liegen lassen und stattdessen wieder leicht bergab durch die Bergwiesen entspannt bis zur ❺ **Schlappoldalpe** wandern können. Sie zählt zu den höchstgelegenen Sennalpen im Allgäu und ist von Mitte Mai bis Ende Oktober geöffnet. An sonnigen Wochenenden ein freies Plätzchen auf der Terrasse zu finden, ist Glückssache. Das gilt insbesondere zur Zeit der Alpenrosenblüte, welche auf der Alpe mit einem Bergfest gefeiert wird.

Für den Rückweg haben wir uns für den Fahrweg entschieden, der uns nach rund 1,4 Kilometern zur Ⓔ **Station Schlappoldsee** bringt, wo dieser schöne Wandertag endet.

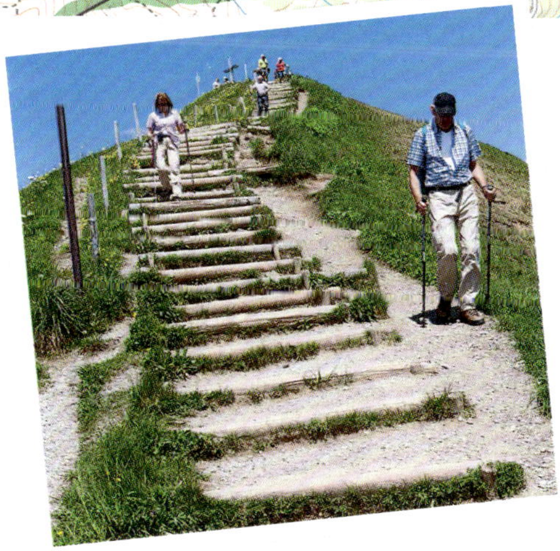

Die Gipfelstation der Fellhornbahn ist über einen Treppenweg mit dem Fellhorn-Gipfel verbunden.

28 Wasser marsch bei Tiefenbach

Durch die Breitachklamm

Mittel | 10,3 km | 300 Hm | 4 Std.

Tourencharakter
Die Breitachklamm ist mit Brücken und Geländern bestens gesichert. Der Aufstieg zur Fuchsloch-Alpe erfordert einen kurzen Kraftakt, ansonsten breite Wege mit geringen Steigungen.

Ausgangs-/Endpunkt
Infocenter Breitachklamm bei Tiefenbach (830 m)

Höchster Punkt
Sesselweg (1060 m)

Anfahrt
GPS 47.4026, 10.2292
Auto: Von der B 19 Kempten–Oberstdorf kurz vor Oberstdorf abfahren und der Beschilderung zur Breitachklamm folgen
Bus & Bahn: Ab dem Bahnhof Oberstdorf fährt die Buslinie Nr. 9744 zur Haltestelle »Breitachklamm«.

Einkehr
Müllers Alpe; Waldhaus

Informationen
Breitachklammverein,
Tel. 08322/987670,
www.breitachklamm.com

Atemberaubend schön: Blick in die Breitachklamm

»Kein Teufelswerk, sondern göttliche Schöpfung!« Nach dieser für seine Zeit gewagten Erkenntnis betrieb Pfarrer Johannes Schiebel 1904 die Erschließung der Breitachklamm. Ein Jahr später begeisterte die Schlucht ihre ersten Besucher. Bis heute hat sich daran nichts geändert.

Geistlicher mit Abenteurer-Gen Die Breitachklamm zählt zu den wenigen Zielen im Allgäu, die sich auch an regnerischen Tagen lohnen. Eine frühe Ankunft ist dennoch ratsam, da sich die Parkflächen bei Tiefenbach selbst unter der Woche oft rasch füllen. Vom Ⓐ **Infocenter Breitachklamm** mit dem Hauptkassenhaus führt ein bestens angelegter Spazierweg an den unteren Zugang der Breitachklamm. Bei Nässe sind hier regelmäßig Alpensalamander anzutreffen. Da die seltenen und streng geschützten Schwanzlurche ebenfalls den Weg nutzen, ist Vorsicht geboten. Nach etwa zehn Minuten führt der Weg durch einen winzigen Tunnel mit dem Porträt von Johannes Schiebel. Der damals als jung und mutig beschriebene Mann bekleidete ab 1901 das Amt des Pfarrers von Tiefenbach. Daneben verschrieb er sich der Erkundung der bis dahin noch als »unzugänglich« eingestuften Klamm.

Einnahmequelle und Besuchermagnet An einem Hanfseil ließ sich Schiebel in die Tiefe hinabgleiten. Was der Geistliche erblickte, war ein »Naturdenkmal von wilder Schönheit«:
Anstelle der gefürchteten Höllenschlucht sah er in der Klamm eine vielversprechende Einnahmequelle für die in Armut lebende Bevölkerung. Entgegen aller Bedenken und Einwände gelang es ihm, genügend Helfer und Geldgeber sowie zwei unerschrockene Sprengmeister zu gewinnen. Für die ersten Sprengungen wurden die Mineure an langen Seilen zu den Sprenglöchern hinuntergelassen. Sowie die lange Lunte brannte, zog man sie augenblicklich wieder in die Höhe, bevor das explosive Dynamit den Männern die Brocken entgegenschleuderte.

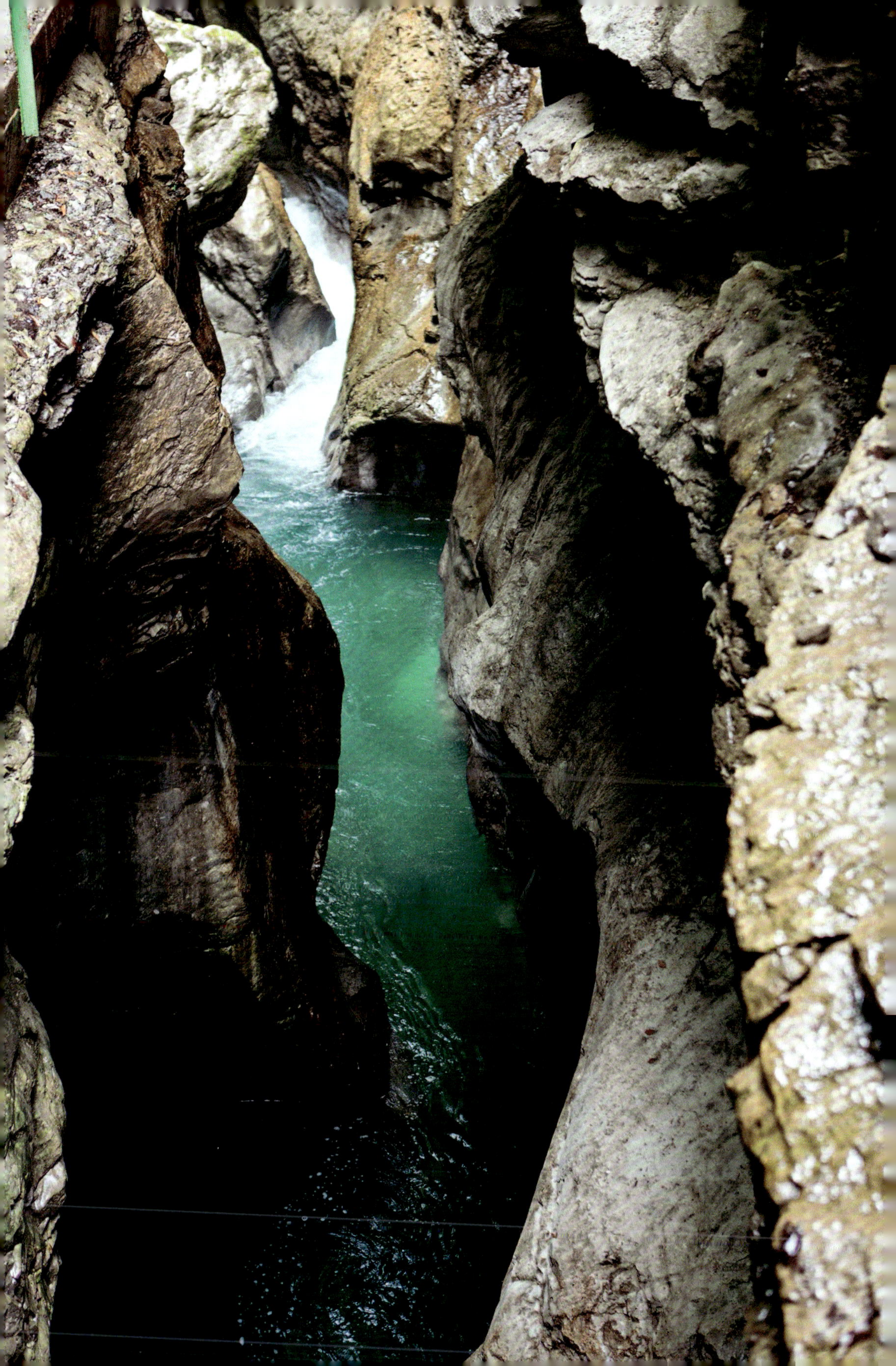

Trotz der gefährlichen Arbeit und den – verglichen mit heute – einfachen Gerätschaften kam es bis zur ersten Begehung am 6. Mai 1905 zu keinem Unfall. Danach entwickelte sich die Breitachklamm rasch zu einem Besuchermagneten. So zählte der Klammverein 1922 erstmals mehr als 100 000 Besucher im Jahr. Inzwischen sind es dreimal so viele.

Erlebnis Breitachklamm Auf der anderen Seite der Tunnels ragen stark zerklüftete Felsen steil in den Himmel. Wenige Schritte weiter verjüngt sich das Bachbett. Hier tauchen wir ein in die faszinierende Welt aus wild sprudelndem Wasser und Gestein. Die Felsen rücken so eng aneinander, dass einige Klammwände das ganze Jahr über im Schatten liegen. Auf ihnen siedeln zierliche Farne, verschiedene Moose und, auf den Vorsprüngen, selten auch Fichten, die mit den nassen und kühlen Bedingungen gerade noch zurechtkommen.

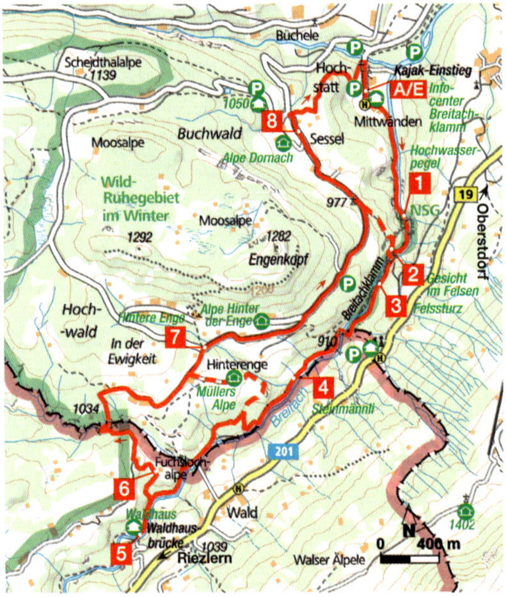

Ein kurzes Stück weiter verläuft der Weg erstmals unter einer überstehenden Felswand. Das Bachbett wird nun zusehends enger, die Breitach wilder. Gumpen, kleine Kaskaden, unterspülte Felswände charakterisieren bald die Szene. Sowie wir den Meldepunkt Nr. 4 passiert haben, erreichen wir den wildesten und faszinierendsten Abschnitt der Klamm. Neben der Sicht auf das tosende, gurgelnde Wasser lohnt sich der Blick in die Höhe – dort wechseln sich abstrakte Felsformationen mit quer in der Klamm hängen gebliebenen Baumstämmen ab. Warum sie sich teils etliche Meter über der Wasseroberfläche befinden, lässt der ❶ **Hochwasserpegel** bei einer öfter überspülten Brücke ahnen – am 23. August 2005 lag der Wasserstand 6,6 Meter darüber. Bei Hochwasser hat die Breitach an der Engstelle nur eine Möglichkeit, um auszuweichen: senkrecht in die Höhe.

Des Felsens Gesichter Auf dem weiteren Weg empfehlen wir, immer mal wieder zurückzublicken – nur so lässt sich das ❷ **Gesicht im Felsen** erkennen. Als Nächstes kommen wir zum ❸ **Felssturz**. An dieser Stelle sind am 23. September 1995 rund 50 000 Kubikmeter Fels und Geröll in die Breitachklamm gepoltert. Nachdem sich das Wasser 30 Meter hoch gestaut hatte, gelang der Breitach der Durchbruch. Danach musste die Infrastruktur in der Klamm komplett erneuert werden. Vor dem Felssturz führt eine Treppe hinauf zur Kasse 2. Wer mit dem Bus angereist ist und nur die Klamm erleben wollte, kann von der Kasse hoch zur B19 steigen und mit dem Walserbus zurück nach Oberstdorf fahren. Auch ist es möglich, über den Zwingsteg zur Alpe Dornach abzukürzen. Die Wanderung schrumpft dann auf vier Kilometer zusammen.

Entstehung der Breitachklamm

Die Entstehung der Breitachklamm ist eng mit der letzten Eiszeit verbunden. Nachdem der Breitach-Gletscher das Gestein bis auf die härteren Lagen abgetragen hatte und abgeschmolzen war, musste sich das Wasser neue Wege suchen. Dabei schnitt sich die Breitach innerhalb von 8000–10 000 Jahren auf einem 2,5 km langen Abschnitt bis zu 150 m tief in den Felsen.

Rückweg über die Fuchslochalpe

Andernfalls bleiben wir auf dem Wanderweg, der oberhalb der Kasse an weiteren Engstellen und steil emporragenden Felswänden vorbeiführt. Schließlich lassen wir die Enge der Schlucht hinter uns, und das Tal weitet sich wieder. Nachdem wir eine Kiesbank passiert haben, die zumindest zeitweise von zahlreichen ❹ **Steinmännli** besiedelt wird, können wir rechts zur Müllers Alpe abkürzen. Schöner finden wir es, dem Gebirgsbach weiter flussaufwärts über die Grenze bis zum ❺ **Waldhaus** zu folgen und die Tour mit einer Einkehr im Kleinwalsertal zu verbinden.

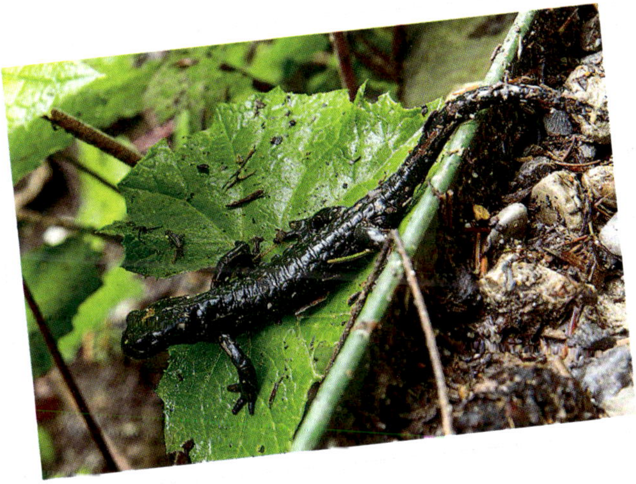

Alpensalamander am Wegrand

Für den Rückweg müssen wir dann ein Stück zurücklaufen, ehe es über einen kurzen Stich hinauf zur ❻ **Fuchslochalpe** geht. Danach folgen wir der Beschilderung erneut über die Grenze zum Sesselweg und an der Müllers Alpe vorbei zum ❼ **Wegweiser »Hintere Enge«**. Ab dort erfolgt der letzte Abschnitt über die ❽ **Alpe Dornach** zunächst immer Richtung Tiefenbach, dann zurück zum Ⓔ **Infocenter Breitachklamm**.

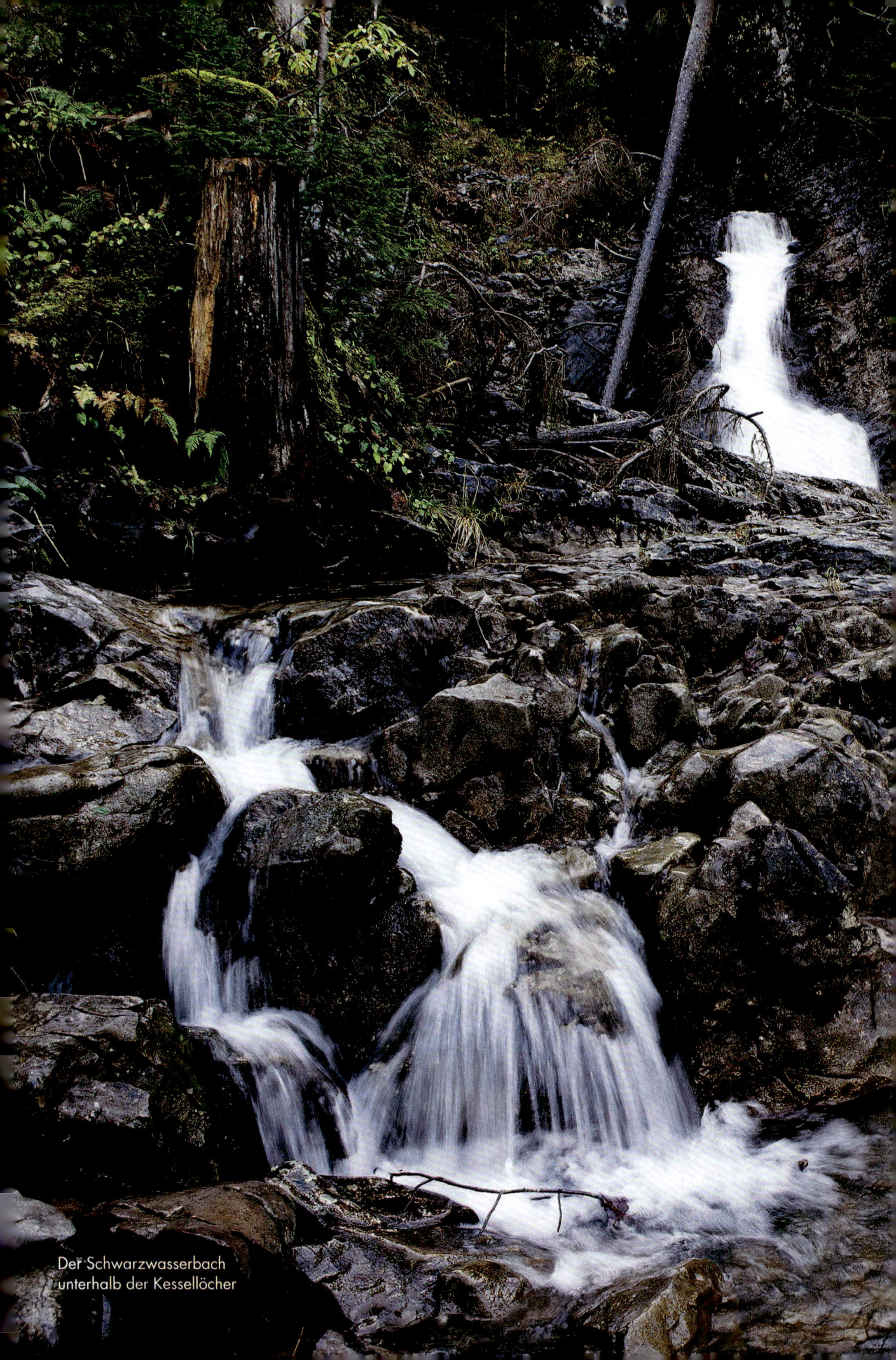

Der Schwarzwasserbach
unterhalb der Kessellöcher

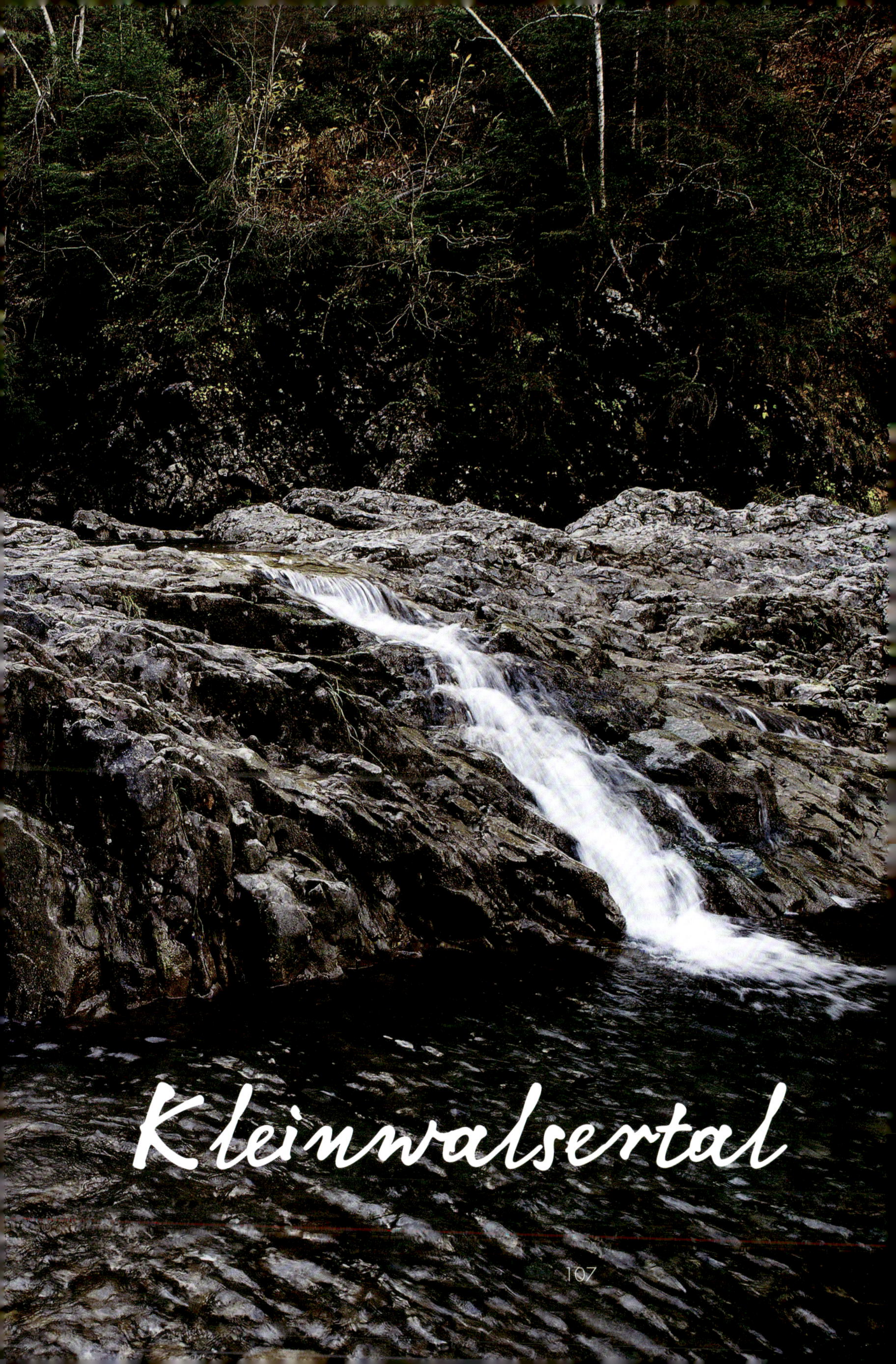

Kleinwalsertal

29 Naturwunder am Schwarzwasser

Naturbrücke und Kessellöcher

Mittel | 5,9 km | ↑250 ↓200 Hm | 2 Std.

Tourencharakter
Der Aufstieg zu den Kessellöchern erfolgt über eine grobe Steintreppe, die Naturbrücke kann auf breitem Weg umgangen werden. Sonst bequem zu wandernde Wege

Ausgangspunkt
Parkplatz der Parsennbahn in Riezlern (1080 m)

Endpunkt
Walserhaus (1130 m)

Höchster Punkt
Übergang zum Schwarzwassertal (1257 m)

Anfahrt
GPS 47.3551, 10.1770
Auto: Über die B 19 bis kurz vor Oberstdorf fahren, im Kreisverkehr in Richtung Kleinwalsertal und der B 19/L 201 bis Riezlern folgen; dort nach der Breitachbrücke rechts in die Schwarzwassertalstraße abbiegen und zum Parkplatz
Bus & Bahn: Ab Oberstdorf mit dem Walserbus bis Riezlern-Breitachbrücke oder Parsenn. Rückfahrt ab dem Walserhaus mit der Buslinie Nr. 1

Einkehr
Café Walserblick; in Hirschegg

Informationen
Kleinwalsertal Tourismus, Tel. +43 5517/511 40, www.kleinwalsertal.com

Der Schwarzwasserbach bildet das größte Seitental im Kleinwalsertal. Das reicht aus, um die stärksten Besucherströme fernzuhalten. Und das, obwohl uns der Wildbach mit einer Vielzahl an Formen und Eindrücken verwöhnt – eine abwechslungsreiche Wanderung!

Start mit Varianten Als Ausgangspunkt haben wir den Ⓐ **Parkplatz der Parsennbahn** in Riezlern gewählt. Direkt unterhalb der Talstation erfolgt der Einstieg in die Wanderung über die Eggstraße. Dieser folgen wir am Hotel Erlebach vorbei bis zum ❶ **Wegweiser »Egg«**, wo wir links Richtung Naturbrücke abbiegen. 100 Meter weiter zweigen wir rechts von der Oberen Eggstraße ab und folgen dem gelb-weiß markierten Weg an einem mit Naturstein gestalteten Wassertretbecken vorbei an den Waldrand. Wer um luftige Gittertreppen und grob behau-

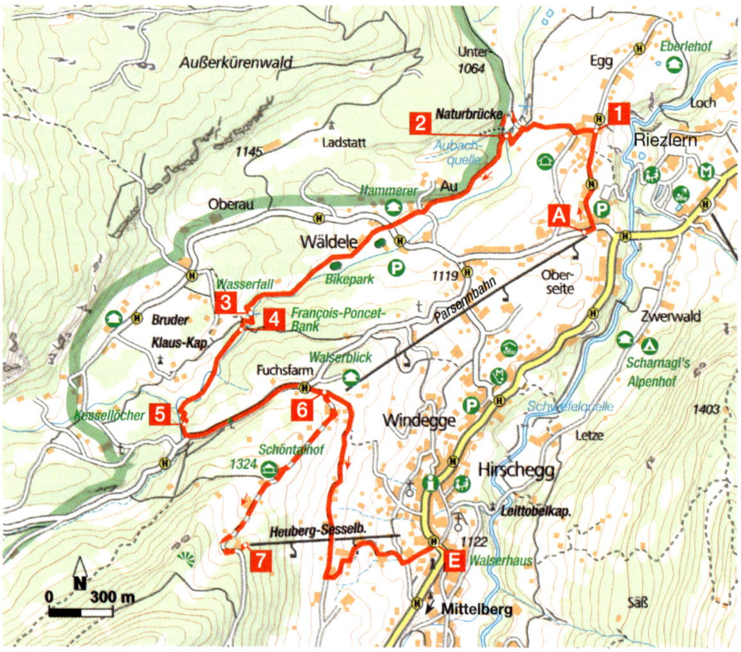

ene Natursteinstufen lieber einen Bogen macht, bleibt auf dem breiten Schotterweg. In diesem Fall geht es auf der befahrbaren Brücke über den Schwarzwasserbach und wenige Schritte weiter links zurück auf unseren Wanderweg. Wer die oben genannten Hindernisse nicht scheut, wechselt beim Wegweiser oberhalb der Brücke links auf den schmalen Pfad.

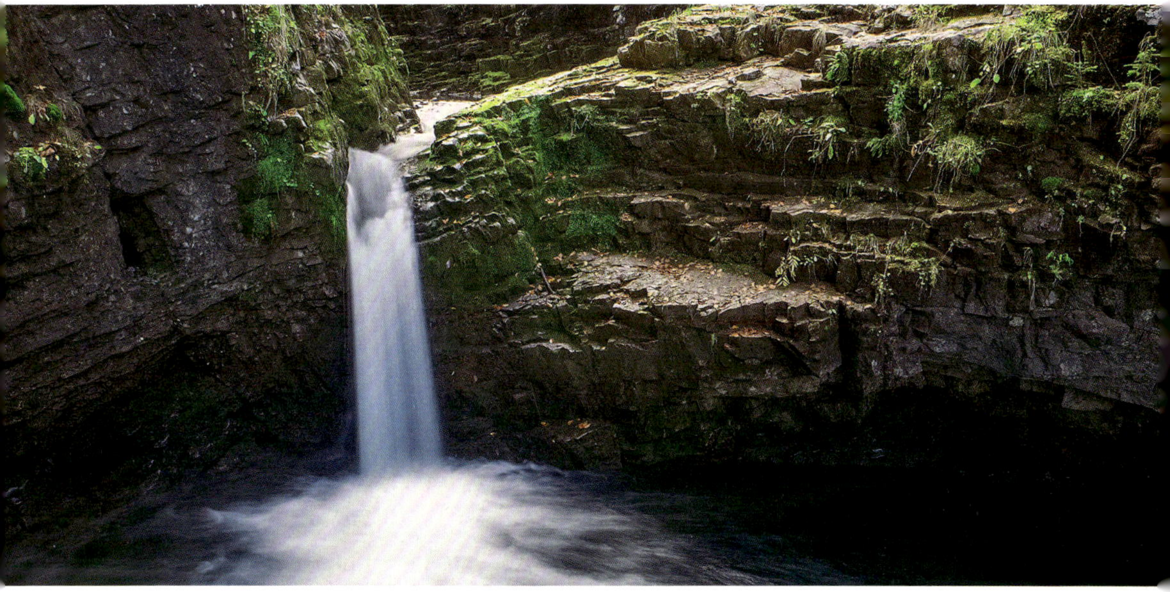

Blick von der Naturbrücke auf einen kleineren Wasserfall des Schwarzwasserbachs

Meisterwerk Naturbrücke Nach ebenfalls nur wenigen Metern haben wir freie Sicht auf die ❷ **Naturbrücke**. Auf den ersten Blick erscheint der Bogen über dem Schwarzwasser von Menschenhand geschaffen worden zu sein. Das am meisten bestaunte Naturwunder im Schwarzwassertal haben wir stattdessen der besonderen Geologie zu verdanken. Weil der hier anstehende Schrattenkalk (s. Tippkasten) wasserdurchlässig und dadurch höhlenbildend ist, wurde der Fels unterspült und der gebrochene Boden im Lauf der Jahrtausende fortgespült. Die Naturbrücke blieb als

Schrattenkalk

Als Schrattenkalk wird eine Gesteinseinheit der Kreidezeit bezeichnet, die in der Schweiz, in Vorarlberg und im Allgäu vorkommt. Benannt ist sie nach der Schrattenfluh, einem Berg im Kanton Luzern. Im Kleinwalsertal bildet der Schrattenkalk die 25 km² große Karstlandschaft am Gottesackerplateau nördlich des Hohen Ifen.

Brückenbogen mit einer Spannweite von fünf Metern stehen. Außer dem nahezu kreisrunden Becken unterhalb der Brücke hat der Schwarzwasserbach etwa 40 Meter flussaufwärts mehrere Gletschermühlen aus dem Fels gespült.

Ein alter Sennkessel Vom Aussichtspunkt gelangen wir über eine Leiter hinunter auf die Brücke, wo wir weitere schöne Eindrücke sammeln können. Anschließend geht es auf felsigem Terrain an den nur 200 Meter langen Aubach und zurück auf den breiten Wanderweg, wo wir links abbiegen. Wir folgen der gelbweißen Wegmarkierung aus dem Waldstreifen heraus durch die offenen Wiesen zwischen dem Bach und dem Hohen Ifen. Beim Haus Wimmer kreuzen wir den Auweg. Direkt am Wegrand ist der Alte Sennkessel der Alpe Melköde ausgestellt. Von 1914 bis in die 1950er-Jahre hinein diente der Kessel der Käse- und Butterherstellung. Heute wird er zum Sommer mit farbenfrohen Geranien und Petunien bepflanzt. Ein kurzes Stück weiter kreuzen wir die Wäldelestraße und passieren ein Freizeitgelände mit Fußballfeld und dem Mountainbikepark von Au. Schließlich schwenkt der Weg zurück an den Schwarzwasserbach und tauchen wir in den Wald ein.

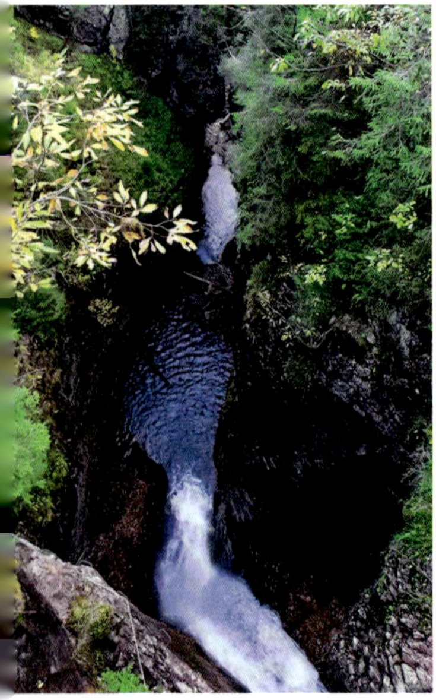

Tiefblick in die tosenden Kessellöcher

Liebreizendes Schwarzwassertal Immer leicht ansteigend verläuft der Wanderweg auf dem nächsten Abschnitt ein gutes Stück oberhalb des Bachs. Durch den Wald ist die Sicht auf das Wasser leider eingeschränkt. Das gilt auch für einen an sich malerischen ❸ **Wasserfall**, der vom Gegenhang in den Schwarzwasserbach stürzt. Als Nächstes führt uns der Weg zur ❹ **François-Poncet-Bank**. Sie ist dem Botschafter, Hochkommissar und Schriftsteller André François-Poncet gewidmet. Als Gefangener der Gestapo wurde er vom 24. November 1943 bis zum 2. Mai im Ifen-Hotel als Geisel gehalten. Der Franzose nutzte die Zeit für Spaziergänge durch »eine Landschaft, die von einem [...] Maler des 18. Jahrhunderts gemalt zu sein scheint«. Wer die Natursteintreppe im Bereich der Kessellöcher auslassen möchte, kann bei der Bank auf den Brennbodenweg nach Hirschegg abbiegen. Zusammen mit der Umgehung der Naturbrücke handelt es sich dann um eine technisch leichte Wanderung.

Aufstieg zu den Kessellöchern Andererseits wäre es schade, auf die Kessellöcher zu verzichten. Hierfür wandern wir geradeaus

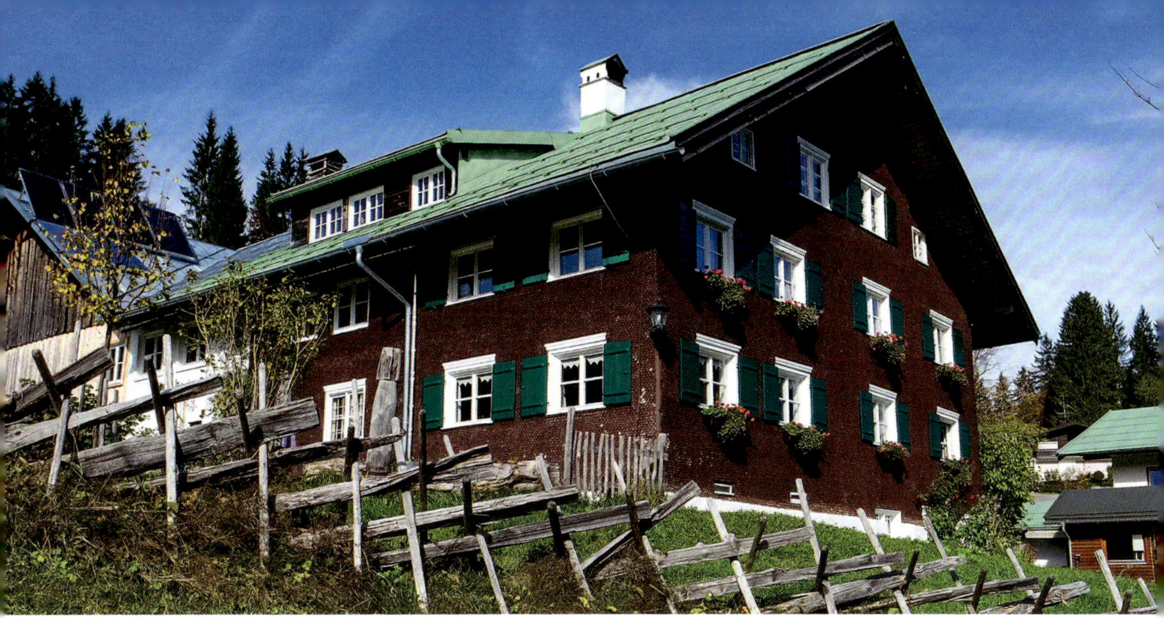

Das Haus Wimmer wird von einem traditionellen Hag umschlossen.

weiter. Dieser Abschnitt verläuft wieder direkt entlang des Bachs und führt uns an einer Lichtung mit Krokussen und Weißer Pestwurz vorbei bis zu einer Aufweitung des Bachbetts. Schon hier lohnt es sich, kurz innezuhalten und die vom Wasser geschaffene Formenvielfalt auf sich wirken zu lassen. Der Aufstieg zu den 5 **Kessellöchern** erfolgt auf der linken Seite. Vor allem während der Schneeschmelze oder nach Starkregen rauscht hier der Schwarzwasserbach spektakulär in die Tiefe. Im oberen Bereich ermöglicht eine Brücke einen schwindelerregenden Blick auf den Wasserfall sowie auf die tief unter uns liegenden Auswaschungen. Da ein Teil des Schwarzwasserbachs unterirdisch abfließt, fällt dieser Bereich regelmäßig trocken. Anstelle des tosenden Wassers treten dann die Details der Kessellöcher deutlich zutage.

Ab der Brücke trennen uns noch wenige Stufen von der Schwarzwassertalstraße, der wir links zum Übergang ins Breitachtal nahe dem 6 **Café Walserblick** folgen. Von dort können wir der Beschilderung über die Straße Oberhirschweg, dem Rohrweg sowie der Fußwegverbindung zum Gerbeweg hinunter zum Endpunkt beim Walserhaus folgen.

Wer sich den Abstieg sparen will, kann ab der Anhöhe alternativ mit der Buslinie Nr. 5 zurück zur Haltestelle bei der Parsennbahn fahren.

Die dritte Möglichkeit führt uns schließlich in 20 Minuten zur 7 **Bergstation der Heubergbahn**, mit der wir gelenkschonend hinunter zum E **Walserhaus** gelangen, wo wir zufrieden auf eine abwechslungsreiche Wanderung zurückblicken können.

30 Im Angesicht des Hohen Ifen

Von der Auenhütte zur Melköde

Leicht | 6,5 km | 140 Hm | 2.30 Std.

Tourencharakter
Barrierefreie Streckenwanderung durch das autofreie Schwarzwassertal, für Familien mit Kinderwagen und auch Rollstuhlfahrer sehr gut geeignet

Ausgangs-/Endpunkt
Talstation (1270 m) der Ifenbahn

Höchster Punkt
Alpe Melköde (1350 m)

Anfahrt
GPS 47.3427, 10.1378
Auto: Über die B 19 bis Oberstdorf, im Kreisverkehr zum Kleinwalsertal abfahren und der B 19/L 201 bis Riezlern folgen; dort rechts in die Schwarzwassertalstraße abbiegen und den Schildern bis zur Ifenbahn folgen
Bus & Bahn: Ab Oberstdorf fährt die Walserbuslinie Nr. 1 nach Riezlern, von dort weiter mit der Buslinie Nr. 5 bis zur Haltestelle »Ifen«.

Einkehr
Alpe Melköde

Informationen
Kleinwalsertal Tourismus, Tel. +43 5517/511 40, www.kleinwalsertal.com

Die Streckenwanderung führt uns ins obere Schwarzwassertal, reizvoll durch seine Kessellage zwischen dem Hohen Ifen im Norden und dem Grat mit dem Steinmandl und dem Grünhorn im Westen. Nach Süden hin trennt uns der Bergzug mit dem Walmendinger Horn von den Hauptorten im Kleinwalsertal.

Bergsturz nach der Eiszeit Ab dem Parkplatz bei der Auenhütte und der Ⓐ **Talstation der Ifenbahn** ist das Ziel dieser Tour bereits angeschrieben. Damit folgen wir der Beschilderung an der Talstation vorbei und nutzen den als leichten Wanderweg ausgewiesenen Fahrweg Richtung Melköde. Er führt uns zwischen dem relativ niedrigen Geißbühel und dem Bärenköpfle – einem Nebengipfel des Hohen Ifen – sowie am ❶ **Abzweig nach Hirschegg** vorbei in den Rüchewald.
Auffallend auf diesem ersten Abschnitt sind zahlreiche große Felsbrocken, die lose verstreut in der Landschaft liegen. Sie stammen aus der Südwand des Hohen Ifen und sind nach ihrem Sturz hier liegen geblieben. Vor Ort informiert ein Schild, dass sich nach der Würmeiszeit über zehn Millionen Kubikmeter Fels aus dem Hohen Ifen gelöst und damals den nur schwach bewachsenen Talgrund komplett bedeckt hatten. Weil die Felsbrocken eine Besiedlung mit Bäumen erschweren, gelangt bis dato viel Sonnenlicht bis auf den Boden. Dadurch konnte sich im Bergsturzgebiet eine reiche Strauchschicht mit Preisel- und Heidelbeeren sowie Rauschbeeren und Heidekraut entwickeln.

Feuchte Galtöde Auf den nächsten Metern erhalten wir Einblicke in die Tierwelt. Eine Rarität im Kleinwalsertal ist der Natternwurzperlmutterfalter. Der bevorzugte Lebensraum des Schmetterlings reicht von feuchten, 1200 Meter über dem Meer gelegenen Bergwiesen bis zu den fast ganzjährig schneebedeckten Hochlagen auf 2800 Metern. Auch bietet die felsige Landschaft ideale Voraussetzungen für Kreuzottern. Zu erkennen ist

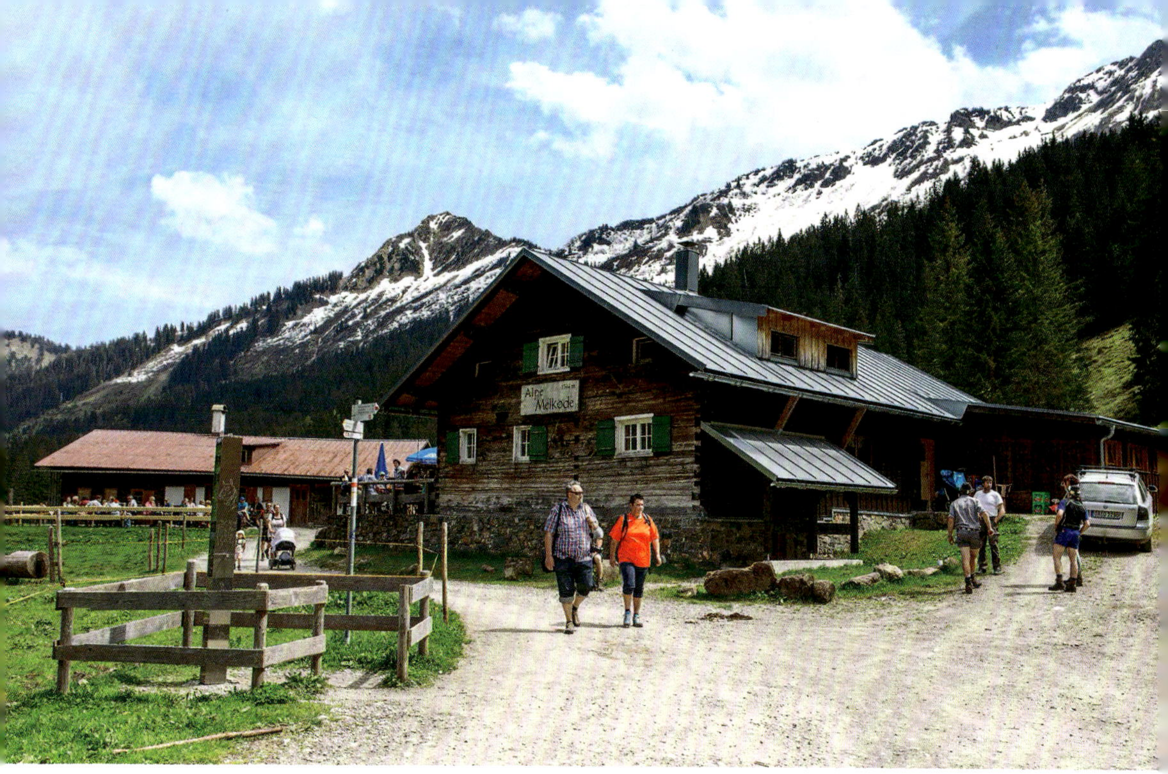

Die letzten Meter zur Alpe Melköde

die Vipernart an ihrem dunklen Zickzackband auf dem Rücken. Ein weiteres typisches Merkmal sind die Augen, deren Pupillen sich tagsüber zu einem senkrechten Schlitz zusammenziehen. Sowie links ein Wirtschaftsweg abzweigt (bei dem wir uns rechts halten!), erreichen wir die Galtöde. Die nach der Schneeschmelze gern unter Wasser stehenden Wiesen wurden in früheren Zeiten mühsam von Hand gemäht. Die Besitzer lebten während der Arbeiten in sogenannten Koch- und Heuhütten, die mittlerweile aus der Landschaft verschwunden sind. Zu erkennen sind an verschiedenen Stellen jedoch unnatürlich wirkende Ansammlungen von Steinen. Ihre Entstehung geht ebenfalls auf das Wirken der Menschen zurück, die zur besseren Bewirtschaftung der Flächen die Steine zu Lesesteinriegeln zusammengetragen hatten.

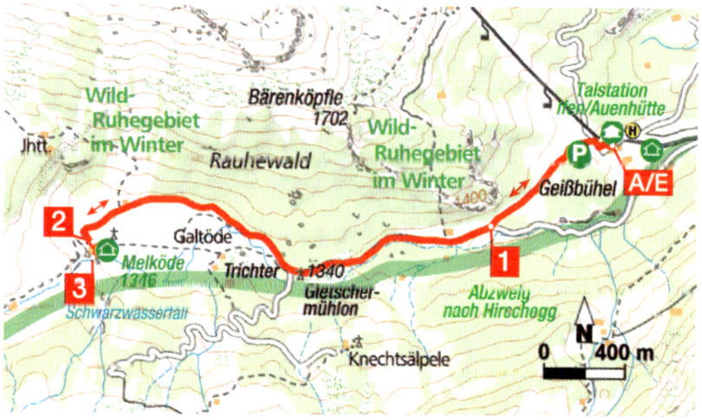

Handmaht oder Beweidung Weiter oben markieren eine Baumreihe und – davon nach Nordwesten abknickend – eine Steinmauer die Grenze zwischen der Galtöde und der Melköde. Der wesentliche Unterschied beider Bereiche ist die Nutzung.

Zur Melköde sind auch Fahrten mit der Kutsche möglich.

Während die tiefer liegende Galtöde nur einmal jährlich nach dem 1. September gemäht wird, halten auf der Melköde um die 30 Kühe das Gras kurz. Im Übergangsbereich von der Galtöde zur Melköde befinden wir uns außerdem am Fuß der »Laugeera«. Der Name des Steilhangs geht auf die Schneelawinen (die »Laubelen«) zurück, die hier im Winter regelmäßig vom Roten Loch ins Tal poltern. Als Folge kann sich höherer Bewuchs nur auf den erhöhten Felsrippen halten, während die Lawinenbahnen vor allem von niedrigen Sträuchern und Grasmatten dominiert werden.

Auf der Melköde Am oberen Ende der ❷ **Melköde** haben wir unser Ziel erreicht. Die Geschichte der Alpe reicht bis ins frühe 17. Jahrhundert zurück. In der angeschlossenen Sennerei wird (damals wie heute) traditionell würziger Bergkäse sowie auch Butter, Buttermilch und Quark hergestellt. Mit der beim Käsen übrig gebliebenen Molke werden die frei laufenden Schweine der Alpe gefüttert. Direkt neben dem Ausflugslokal befindet sich der ❸ **Schwarzwasserfall**. Über mehrere, unten breit gefächerte Kaskaden stürzt der Bach in die Tiefe und zieht ganz nebenbei Kinder wie magisch an. Hier lässt es sich gut aushalten, ehe wir den Rückweg zur Auenhütte und zur Ⓔ **Talstation der Ifenbahn** antreten.
Oder wir verlängern die Tour bis hoch zur Schwarzwasserhütte – in diesem Fall verlassen wir jedoch das Thema dieses Buchs, da der Aufstieg echte Bergsteigerqualitäten fordert (s. Tippkasten).

Lawinenunglück von 1952

In der Nacht zum 11. Februar 1952 löste sich unterhalb vom Roten Loch am Südhang des Hohen Ifen eine gewaltige Lawine und begrub weite Teile der Melköde unter sich. Das Naturereignis zerstörte drei Hütten und forderte insgesamt 20 Menschenleben. Die noch stehenden Gebäude wurden danach an einen sichereren Ort versetzt.

Verlängerung zur Schwarzwasserhütte

Bei der Melköde beginnt der 2 km lange Aufstieg zur Schwarzwasserhütte. Auf den ersten Metern ist der recht steile Weg noch befahrbar. Er führt uns über eine Kehre an das obere Ende des Wasserfalls. Nach einem flacheren Teilstück schwenkt der Bergweg kurz auf die Seite der Grappa (ein Bach). Im weiteren Verlauf wird der Bergpfad im Wald steiler, und kurze Abschnitte erfordern Trittsicherheit. Vom oberen Waldrand sind es noch 300 m bis zur Schwarzwasserhütte. Für die Verlängerung müssen wir 250 Hm und anderthalb bis zwei Stunden zusätzlich einrechnen. Auf der Hütte gibt es einige Übernachtungsmöglichkeiten.

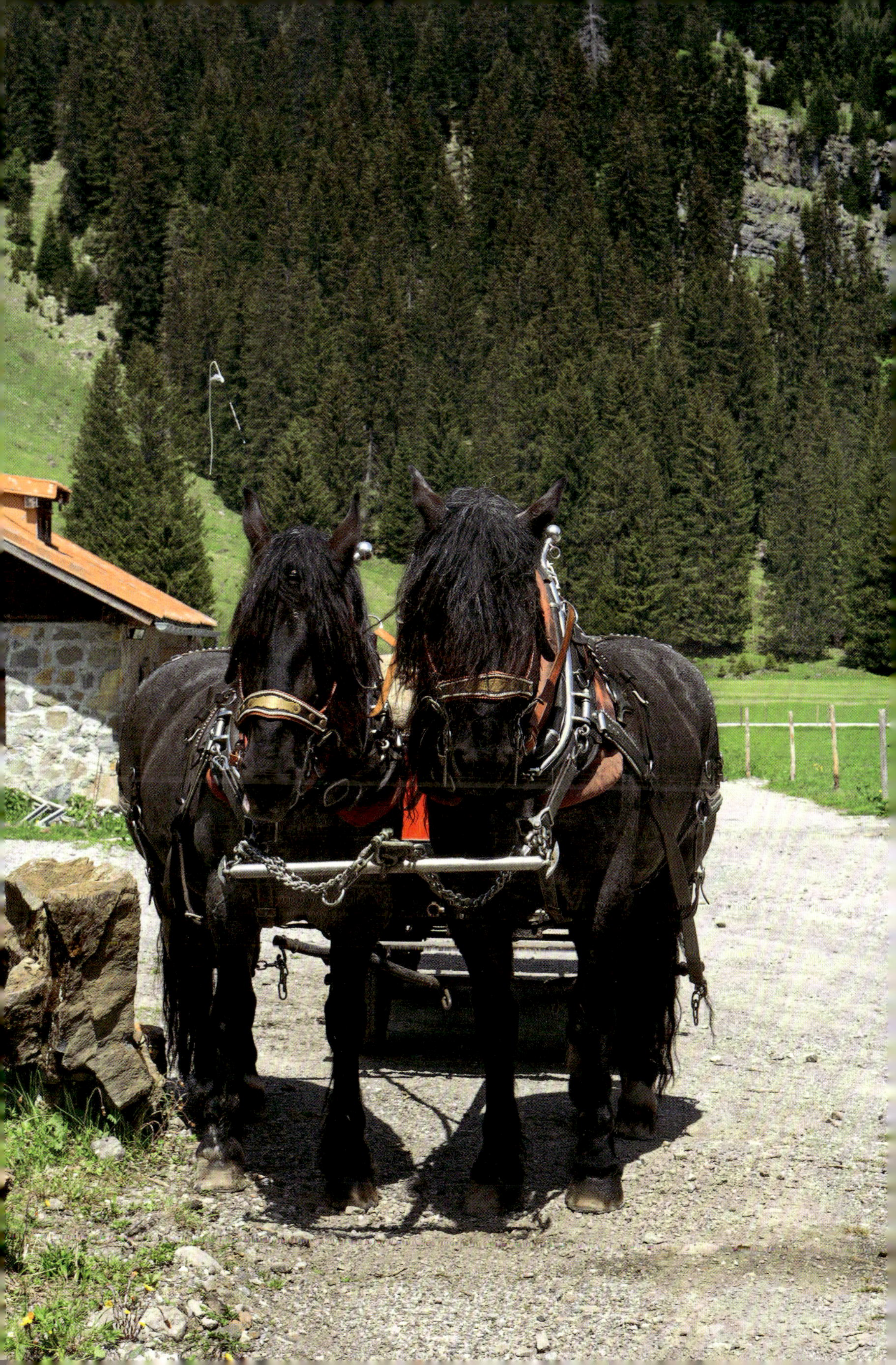

31 Über den Dingen

Höhenweg von Hirschegg nach Mittelberg

Leicht/Mittel | 5,1 km | ↑140 ↓300 Hm | 1.45 Std.

Tourencharakter
Aussichtsreiche Streckenwanderung auf breiten Waldwegen; im Abstieg nach der Bühlalpe auf schmalem, asphaltiertem Pfad, der auch im Winter unterhalten wird

Ausgangspunkt
Bergstation (1370 m) der Heubergbahn

Endpunkt
Talstation (1205 m) der Walmendingerhornbahn

Höchster Punkt
Nahe der Unterquerung (1450 m) der Walmendingerhornbahn

Anfahrt
GPS 47.3426, 10.1675
Auto: Über die B 19 bis Oberstdorf, im Kreisverkehr zum Kleinwalsertal abfahren und der B 19/L 201 bis Hirschegg folgen
Bus & Bahn: Ab Oberstdorf fährt die Walserbuslinie Nr. 1 zu den Haltestellen »Walserhaus« in Hirschegg und »Walmendingerhornbahn« in Mittelberg.

Einkehr
Sonna-Alp; Bühlalpe; in Mittelberg

Informationen
Kleinwalsertal Tourismus, Tel. +43 5517/511 40, www.kleinwalsertal.com

Der Höhenweg lohnt sich vor allem für Spätaufsteher und Nachmittagswanderer. Denn erst wenn die Sonne hoch am Firmament steht oder von Westen her scheint, kommt die Aussicht zu den Bergen östlich der Breitach richtig zur Geltung. Das heißt dann wohl: abwarten und genießen.

Sessellift mit Mehrwert Seit es Kabinenbahnen gibt, werden immer wieder einfache Sessellifte durch kleine Gondeln ersetzt. Auf den ersten Blick ist dies natürlich ein Plus an Komfort und Sicherheit. Wenn die Temperaturen an warmen Sommertagen rasch steigen, entpuppen sich diese jedoch nur allzu oft als schwebende Saunadosen. Das ist aber nur ein Grund, warum wir hoffen, dass die Sesselbahn am Heuberg als solche erhalten bleibt. Denn durch jedwedes Fehlen von zerkratzten oder milchig gewordenen Plexiglasscheiben eröffnet uns die luftige Bergfahrt bereits die ersten schönen Ausblicke auf die oberen Häuser von Hirschegg sowie über das Breitachtal bis zum majestätisch aufragenden Großen Widderstein.

Für Hüttenfans Bei der Ⓐ **Bergstation der Heubergbahn** angekommen, nehmen wir die paar Schritte hoch zum ❶ **Wegweiser am Schöntalweg**. Wir biegen rechts ab und folgen dem bequem zu laufenden Panoramaweg durch lockere Nadelwälder zur Zaferna-Bergstation. Sowie wir den Wald wieder verlassen, ist die Sicht frei auf den 2224 Meter hohen Zwölferkopf links vor uns. Überragt wird er vom 2387 Meter hohen Elferkopf. Mit diesem tollen Bergpanorama ist die ❷ **Sonna-Alp** bald erreicht. Sie befindet sich direkt neben der Zaferna-Bergstation und kann eine Sonnenterrasse vorweisen, die einer Loge mit nahezu Rundumblick gleicht. Zudem ist die Sonna-Alp eine der wenigen Berggaststätten, die zumindest montags und donnerstags bis spät abends geöffnet sind. Die Talfahrt mit der Zavernabahn ist dann bis 22.30 Uhr möglich.

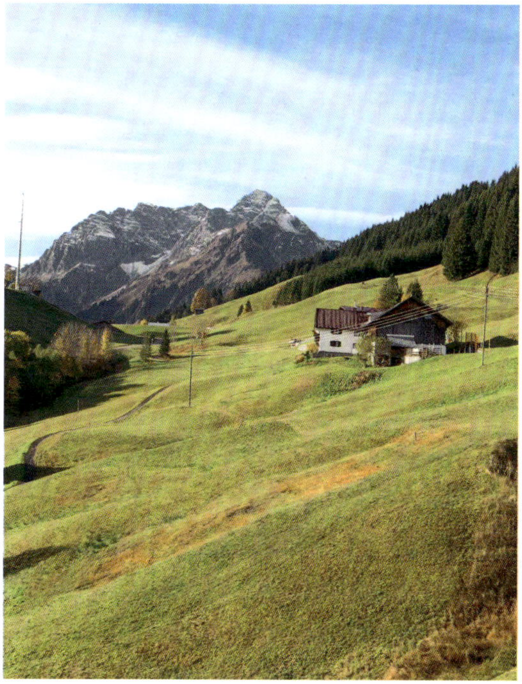

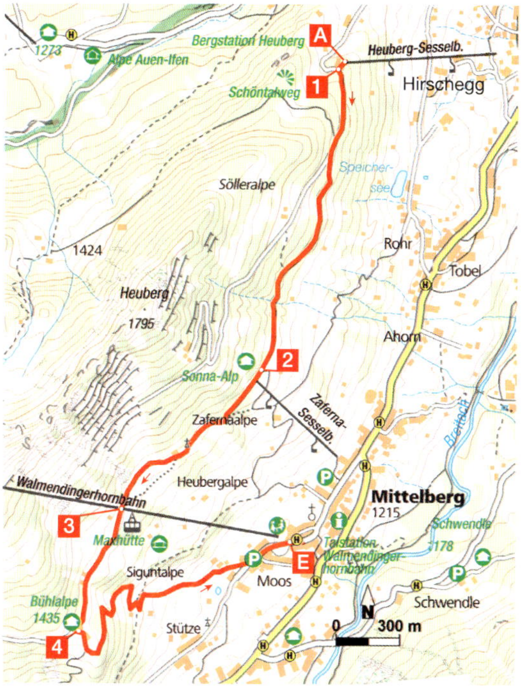

Spezialitäten-Schmarrn Weiter geht es auf dem Höhenweg am Heuberg-Gipfel (rechts von uns) und an einer Himmelsliege (links am Weg) vorbei. Am Wegrand informieren mehrere Säulen über die verschiedenen Maßnahmen zur Lawinensicherung sowie über die Tier- und Pflanzenwelt am Walmendinger Horn. Nachdem wir die Trasse der ❸ **Walmendingerhornbahn** gekreuzt haben, lassen wir den Abzweig zur Maxhütte links liegen, um nach der nächsten Waldinsel links zur ❹ **Bühlalpe** abzubiegen. Auch hier bietet die Sonnenterrasse einen traumhaften Blick in die Kleinwalsertaler Bergwelt. Spezialität des Hauses ist »Helmuts Kaiserschmarrn«.

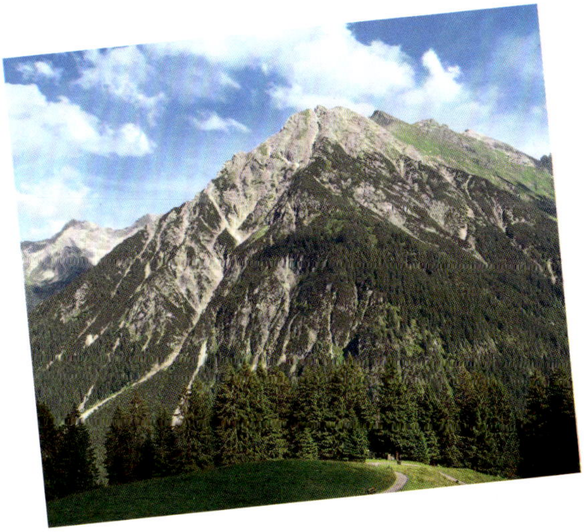

Aussicht von der Bühlalpe auf den Zwölferkopf

Ganz oben: Blick vom Sessellift der Heubergbahn zum Bergmassiv mit dem Großen Widderstein

Unterhalb des Berggasthofs erfolgt links auf dem Winterwanderweg der Abstieg nach Mittelberg, wo die Streckenwanderung nach einer weiteren herrlichen Aussicht auf den Zwölferkopf bei der Ⓔ **Talstation der Walmendingerhornbahn** endet.

32 Kurz mal an die Breitach

Von Mittelberg an den Gebirgsbach

Leicht	2,9 km	100 Hm	1.15 Std.

Tourencharakter
Die Runde ab Mittelberg gleicht mehr einem Spaziergang, bei dem bis zum Wegpunkt 3 jedoch auch ein paar Höhenmeter anstehen. Im Ort kann sich der Verlauf durch Neubauten ändern.

Ausgangs-/Endpunkt
Musikpavillon in Mittelberg (1200 m)

Höchster Punkt
Mittelberg (1200 m)

Anfahrt
GPS 47.3228, 10.1523
Auto: Über die B 19 bis Oberstdorf, im Kreisverkehr Richtung Kleinwalsertal abfahren und der B 19/L 201 bis Mittelberg folgen; dort rechts zu den Parkplätzen der Walmendingerhornbahn abbiegen
Bus & Bahn: Ab Oberstdorf fährt die Walserbuslinie Nr. 1 zur Haltestelle »Ort« in Mittelberg.

Einkehr
Unterwegs keine; in Mittelberg

Informationen
Kleinwalsertal Tourismus, Tel. +43 5517/511 40, www.kleinwalsertal.com

Mittelberg zählt zu den Hauptorten im Kleinwalsertal. Hier befinden sich die Talstationen der Walmendingerhornbahn und des Zafernalifts, und der verkehrsberuhigte Bereich lädt zum Bummeln und Genießen ein. Von hier führt uns ein lockerer Spaziergang an die Breitach.

Im Zeichen des Hl. Jodok Bereits am Ausgangspunkt beim Ⓐ **Musikpavillon in Mittelberg** lohnt sich ein Abstecher. Dieser führt uns auf die gegenüberliegende Seite der Walserstraße zur Pfarrkirche St. Jodok. Mit dem 1463 erbauten Gotteshaus ersetzten die Mittelberger die Vorgängerkirche aus dem 14. Jahrhundert. 1693 vergrößerten sie die Kirche durch den Bau einer Sakristei und Empore um sieben Meter. Der 66 Meter hohe Kirchturm ist heute das Wahrzeichen von Mittelberg. Doch auch ein Blick in die Kirche lohnt sich: Auf dem Deckengemälde sind der Heilige Jodok als Mönch und der Walserheilige Theodul als Bischof mit Glocke und Teufel zu sehen, welche über der Gemeinde Mittelberg schweben.

Bäriger Aussichtspunkt Für den Spaziergang laufen wir vom Musikpavillon wahlweise über den Mühleweg oder den Vinzenzheimweg hinunter zur Bödmerstraße. Im ersten Fall biegen wir am unteren Ende links, andernfalls rechts zum ❶ **Helgenweg** ab, dem wir weiter bergab in den Wald zum ❷ **Abzweig oberhalb vom Breitachweg** folgen. Dort biegen wir links nach Hirschegg ab, sodass wir auf flacherem Terrain zur Wiese unterhalb von Mittelberg gelangen. Nach einer Rechts- und einer Linkskurve führt uns der Wanderweg nochmals durch den Wald. Wo wir diesen wieder verlassen, erreichen wir bald einen ❸ **Aussichtspunkt zum Bärenkopf**.

Entlang der Breitach Der Weg führt uns noch bis an einen Bach, ehe er eine Rechtskurve beschreibt und wir durch den Waldstreifen an die ❹ **Breitach** gelangen. Über das Bachbett hinweg öffnet

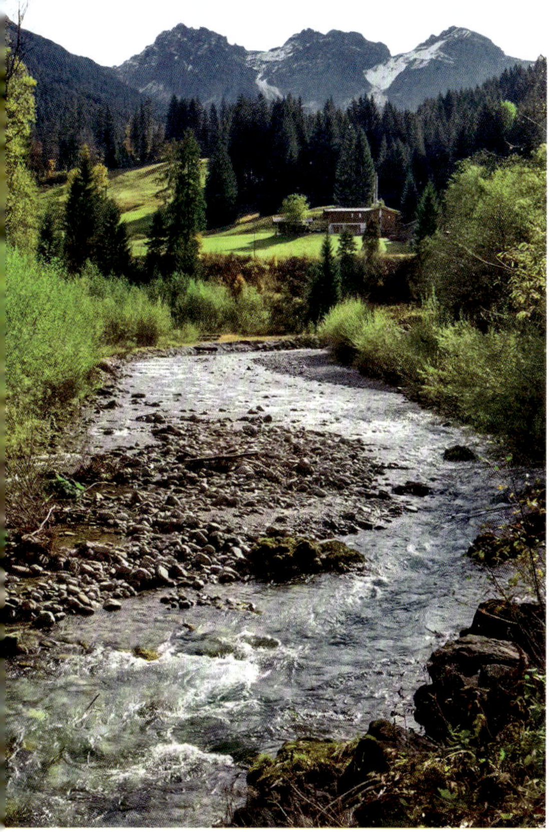

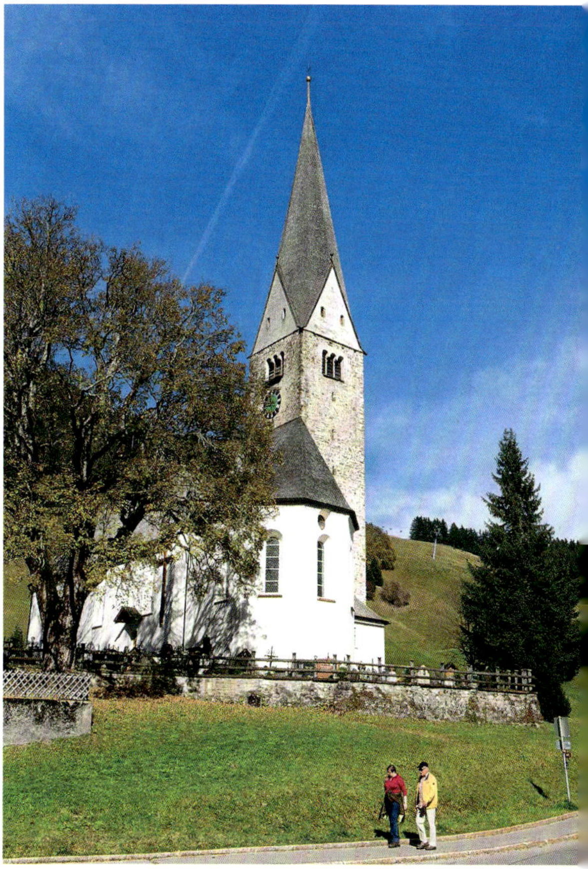

sich hier die Sicht durch das Wildental zu den schroffen Felsgipfeln der Schafalpenköpfe. Mit diesem schönen Eindruck laufen wir der Breitach entgegen. Dabei passieren wir mehrere Engstellen, bei denen das Wasser kleine Stromschnellen bildet. Der bequem zu laufende Breitachweg führt an Bänken und Himmelsliegen vorbei. Wenige Schritte, nachdem die Bäume die Sicht zum Widdersteinmassiv freigeben bzw. kurz vor der Mündung des Mühlebachs biegen wir beim 5 **Abzweig Mittelberg** rechts zum 2 **Abzweig oberhalb vom Breitachweg** ab. Von dort erfolgt der Rückweg auf bereits bekanntem Weg zum E **Musikpavillon in Mittelberg**. Dort sollte dann immer noch genug Zeit bleiben für eine Fahrt auf das Walmendinger Horn oder für einen gemütlichen Schaufensterbummel.

Mit der Pfarrkirche St. Jodok entfiel für die Mittelberger der zuvor lange Kirchgang nach Fischen.

Links: Die Breitach bei Mittelberg

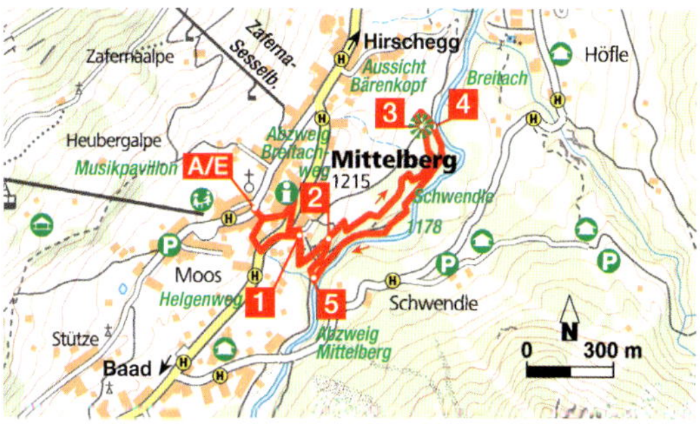

33 Im Schatten des Widders

Alpen im Gemsteltal

Mittel	6,7 km	200 Hm	2.45 Std.

Tourencharakter
Die Schotterwege ins reizvolle Gemsteltal erfordern griffiges Schuhwerk, sind ansonsten aber technisch anspruchslos. Ohne die Abstecher zu den Alpen lässt sich die Runde um gut 1,1 km verkürzen.

Ausgangs-/Endpunkt
Bushaltestelle »Weiher« (1175 m)

Höchster Punkt
Hintere Gemstelhütte (1320 m)

Anfahrt
GPS 47.3133, 10.1413
Auto: Über die B 19 bis Oberstdorf, im Kreisverkehr Richtung Kleinwalsertal abfahren und der B 19/L201 Richtung Baad bis zum Parkplatz bei der Bushaltestelle »Weiher« folgen
Bus & Bahn: Ab Oberstdorf fährt die Walserbuslinie Nr. 1 zur Haltestelle »Weiher«.

Einkehr
Alpe Schönesboden; Hintere Gemstelhütte; Bernhards Gemstelalpe

Informationen
Kleinwalsertal Tourismus, Tel. +43 5517/511 40, www.kleinwalsertal.com

Rechte Seite: Wenn sich ein Fohlen in einen Drahtesel verliebt …

Das Gemsteltal zählt zu den autofreien Seitentälern der Breitach. Zu drei Seiten umrahmt von Bergzügen mit einigen Gipfeln jenseits der 2000er-Marke, bietet es Wanderern einen landschaftlichen Hochgenuss, an den wir uns später gern erinnern werden. Worauf warten wir noch?

Über die Breitach in die Stille Da der Parkplatz beim Ausgangspunkt insbesondere während der Ferienzeit chronisch überlastet ist, empfehlen wir die Anreise mit dem Walserbus zur A **Bushaltestelle »Weiher«**. Vom östlichen Eck des Platzes führt ein kurzer Fußweg auf den Breitachweg, dem wir flussabwärts zur 1 **Breitachbrücke** folgen. Hier ist bereits angeschrieben, welche der Alpen geöffnet hat. Wir überqueren die Brücke und folgen erst noch der Breitach bis zur Mündung vom Gemstelbach. Einen Steinwurf davon entfernt nutzen wir dann die 2 **Gemstelbrücke** und biegen rechts auf den gelb-weiß markierten Gemsteltal-Rundweg ins Gemsteltal.
Auf bequem zu laufenden Waldwegen wandern wir dem Wildbach entgegen, wobei sich immer wieder Blicke auf das ansatzweise schluchtartige Bachbett ergeben. Auch ist es an ein, zwei Stellen möglich, auf die schmalen Kiesbänke hinabzusteigen. Daneben gibt eine Lichtung die Sicht über den Bach zum Bergmassiv mit dem 2366 Meter hohen Geißhorn frei.

Wanderer im Aussichtsglück Beim nächsten Abzweig halten wir uns links und folgen dem breiten Weg immer nahe dem Bach durch ein weiteres Waldstück. Wenige Schritte unterhalb der nicht bewirtschafteten 3 **Tonisgemstelalpe** verlassen wir ihn wieder und finden uns plötzlich in einer natürlichen Arena wieder: Rechts von uns erstrecken sich Grasmatten und Nadelwälder bis in die felsige Gipfelregion des Bärenkopfs. Wenden wir uns zur anderen Seite, sind über der Hütte und dem Wald die Gipfel von Zwölfer-, Elfer- und – rechts davon – Liechelkopf

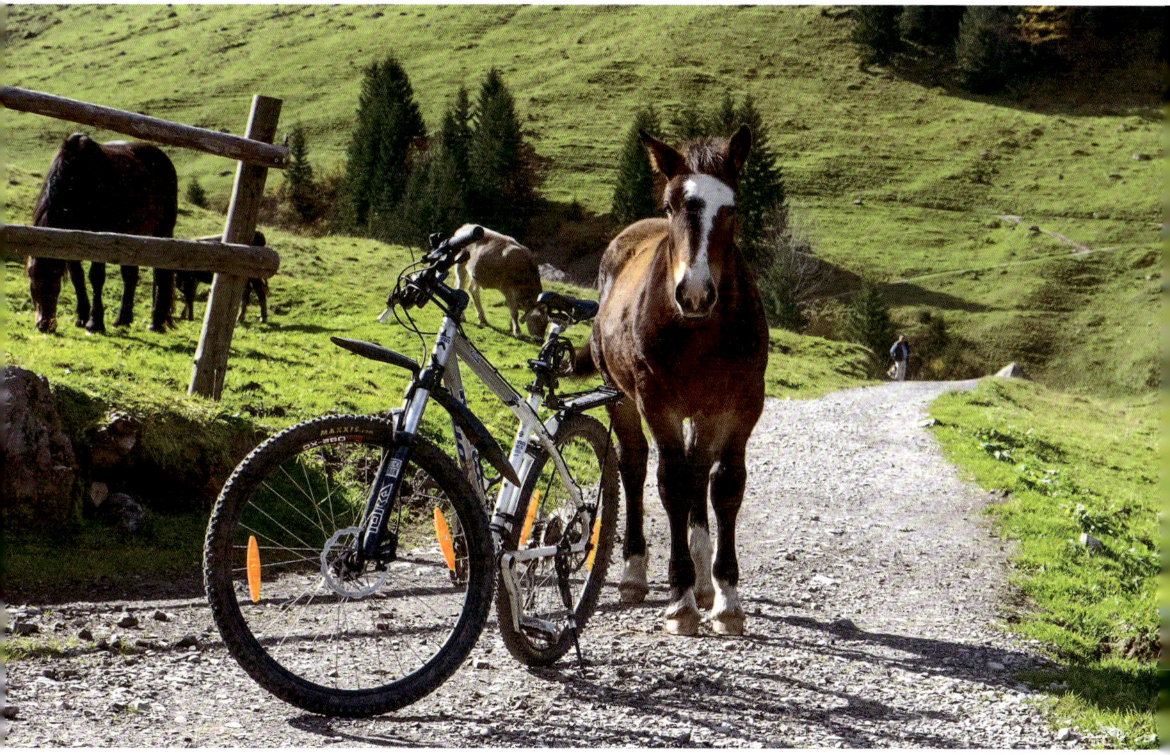

zu sehen. Direkt voraus rückt der Große Widderstein ins Bild, der nach Osten über den Gemstelpass und das Schärtle mit dem Haldenwanger Kopf und dem Geißhorn verbunden ist. Komplettiert wird die Rundumsicht, sobald die Tonisgemstelalpe hinter uns liegt und wir nach Norden eine zunehmend bessere Sicht zum Walmendinger Horn jenseits der Breitach bekommen.

Geliebter Apfelstrudel Mit diesem tollen Panorama folgen wir dem Wanderweg sowie einem Abstecher hoch zur ❹ **Alpe Schönesboden**. Spezialität der Jausenstation mit Terrasse und Älplerstube ist die Jausenplatte aus dem Räucherofen. Daneben bietet die Alpe Käse, Schinken und Butter aus eigener Produktion sowie im Holzbrunnen gekühlte Getränke an. Je nach Schneelage ist die Alpe

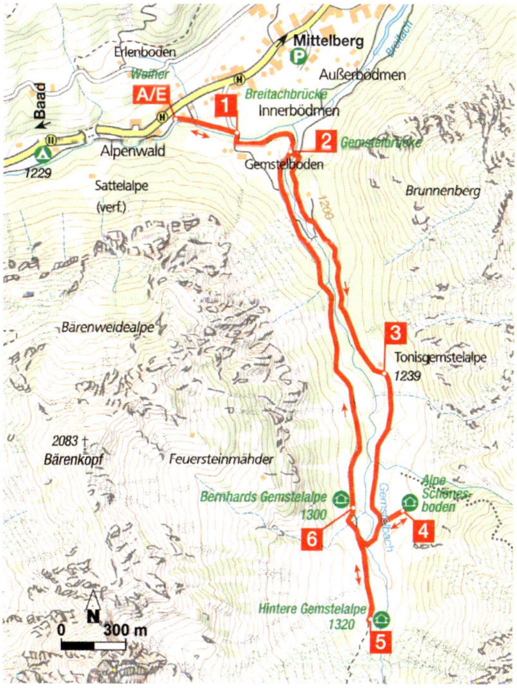

Unten: Der Autor auf dem Weg ins Gemsteltal

Rechte Seite oben: Die Alpe Schönesboden bietet uns im Gemsteltal die erste Möglichkeit zur Einkehr. Rechte Seite unten: Blick auf den munter talwärts plätschernden Gemstelbach

von Mitte Mai bis Ende Oktober geöffnet. Zurück auf dem Wanderweg überqueren wir als Nächstes den Gemstelbach. Hier bietet sich ein weiterer Abstecher bis zur 5 **Hinteren Gemstelalpe** an. Am Fuß des Großen Widdersteins gelegen, bietet sie ihren Gästen eine deutlich größere und besser ausgebaute Sonnenterrasse, und Enkel und Kinder finden einen Spielplatz mit Schaukel, Sandkasten und einem kleinen Aussichtsturm. Stolz sind die Hüttenwirte Sabine und Mathias Fritz auf ihren original österreichischen Apfelstrudel, der inzwischen weit über die Grenzen des Tals bekannt ist.

Panoramawege für Senioren im Allgäu

Auf 33 abwechslungsreichen Touren zeigen wir Ihnen das Allgäu in seinen schönsten Facetten. Neben mehreren Wanderungen im Kleinwalsertal geht es aufs Hochplateau zwischen Imberg und dem Hochhäderich, vom Alatsee über die Burgruine Vilsegg auf die Salober Alm sowie von der Nebelhorn-Station Höfatsblick bis an den Laufbichelsee. Wir lernen die Judenkirche am Ochsenberg, das verschwundene Dorf Oberried und die Zipfelsbachfälle kennen. Im Vergleich zu diesem Wanderführer sind die Panoramawege für Senioren im Schnitt eine halbe bis eine Stufe anspruchsvoller (J. Berg Verlag).

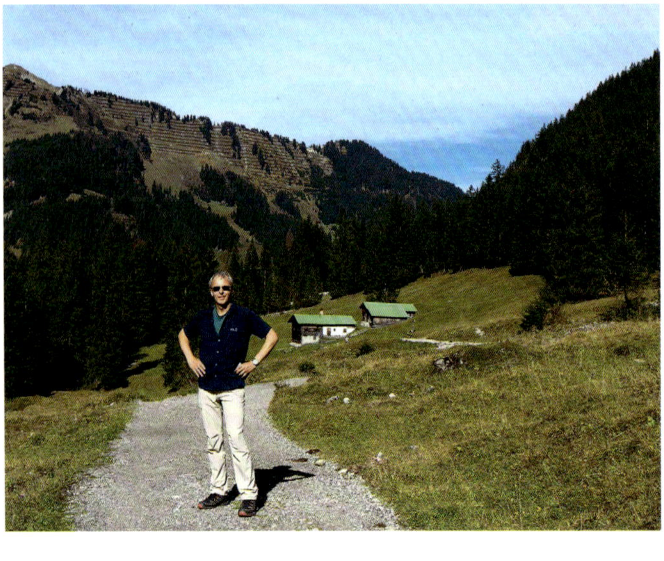

Abstecher für Bergsteiger Bei der Hinteren Gemstelalpe beginnt der Aufstieg zu einer vierten, im Tal angeschriebenen Alpe. Auf dem Weg zur Oberen Gemstelalpe sind jedoch um die 400 Höhenmeter auf felsigem Untergrund zurückzulegen, der trotz der Sicherung mit Drahtseilen ein ordentliches Maß an Trittsicherheit sowie Kondition am Berg voraussetzt. Wer sich dies zutraut – und das Abenteuer heil übersteht –, dem empfehlen wir für seine nächsten Planungen unseren Wanderführer »Panoramawege für Senioren im Allgäu« (s. Tippkasten), die einen dann sogar bis auf die Gipfel von Fellhorn und Kuhgehrenspitze hinaufführen.

Gemütliche Stube Als sicherheitsbewusster Wanderer sparen wir uns die Plackerei und kehren lieber auf dem leichten Weg zurück ins Tal. Am

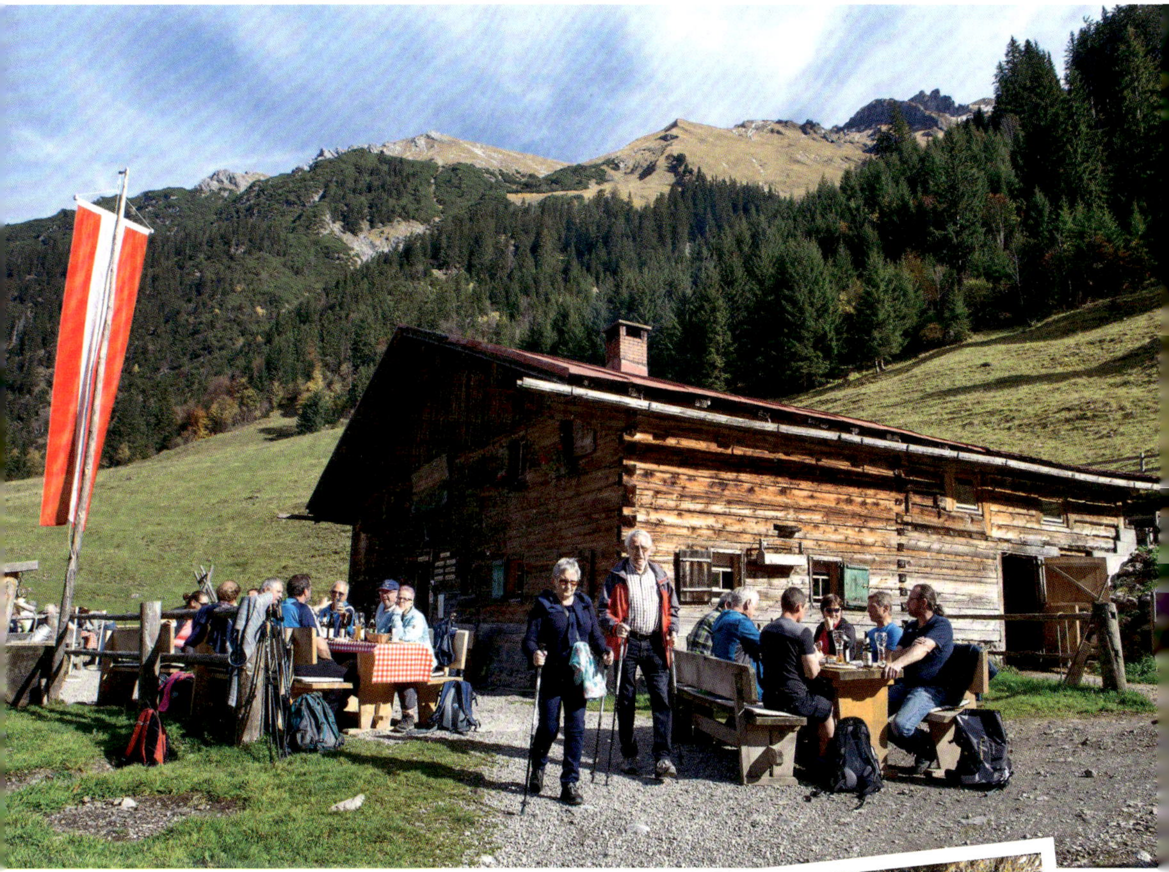

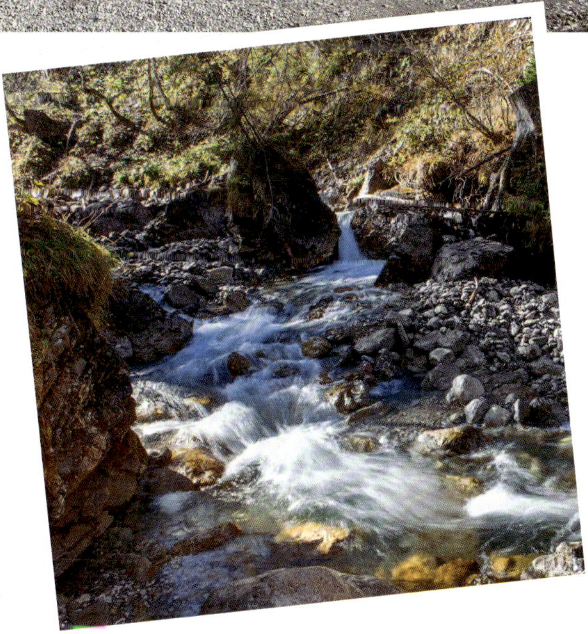

Abzweig zur Alpe Schönesboden vorbei führt uns der Weg damit zu 6 **Bernhards Gemstelalpe**. Auch sie lädt mit einer aussichtsreichen Terrasse zu Wurst- und Käsespezialitäten aus heimischer Landwirtschaft ein. Bei ungemütlichem Wetter genießen wir stattdessen in der gemütlichen Stube die Hüttenatmosphäre, bevor wir dem auf dieser Seite etwas breiteren Gemsteltal-Rundweg wieder hinunter zur 1 **Breitachbrücke** folgen. Die letzten Meter bis zur E **Bushaltestelle »Weiher«** können wir dann zum lockeren Auslauten nutzen.

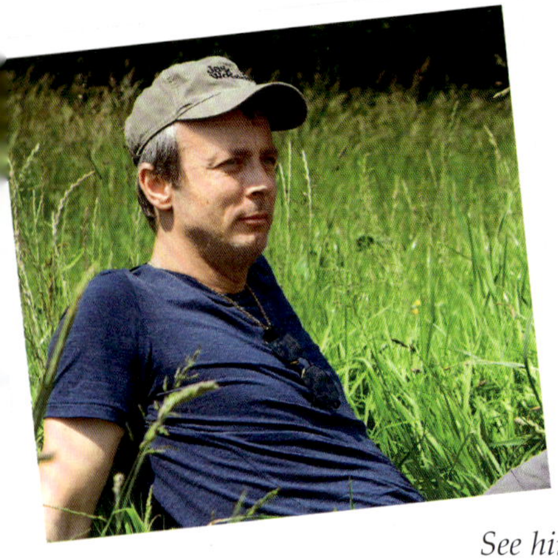

Zugabe

Neben der eigentlichen Wanderung *liegen mir die Besonderheiten der jeweiligen Gegend am Herz. Durch diese meist kurzen Exkurse wird so mancher Ort für den Betrachter erst richtig greifbar. Während andere auf einen schönen See hinabblicken, lernen Sie die Sagen um das Gewässer kennen, nehmen dadurch viel mehr mit nach Hause und können anschließend besser im Bekanntenkreis von dem Erlebten schwärmen. Zusammen mit den Angaben zum jeweiligen Gebiet legen sich die Touren wie ein Netz über das Allgäu, welches Sie mit unseren anderen Wanderführern – den »Leichten Wanderungen« oder den »Panoramawegen für Senioren im Allgäu« – spielend einfach immer dichter knüpfen können.*

In erster Linie *richtet sich der Wanderführer an ältere Menschen sowie an Menschen, die motorisch eingeschränkt sind. Durch Rückmeldungen zu den »Wanderungen für Senioren im Schwarzwald« wurde jedoch deutlich, dass sich das Buch auch für viele weitere Wanderfreunde eignet. So können sich Menschen nach einer Operation mit den Touren langsam wieder an ihre gewohnte Beweglichkeit herantasten oder neue Fitness aufbauen. Hundeliebhaber nutzen die Touren, um mit ihren in die Jahre gekommenen Vierbeinern die Natur gemeinsam zu genießen. Durch ihre Kürze eignen sich die meisten hier beschriebenen Wanderungen auch als lockerer Spaziergang, entweder am Feierabend oder wenn sich an einem Regentag nachmittags doch wieder die Sonne zeigt.*

Zuletzt ermöglichen die kurzen Touren *verschiedene Aktivitäten an nur einem Tag. So können Sie länger ausschlafen und erst nach einem gemütlichen Frühstück aufbrechen. Danach finden Sie immer noch genug Zeit für einen entspannten Schwimmbadbesuch oder für einen Grillabend mit Freunden oder im Kreis der Familie.*

Register

Ebenfalls erhältlich ...

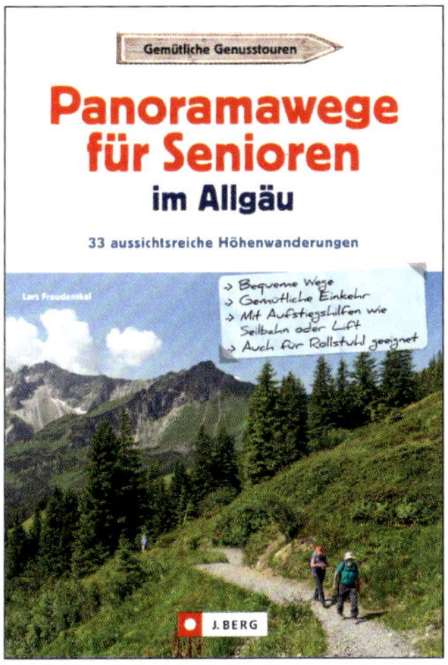

ISBN 978-3-86246-607-8

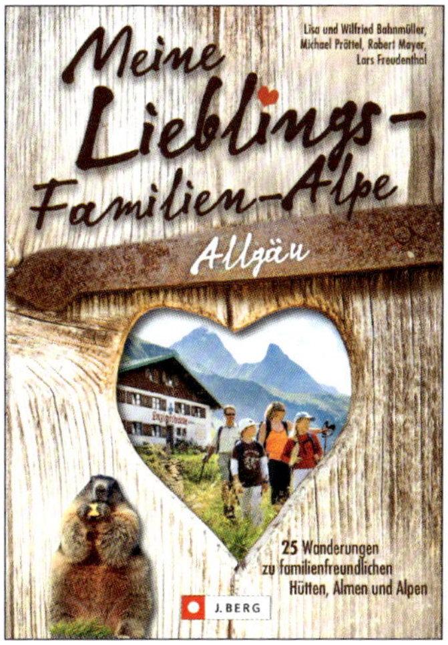

ISBN 978-3-86246-054-0

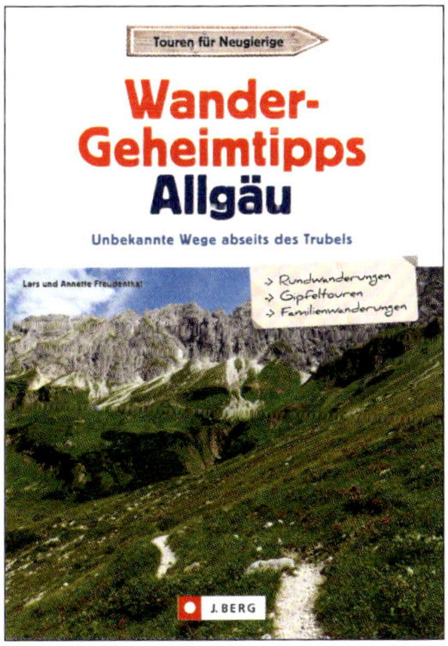

ISBN 978-3-86246-767-9

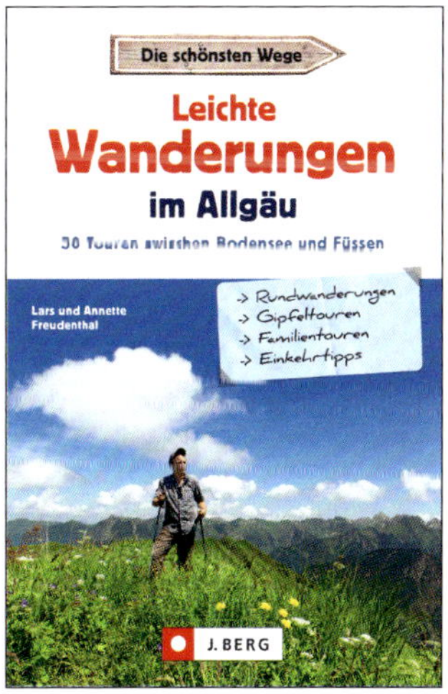

ISBN 978-3-86246-422-7

J. BERG

www.j-berg-verlag.de

Impressum

Verantwortlich: Sabine Klingan, Julia Bobinger
Redaktion: Anette Späth
Layout: Eva-Maria Klaffenböck
Repro: LUDWIG:media
Kartografie: Bruckmann Verlag GmbH, Heidi Schmalfuß
Herstellung: Bettina Schippel
Printed in Turkey by Elma Basim

★★★★★

Sind Sie mit diesem Titel zufrieden? Dann würden wir uns über Ihre Weiterempfehlung freuen. Erzählen Sie es im Freundeskreis, berichten Sie Ihrem Buchhändler oder bewerten Sie bei Onlinekauf. Und wenn Sie Kritik, Korrekturen, Aktualisierungen haben, freuen wir uns über Ihre Nachricht an Bruckmann Verlag, Postfach 40 02 09, D-80702 München oder per E-Mail an lektorat@verlagshaus.de.

Unser komplettes Programm finden Sie unter www.j-berg-verlag.de

Empfehlung der Redaktion
Sie möchten auch andere Gegenden auf gemütlichen und einfachen Wegen erleben? Dann empfehlen wir Ihnen die Titel »Wanderungen für Senioren im Schwarzwald« und »Wanderungen für Senioren im Elsass«. Oder Sie werfen einen Blick in die Zeitschrift »BERGSTEIGER«. Hier werden Sie bestimmt fündig.

In diesem Buch wird aus Gründen der besseren Lesbarkeit das generische Maskulinum verwendet. Weibliche und anderweitige Geschlechteridentitäten werden dabei ausdrücklich mitgemeint, soweit es für die Aussage erforderlich ist.

Bildnachweis: Alle Aufnahmen im Innenteil stammen von Annette und Lars Freudenthal.
Umschlagvorderseite: Wanderung am Seealpsee (Reinhard Schmid / huber-images)
Umschlagrückseite: Zum Oytalhaus (Tour 24)

Die Deutsche Nationalbibliothek verzeichnet diese Publikation in der Deutschen Nationalbibliografie; detaillierte bibliografische Daten sind im Internet über http: / / dnb.d-nb.de abrufbar.

3. aktualisierte Auflage

Infanteriestraße 11a
80797 München

ISBN 978-3-86246-522-4